皇后の真実

工藤美代子

Kudo Miyoko

幻冬舎

昭和三十三年、ご成婚決定後の正田美智子さん（提供：朝日新聞社）

昭和三十六年、新しい東宮御所のキッチンに立たれる美智子さま（提供：朝日新聞社）

皇后の真実＊目次

装丁　間村俊一

皇后の真実

第一章　皇太子妃決定と抵抗勢力

ねむの木の庭

五反田駅から十分ほどだろうか、ゆるい坂を上り詰めると眼前に落ち着いた邸宅街が広がる。一帯は旧岡山藩主池田家の下屋敷があったことから池田山とも呼ばれているが、住居表示は東京都品川区東五反田五丁目である。

その一画に新たに造営された区立「ねむの木の庭」公園がある。無機質な空間に草木を散在させただけの庭には、春の微光が射していた。入り口にある石の門柱だけが風雪に耐えてきたおもむきを喚起させ、この地に濃厚な歴史があったことを暗示している。

かつて、この石柱には正田英三郎《ひでさぶろう》という表札が埋め込まれていた。

美智子皇后のご実家の門である。

平成十一（一九九九）年六月、英三郎（日清製粉名誉会長相談役）が亡くなったときの遺産は三十三億円と算出された。

皇后を含む四人のきょうだいに相続権が生じたが、皇后は権利を放棄され、残る三人は相続税の支払いのために自宅を物納することとなった。

かつての正田邸は取り壊され、品川区が所有する小公園にさまがわりして、今は一般公開されている。

〈ねんねのねむの木　眠りの木　そっとゆすったその枝に　遠い昔の夜《よ》の調べ　ねんねのねむの木　子守歌〉

（作詩・美智子皇后）

美智子皇后が高校生時代に書いた詩「ねむの木の子守歌」にちなんでそう名付けられたが、往時を偲ぶよすがとなるものは、石造りの門柱以外には見当たらない。

それも「実家を残して欲しくない」と言われたという皇后の言葉（財務省による説明）がある以上、いたしかたのないことであろう。

人は誰でも静かにこころに秘めた人生の一コマがある。

喜びに満ち溢れた人生の門出を飾った洋館とその庭の記憶には、一大騒動に巻き込まれたが故に起きたさまざまな困惑も、けして消えない残像として、同時に刻み込まれていたのかもしれない。

お里帰りの回数も少なかった皇后は、遂にご実家の屋敷そのものを取り壊す決断を下した。そこには、過去の時間を、きっちりと整理しようとするかのような、皇后の強固な意思が見て取れる。

この門柱の内と外とで繰り広げられた歴史的ドラマが始まるのは、今から半世紀以上前のことである。

昭和三十三（一九五八）年十一月二十七日、午前十時から皇居仮宮殿東の間で皇室会議が開かれた。

この日は朝から青空が広がり、晩秋にしては冷たさが感じられない爽やかな風が流れる日本晴れであった。

議題は「皇太子継宮明仁《つぐのみやあきひと》殿下の婚約者に関する件」である。

総理大臣岸信介議長から、

「皇太子殿下の婚約者を正田美智子さんと決定したいと存じますが、ご異議ございませんか」

との発言があり、出席者全員の起立賛成を得て、皇太子（東宮）妃は正田美智子さんと決定された。

皇太子は昭和八（一九三三）年十二月二十三日生まれ、美智子さんは翌九年十月二十日生まれの二十四歳。皇太子はこの十二月で二十五歳を迎えるので、二人は十ヵ月違いだと会議出席者に配られた資料にも説明されている。

直ちに宇佐美毅《うさみたけし》宮内庁長官から両陛下に報告がなされ、東宮仮御所（元・東伏見宮邸）で待機する皇太子にも戸田康英侍従から伝えられた。

ときを移さず、正田家にも宮内庁から「ただいま皇室会議で東宮妃と決まりました」との電話連絡が入った。

午前十一時である。

正田邸では家族揃ってこの報せにほっと緊張がゆるんだが、同時に両陛下へのご挨拶と記者会見出席のための身支度にあわただしくとりかかった。

イギリスのチューダー様式を模した正田邸（当時の敷地面積は約六百五十平方メートル）は二階建て（一部三階、建築面積約二百二十平方メートル）の瀟洒《しょうしゃ》な大邸宅ではあるが、格別に豪壮な屋敷を構えていたわけではない。

むしろ英三郎の財界での立場からすれば、控え目なたたずまいではなかったか。

その正田邸（当時の住居表示は品川区五反田五丁目六十の十九）前には、朝から町内の主婦たちや報道関係者が集まり、美智子さんが出て来る瞬間を待ちわびていた。

この朝、美智子さんは二階洋間の寝室で午前六時半に起床。入浴し髪を軽く結い、薄化粧を済ませて食堂へ入る。

八時、食卓につくと、父の英三郎（五十五歳）が待っていた。

「お早うございます、お父さま」

美智子さんのすずやかな声に英三郎は柔和な笑顔を浮かべた。

母の冨美（四十九歳、昭和五十六年に富美子と改名）は別室で手伝いの人たちに指示を与えながら準備に忙しい。

宮内庁から連絡が入ったら、すぐにでも出られるように身支度一式を改め直していたのだ。テーブルに並んだ朝食はいつもの朝と同じである。半熟卵、紅茶にフルーツなどが用意されていた。

軽い朝食を済ませると、美智子さんはさっと朝刊各紙に目を通し、兄の巖（日本銀行勤務）、弟の修（東京教育大学附属高校一年生）と朝の挨拶を交わした。いったん登校したもののすぐに戻って来た妹の恵美子（聖心女子大学一年生）も母の手伝いに加わる。六人家族の全員が揃って、それぞれ立ち働いていた。

用意された美智子さんの衣装は、象牙色七分袖のアフタヌーン・ドレスに白い鳥の羽の輪型帽子（カクテル・ハット）、白ビーズの小さなハンドバッグ、白いハイヒール、肘下丈の手袋も白だった。アクセサリーは真珠のイヤリングだけという、どこまでも清楚な装いである。

ややや大きめにカットされたドレスの胸元を少しだけ覆えるように、ミンクのストールが準備されていた。宮内庁からの報せが届くと同時に、着付けの仕上げ、お化粧、髪の結い直しが始まった。

記者クラブへの正式発表もあり、玄関前の報道陣や見物人の歓声、万歳の声が家の中まで響いてくる。

正午、黒木従達《つぐさだ》東宮侍従が宮内庁差し回しの黒のメルセデス・ベンツを門前に着け、迎えの挨拶を述べた。

午後零時五十分、モーニング姿の英三郎、紋付きの着物で正装した冨美とともに、美智子さんは門の前で記念撮影に応じ、黒木東宮侍従が付き添って宮内庁へ向かった。

一時二十分、坂下門をくぐった一行は皇居仮宮殿奥二の間へ案内された。

間もなく皇太子も奥一の間に到着。一時半、美智子さんは皇太子の部屋に導かれ、短時間ながら久しぶりの対面を果たした。この夏の軽井沢以来、三ヵ月ぶりに二人は顔を合わせたのだった。

お互いに万感こみあげるものがあっただろうが、今はただ目礼を交わすだけで十分だった。

一時四十分、天皇・皇后両陛下が拝謁の間に入られた。まず皇太子が両陛下にお礼を述べに入り、退出すると、入江相政《すけまさ》侍従（当時は宮内庁侍従職、昭和四十四年九月より侍従長）の案内で美智子さんと両親が両陛下の御前に進み出た。もちろん初めてのご挨拶である。その内容は、これまで伝えられていた口上及び天皇からのお言葉とは少々違うことが今回の取材で明らかになった。真相は次のようなやりとりだったと正田家を知る証言者は言う。

「この度は、美智子を召されまして……まことに畏れ多く……。ここに妻・冨美、娘・美智子と共に謹んで参殿いたしました」

父・英三郎がややぎこちない口調で、両陛下に頭を下げながらようやくそう言い終えると、冨美が続いた。

「本日は拝謁を賜りまして、まことに……畏れ入ります」

そこで美智子さんは、ひと言「ごきげんよう」とだけ言って礼をした。ここまでは入江侍従による事前の助言どおりである。

すると天皇からは、

「夫人は旅行が好きですか」

と、やや奇妙な内容のお言葉が掛かった。

急なご下問に冨美は緊張したのだろう、「あまり度々ではなく……」とお答えしたという。

天皇の方も固くなっていたのかも知れない。本来はここで「良縁を得て、まことに嬉しく思う」と返され、皇后が「いく久しくおめでとう」と付け加えるのが宮内庁側のシナリオだったはずである。多くの新聞報道もそうなっている。ところが天皇は、事前に届けられた資料報告で「冨美が上海で生まれ育った」という情報がとっさにひらめいたため、予想外のご下問となったのではないだろうか。

いずれにせよ両陛下は「おめでとう」と最後には返され、美智子さんは深く頭を下げてお受けし、退出した。三人は再び皇太子の待つ奥一の間へ入り、しばらく歓談のひとときが持たれたのである。

二時四十分、美智子さんと両親が宮内庁中央玄関に現れ、報道陣からのフラッシュを浴びたのである。

ち、玄関脇の控え室で記者会見が始まった。ミンクのストールを右腕に抱えた美智子さんを左右から両親が挟んでマイクの前に座っている写真が、その日の各紙夕刊最終版に間に合っている。

この時期、まだメディアの主力は新聞、ラジオだった。テレビ放送が開始されたのは昭和二十八（一九五三）年だったが、一般家庭への普及率は三十三（一九五八）年春ごろまでは極めて低い。ところが、皇太子の婚約報道が活発になったこの年の春以来、テレビの売り上げは急上昇していた。

昭和三十三年十一月時点でのＮＨＫの受信契約台数は約百五十万、ご成婚が三十四年四月十日と発表されると一挙に二百五十万にまで増加したとされる。

まさに空前のテレビ・ブームを迎える前夜祭となったのが、この日の婚約発表記者会見だった。加えて、皇太子の二十五歳の誕生日である十二月二十三日には、電波塔として東京タワーも完成し、国民のテレビ熱はさらに高まった。

だが、テレビが現場で実際に威力を発揮するのは、ご成婚パレードからである。テレビカメラも入ったが、会見場の主役はまだ宮内庁の記者クラブに所属する新聞記者とそのカメラマンたちだった。

「朝日新聞」（昭和三十三年十一月二十七日夕刊）から、主なやりとりを引いてみよう。

問　皇太子さまにお会いになったのはいつごろが初めてですか。
答　昨年八月半ばだったと思います。軽井沢です。
問　どういう印象をお受けになりましたか。

答　とても清潔なお方だという印象を受けましたのを覚えております。
問　殿下のどういうところに魅力を感じましたか。
答　殿下はとても誠実でご立派な方で心からご信頼申上げ、ご尊敬申上げて行かれる方だというところに魅力を感じました。

「とても誠実でご立派な方」という美智子さんの即妙な受け答えが、広く世間の耳目を集めた。

午後三時半、三人を乗せたベンツが宮内庁から正田家の玄関先に戻って来た。圧倒的多数の国民から祝福を受け、正田家もようやくひと安心、といったところだったが、実は裏では厄介な問題が持ち上がっていた。

まずはその発端を、入江相政侍従の記録から見ておこう。

記述はこの朝の皇室会議が無事終了した午前十時四十分過ぎに戻る。

「十一月二十七日（木）快晴
十時からの皇室会議は全員一致可決。その事を長官よりお上に奏上。皇后さまには申上げないといふので驚いて次長にお文庫へ行つてもらふ」
（『入江相政日記』）

とあり、天皇が皇后には直接伝えにくかった裏事情が吐露されている。

そこからは、良子《ながこ》皇后が必ずしもこの婚約を快く思っていなかった事実が、はっきりと浮上する。

ひと月半ほど前の十月十一日の入江日記をめくると、宮中の裏側で起きていた騒動はことのほか深刻だったと分かる。

入江は稲田周一侍従次長（侍従長は三谷隆信《みたにたかのぶ》）につかまって悩みを聞かされていた。

「――近代美術館の玉堂遺作展へ行かうと思つたら次長につかまる。東宮様の御縁談について平民からとは怪しからんといふやうなことで皇后さまが勢津君様《せつぎみさま》と喜久君様《きくぎみさま》を招んでお訴へになつた由。この夏御殿場でも勢津、喜久に松平信子といふ顔ぶれで田島さんに同じ趣旨のことをいはれた由」（同前）

「田島さん」とは、昭和二十三（一九四八）年から二十八年まで宮内府および宮内庁の長官を務めた田島道治《みちじ》のことである。

皇太子妃選びは、この年の夏には正田美智子さんを本命とするところまで絞り込まれていた。八月十五日、那須の御用邸に滞在される天皇陛下に宇佐美長官が報告し、勅許を得ている。ところが、この情報が皇族妃たち、とりわけ秩父宮勢津子妃、高松宮喜久子妃など直宮妃《じきみやひ》方に伝わると、想像を超える強い反発が巻き起こり、入江はいささかたじろぐ。

良子皇后が秩父、高松両妃殿下を呼んで「怪しからん」と訴え、夏には御殿場の別邸で避暑中の秩父宮妃（秩父宮は昭和二十八年一月、肺結核により薨去《こうきょ》）のところに両妃と勢津子妃の母・松平信子が加わって「平民問題」が語られた、というわけだ。

那須でご了承済みと心得ていた側近たちの考えは甘かった。

常磐会の反発

皇室会議では、正式に美智子さんが皇太子妃と決定されたものの、それですべての問題が解決したわけではなかった。

依然として反対運動を続けていた勢力の筆頭は松平信子といえた。「皇太子妃となられる方は是非とも学習院卒でなければいけない」と主張する急先鋒だった。

学習院女子の同窓会組織「常磐会《ときわかい》」会長で、東宮御教育参与として明仁親王（今上天皇）の妃を選ぶメンバーの一員だった時期があり、宮中での発言力は大きい。

なによりも、かつて皇太子（のちの昭和天皇）とその弟宮たちの配偶者を決定するにあたっては、誰の意向が最も尊重されたかを身をもって知っていた。

それは、貞明《ていめい》皇后がそれぞれの親王たちの「嫁選び」の際に見せた、並々ならぬ情熱と行動力が、教訓として信子の記憶に強く残っていたからだと思われる。

まだ皇太子だった裕仁《ひろひと》親王には、久邇宮邦彦《くにのみやくによし》王の長女・良子《ながこ》が、第二皇子の雍仁《やすひと》親王（のちの秩父宮）には、旧会津藩主松平容保《かたもり》の四男・松平恒雄の長女・節子《せつこ》が選ばれた。この節子の母が信子であり、長年貞明皇后の御用掛として仕えたという因縁がある。ちなみに節子は貞明皇后と名前が節子《さだこ》で同じ漢字のため、畏れ多いとして勢津子と改名した。

さらに第三皇子宣仁《のぶひと》親王（のちの高松宮）には最後の将軍・徳川慶喜の孫にあたる喜久子が、そして第四皇子崇仁《たかひと》親王（のちの三笠宮）の妃には高木正得《まさなり》子爵の次女・百合子が輿入れした。

いずれも貞明皇后が、皇族か華族の娘の中から妃にふさわしいと判断した相手を選び、ときに強引ともいえるほどの思し召しを示して、縁談をまとめた。

したがって、時の皇后が選定にも加わらず、「民間から」妃を迎えるという発想は、もともと信子にはなかった。

入江相政《すけまさ》の日記からは、決定が下されたあとも、良子皇后や他の妃殿下、信子たちが納得せず、田島道治《みちじ》に苦情を述べていた様子が分かる。

田島は、戦後の初代宮内庁長官を務め、今回のお妃選びにも深く関わっていた。

皇太子妃選定の詳しいいきさつはのちに述べるとして、ここでは反対運動のすべてが、皇室会議の決定で封じ込められたわけではないことを確認しておきたい。

また、この騒動は、すでに天皇が「民間でいいではないか。近親の者より生物学的にみてそのほうが望ましい」と生物学者らしいお言葉を述べたため表面的には収束するはずだったのだが、実状はもう少し複雑だった。

ご婚約発表を目前に、入江は、なお周辺でざわめく波を抑えるべく奔走していた。

昭和三十三年十一月二十四日には高松宮喜久子妃と皇后に続けて拝謁、反対意見を聞きながらも二十七日発表への理解を求めた。

二十五日、表立っての反対だけはとりあえず抑えてから、正田邸を初めて訪ねた入江は、正田家の澄明《ちょうめい》な印象を記している。

「――五反田の正田家へ行く。質素な家だし、みんな立派ないゝ方である。美智子さん、綺麗でそして立派である」

（『入江相政日記』）

そして発表前日の二十六日午後、入江は両陛下にお文庫で拝謁、翌日下される「お言葉」について確認した。

「明日のお言葉ぶりについて申上げる。それで通つたから明日は皇后さまも一応やつて下さることは間違ひない」

（同前）

と入江は胸をなで下ろしている。

美智子さんと両親が入江侍従に付き添われ、初めて両陛下にご挨拶した模様については前に述べたとおりだ。

あのときの皇后の「おめでとう」のひと言をいただくには、それだけの裏調整があったというわけである。

だが、皇后にしてもほかの皇族妃方にしても、これで腹の虫が治まった、というわけではない。怒りの炎は消えていなかった。

松平信子の姉、伊都子《いつこ》は梨本宮守正王に嫁いでおり、信子の娘も秩父宮妃となっている。姉妹は良子皇后と姻戚関係にあり、義理の叔母、姪なのである。良子皇后の父・久邇宮邦彦王、梨本宮守正王、朝香宮鳩彦《やすひこ》王、東久邇宮稔彦《なるひこ》王などはみな兄弟だったからだ。

信子は昭和三十年代には東宮御教育参与という立場にあって、宇佐美毅長官や小泉信三東宮御教育常時参与、黒木従達東宮侍従などとは、明らかに異なる考えを持つ勢力を代表していた。「皇族妃は皇族・華族の中から、すなわち学習院卒でなければならない」という暗黙のルールを守ってきた由緒ある常磐会の壁は、長い歴史を誇るだけに堅牢だった。

信子の姉・梨本宮伊都子妃が日記に書き残した、皇太子妃発表に対する慨嘆の度は、もはや沸点を超えていた。

昭和三十三年十一月二十七日、常磐会の有力会員でもある伊都子妃は怒りを露《あら》わにした。

「午前十時半、皇太子殿下の妃となる正田美智子の発表。それから一日中、大さわぎ。テレビにラヂオにさわぎ。

朝からよい晴にてあたゝかし。もう〳〵朝から御婚約発表でうめつくし、憤慨したりなさけなく思ったり、色々。日本ももうだめだと考えた」（小田部雄次『梨本宮伊都子妃の日記』）

「日本ももうだめだ」という際立った慨嘆ぶりをみせた妃は、さらに次のような和歌を詠んでいる。

思ひきや広野の花を摘みとりて竹のそのふにうつしかゑんと

あまりにもかけはなれたるはなしなり吾日の本も光おちけり

心からことほぎのぶることもなしあまりの事に言の葉もなし

第一首は、民間の娘を宮廷の庭に入れるなどとはいったい誰が思っただろう、という意味だ。以下の歌はどれも直截な怒りだけが露わで、説明も要しない。

これほどの憤怒が渦巻く宮中女性陣の中へ輿入れさせるについて、正田家両親の心中がいかばかりであったかは想像に難くない。

小泉信三から具体的に皇太子妃にとの話が持ち込まれたのは、同じ三十三年五月半ばだった。どうやら本人同士の間ではお互いに気持が通い合っているようだ、という。

だが、正田家としては「このお話はあまりにも畏れ多く、お受けすることはできない」と考え、固辞し続けていた。

いくら皇太子から望まれたとはいえ、一介の民間人の娘の身では、と親が心配するのは当然だろう。

皇室の歴史の壁は高くて厚い。容易に越えがたいのは、あらがいようのない事実だった。渋谷区常磐松町（現・渋谷区東《ひがし》）の東宮仮御所と正田邸のある品川区五反田は直線距離にすればおそらく数キロ程度と思われるが、二人をさえぎる距離は計り知れなかった。

正田家では民間から嫁ぐという前例のない決断が、いかに困難を伴うかは分かりすぎるほど分かっていた。

報道合戦が過熱してきた八月十九日前後のことである。

美智子さんの母・冨美は聖心女子大学学長マザー・エリザベス・ブリットと会い、娘をしばらく日本国内から脱出させ、海外へ送って気分転換させたいがどうだろうかと相談した。

マザー・ブリットは、

「ちょうどいいチャンスがあります。ベルギーのブリュッセルで九月六日から聖心女子大学卒業生国際会議というのが開催されますから、そこへ行く日本代表チームに参加すればいいのです」

と、快く推薦を引き受けてくれた。

こうして美智子さんは九月三日に羽田を発ち、ブリュッセルでの国際会議に出席することとなった。大会では見事な英語のスピーチを披露し、その後、ロンドン、ローマ、パリなどをめぐってニューヨークへ渡り、最後にワシントンで休んだのち帰国の途に就いた。

長旅だった。その間、彼女の行く先々へは日本で進行している皇太子妃「内定」に関する細々した報告が、母からの手紙や国際電話で伝えられていた。

先方さまから「結婚したい」と再三の申し入れなのだ。東京の両親は悩んでいた。

皇太子から求婚（プロポーズ）されたというのに、こちらは当惑が増すばかり。いたずらに返事を延ばすのはもはや礼を欠きはしないか――。

「今日は宇佐美長官から、そろそろご決断を、という強いご要望があったのよ。あなたのご判断を待っているわ」

「昨日、黒木侍従がみえましてね、殿下から改めてご婚約へのお誘いがあったのでその旨お伝え下さいと申されました。こちらはもうお断りし続けるのに冷や汗をかいておりますが、あなたのお気持に変化はありませんか」

美智子さんは「お断りする以外に選ぶ道はありません」「自分はその任に堪えるとは思えな

い」と、意を尽くした長文の手紙や電話でその都度答えてきた。

手紙は正田家から小泉信三へ、さらに黒木東宮侍従を経て皇太子に届けられていた。

黒木侍従は「ご自分が任に堪えうる能力のないことを詫びられた、誠意のこもった文面だった」と親しい新聞記者に語っている。

皇太子が優しくて、親切で、素晴らしい方であることを美智子さんは十分に理解していた。だが、それでも「皇族」と「平民」の間の障壁の高さにはたじろがざるを得ないものを感じていた。簡単に「お受け致します」とは言えないのだ。

十月二十六日、帰国した美智子さんの心の内がまだ決まらないと知った父・英三郎は、一つの提案を示した。

「どうだろう、美智子の旅の疲れを癒すのも兼ねて、今度の連休に箱根で親族揃って話し合うということでは……」

この提案を受け入れて、主だった親族が十一月二日から二泊三日の親族会議に参加した。

場所は晩秋の箱根富士屋ホテル。

あいにくの霧雨模様の庭園で、心なしか憂いを帯びた面差しの美智子さんと両親がホテルの番傘をさしてたたずむ記念写真が残っている。

会議のメンバーは親族の代表格で英三郎の兄、大阪大学総長・正田建次郎、英三郎の妹婿で東京大学教授・水島三一郎、それに英三郎、冨美、美智子さんの兄で日本銀行に勤務する巖と美智子さんだった。

親族間の意見は賛成と反対に二分された。美智子さんの伯父・建次郎は当初は反対だったが、時間とともに賛成にまわった。

母の冨美もそれに従った。

最後まで強硬に反対意見を述べたのは兄の巌だった。

「身分が違いすぎるという現実を忘れてはだめだ。結局は本人たちの幸せにはならないと思う」

反対派でなくても心配する大問題があった。

この年の七月十四日に起きたイラクのハーシム王制が軍部のクーデターによって打倒された事件は、誰の記憶にもまだ生々しく刻まれていた。

国王ファイサル二世以下、皇太子や王女たち多数が民衆の手で殺害された事件である。

歴史を振り返れば、フランス革命まで持ち出さずとも、ロシア革命で処刑されたロマノフ王朝一族、とりわけわずか十七歳で犠牲となった皇女アナスタシアの伝説は皆の脳裏をよぎったのではないか。

時代は戦後十三年経ってはいたが、まだ「天皇制反対」を叫び、天皇の戦争責任を問うグループの社会的な影響力は無視しきれなかった。政変ともなれば一触即発、日本でも何が起きるか分からない、という不安定な時代だった。

そこまでの厄災を考えないとしても、正田家が天皇家の親戚となったとき、どのような事態が待ち受けているのか、親族の不安は消えない。

英三郎の妹婿の三一郎は、

「愛情があれば、いくら皇室とはいえ美智子さんならなんとかうまくやっていけるでしょう」

そう言って、湿りがちになった座の空気を和ませた。

「でもねえ、会社だって今は好調のようだが、この先絶対安全という保証はないでしょう、お父さん」

日銀勤めの巌は、やはり現実的に思案していた。妹が嫁いだ後の時間の流れに思いを馳せると、あらゆる状況を想定してみなければならない。

経営破綻に追い込まれ、英三郎の会社が倒産などということは考えたくもなかったが、皆無とは言い切れない。

思いも掛けないドラマが巻き起こるのが、人生だということは、先の戦争で誰もが実感していた。

だが、会社の行く末について、英三郎は、親族の前でけして前途を案じるような言葉は口にせず、じっと落ち着いた表情で黙考していた。

皇太子の電話作戦

皇太子のご意向を受け入れるべきかどうか、箱根での親族会議はなかなか結論が出なかった。美智子さんの疲労が限界に達したころ、それを見た伯父の建次郎が口を開いた。

「もうこれ以上、心配ごとを並べ立てていても仕方あるまい。本人同士は心が通じ合っているのに、無理やり裂くことはないじゃないか」

母が、黙ったままの美智子さんに意見を求めた。

「結局はあなた次第なのよ。いきさつはこれまで手紙や国際電話で伝えたとおりです」

「はい、私の結論は変わりません」

そう言うと、美智子さんは唇をきりっと結んで皆に頭を下げた。

英三郎《ひでさぶろう》がひとつ空咳をすると、一同の諒解を求めるように挨拶した。

「皆さん、大変ご苦労様でした。そういうわけですから、お受けできない旨、お返事申しあげることに決めました」

正田家の「ご辞退することをお許し願いたい」との意向は直ちに宮内庁へ伝えられ、東宮御教育常時参与の小泉信三の耳にも同時に届いた。

小泉から報告を聞いた皇太子は、いったんは気落ちしたものの、態勢を立て直して頑張ってみる、と答えた。

皇太子は黒木東宮侍従や親しい友人たちから、美智子さんに直接電話を掛けてみることを勧められ、実行に移した。

箱根の結論が十一月四日中に宮内庁に伝えられたとしても、このとき皇太子の取った行動は驚くほど素早かった。

まず、皇太子の友人が間に入って夕食後の時間を見計らい、正田家の電話番号を回す。友人は東宮仮御所で皇太子の隣に座って電話を掛けるのだ。

本人が出てくれるかどうかは分からない。ほかの家族やお手伝いさんが出る可能性の方が高い。一回目はお手伝いさんが出て、このところ増えているいたずら電話やマスコミの巧妙な取材と思われたのか、ガチャンと切られてしまう。

二回目、運よく美智子さん本人が出たので、友人は「いま、皇太子さんと代わります」と伝えた。受話器を皇太子に渡すと友人は席を外し、首尾よく二人だけで長時間話すことができた。

電話作戦は、二人が翌日の時間さえ示し合わせれば、直通電話と同じだ。

こうして常磐松と五反田の距離は一挙に縮まったのである。

十一月五日の夜以来、皇太子は「何も心配はいりません。絶望しないでお互いに全力を尽くしましょう」というような言葉で、美智子さんの不安を取り除く努力を重ねた。

皇太子からの電話は、連夜、長時間に及んだといわれる。それもこれまで知っている皇太子のいわば泰然とした態度とは、どこか違っていた。初めて示した能動的な反応である。

もっとも美智子さんの心を揺さぶった言葉は、

「自分にとっては皇太子としての義務が第一です。家庭生活などの私事はそれに次ぐものです」

とも、

「僕は家庭を持つまでは絶対に死んではいけないと思っています」

というような決意であったとされる。

実は、このとき仲介した友人が「皇太子は説得の際、『柳行李一つでよいから』というセリフで口説いた」という説を漏らす〝事件〟が後日発生している。

だが、この発言は平成十三（二〇〇一）年の誕生日会見で、明仁天皇本人から正式に否定された。学者気質で事実を重んじる性格の天皇はこう述べたのである。

「私が『柳行李一つで』と皇后に結婚を申し込んだと今も言われていますが、このようなことは私は一言も口にしませんでした」

実際に皇太子が口にしたのは、そのような「甘い」言葉ではなかった。

「皇太子としてのお心の定まりようこそが最後に妃殿下をお動かししたものであったことはほぼ間違いない」とご成婚から二十年後の昭和五十三年、黒木従達東宮侍従長は書き残している（『皇太子同妃両殿下 ご結婚20年記念写真集』）。

皇太子の切羽詰まった覚悟が美智子さんを決断させ、気持を晴れやかにさせた。

悩み続け、くぐもった声音しか出せなかった美智子さんが、皇太子に澄み切った声できっぱりと答えた。

「分かりました殿下。美智子はおっしゃるとおりにいたします」

十一月八日の晩だった。

もちろん報告を受けた正田の両親も納得し、祝福したが、それは新たな懊悩の始まりでもあった。

正田家から宇佐美毅宮内庁長官に「お受けする」との正式な回答がなされたのは、十一月十二日である。翌十三日朝には小泉信三にも承諾の返事が伝えられた。

八日の夜からはまる三日も経っているが、この間、正田家内でどういう事情があったのかはうかがい知れない。

いずれにせよ十二日以降、正式発表の二十七日を迎える準備が一挙に開始されるのだが、正田家の持ち時間はあまりに短かった。

十四日には長官から「ご婚約が内定した」旨、両陛下に奏上されたが、「皇后さまが非常に御機嫌がわるかつた」と侍従の入江相政は日記に記している。

皇太子側も忙しくなったものの、それでも宮内庁には東宮侍従をはじめ人員が揃っていた。また、こうした慶事に対する前例は豊富にある。

美智子さん側の「お支度」は、ひたすら母親やお手伝いさんたち、その他の使用人の手で整えなければならなかった。デパートへ出掛けて揃える品も多かったが、ここで難題が持ち上がった。元々、箱根から戻った連休明けから報道陣の数が増えていたのだが、八日以降の取材は尋常ではなくなっていた。

ヘリコプターが上空を舞う、隣家の物干し台にテレビカメラが据えられる、自宅前の道路は報道陣の車で埋まって近所迷惑になる。

それでもまだ正田家ではすべての窓にカーテンを引くなどして我慢していたが、限度を超えてきたのは十二日以降、皇太子妃に内定との情報が外部に漏れ出てからだった。

そもそも七月二十四日に宮内記者会（各新聞、通信、テレビ、ラジオ局からなる記者クラブ）では「妃候補に挙がっている女性たちの実名報道などは公式発表まで控える」という自粛協定が結ばれていた。

それは「実名報道の抜け駆けをしない」という意味だった。現場取材の自粛を決めたわけではないので、発表の「Xデー」に向けて少しでも他社と違う材料を確保しておこう、とかえって競争が激化する仕儀となった。

我慢していた母・冨美も、自宅の塀をよじ登る者まで現れ、玄関に出ればカメラマンのシャッター攻勢が待つ有り様に、遂に音を上げた。

「（それでも）十一月十六日の日曜日までは、まだ、耐えられました。でも、もう、とても、がまんしきれなくなってしまいました」

（『週刊朝日』昭和三十三年十二月七日号）

正田家のある五反田・池田山は昭和初年ごろ堤康次郎の箱根土地株式会社（のちのコクド）が分譲して、売り出したものである。

高い塀と思い思いの邸宅が建ち並ぶ戦前の高級住宅街を形成していた。

日頃はひっそりと物音もしないような一画に、突如として報道陣が押し寄せ騒々しくなったのだから、正田家としては困り果てただろう。

騒動が大きくなったきっかけは、『週刊明星』が、美智子さんの実名を挙げて報じたため、とも言われている。発売日が十一月十六日だったからだ。

「内定した!? 皇太子妃　その人　正田美智子さんの素顔」

これまで「美智子さんが本命らしい」と追いかけていた新聞社にとっては、完全に出し抜かれた恰好となった。

『週刊明星』（昭和三十三年十一月二十三日号）は、国内の縛りが届かない海外メディアが報じた「実名報道」を根拠に、公開に踏み切った。

米『ニューズウィーク』十一月十日号によれば、「皇太子妃は実業家の娘で、昨年の夏、二十四歳のプリンスがあるテニスコートで彼女とめぐりあった。これに関する公式の声明書はもう印刷に回されている。間もなく発表の運びになろう」とあり、AP電が「その名は正田美智子である」と全世界に打電したのを受け、実名報道したのが『週刊明星』の〝スクープ記事〟だった。

二人の顔写真を巻頭に飾り、幼いころから近年までの美智子さんのアルバムを入手しての大特集が組まれている。

そもそも外国メディアに対して「自粛協定」は無力だった。

十一月十八日、それまで家の中に閉じこもって耐えていた美智子さんは、疲労も重なり風邪気味となった。

母娘は築地の聖路加国際病院へ診察を受けに行く決心をした。

とたんに十二、三台の報道陣の車が後を追った。交差点で停まれば、飛び降りてきてフラッシュを焚く。降りようとすれば取り囲む。

遂に目的の聖路加国際病院へ行くのは困難と判断した。

「もう、お家へ帰りましょう」

母がそう言うと、美智子さんは、

「いいえ、あんな怖いところへは帰れません。聖心へ行けば立ち入り禁止区域があるから、行きましょう」

聖心女子大学の本館前に着くと、「逃げるのか」などという乱暴な言葉まで投げつけられた。

美智子さんのほほに一筋の光るものが流れた。

本館の一室に逃げ込み、立ち入ろうとする報道陣をシスターたちが必死で食い止めた。

涙など見せたこともない気丈な正田さんが困惑している——驚愕したシスターたちが決然と報道陣を追い出した。

この日から三日間、美智子さんは聖心女子大学長マザー・ブリットのはからいで本館裏手にある修院に連泊する。修院は男性オフリミットだった。

この知らせを聞いた小泉信三は直ちに新聞各社を回り、改めて報道の自粛を申し入れた。新聞協会側は非礼を認め、雑誌協会にも申し入れ、週刊誌も含め正式発表までは張り込みなどを控える協定が結ばれた。

十一月二十一日、三日ぶりに美智子さんは母に連れられて帰宅した。やることが山ほど残されている。

もとより、両陛下へのご挨拶も記者会見も初めてのことゆえ、不慣れな上に「民間妃」という言いしれぬ負荷もかかっていた。

明日は記者会見という二十六日、早くも正田家が心配していたことが現実に起こった。


新聞各社は翌朝開かれる皇室会議と、引き続き行われる婚約発表会見に合わせ号外の準備を急いでいた。

「ご婚約決定」は既定路線だったから、各社とも一面を飾る写真が勝負の分かれ目となる。

「朝日新聞」は、他社とはひと味違った効果的な号外をと密かに準備を重ねていたところ、担当記者が正田家の内情に詳しい人物と接触できる関係を築いた。

それが十一月二十日ごろであろうか。

その記者のルートを通じて入手した写真は、余裕をもって二十七日午後配られた号外と『週刊朝日』（昭和三十三年十二月七日号）のトップページを飾った。

「朝日新聞」が「入手」した写真は、天皇・皇后両陛下へのご挨拶と記者会見に臨むために用意された象牙色のアフタヌーン・ドレスを着て、美智子さんが部屋のソファに座っているものだ。

ところが、どうしたわけか頭には丸いカクテル・ハットではなく純白のヴェールを掛けている。これではカトリックのミサのときの服装のようにも見える。

現在、その写真を改めて見ても奇異な感じは否めない。

その点について、記者自身が概略、次のように語っている（ニュースサイト「J-CASTニュース」二〇一二年四月二十七日）。

「ちょうどドレスが三越から届いて、美智子さんがお手伝いさんと一緒に試着し終わっており、その部屋へ通されたのです。『今、着てたとこです』と明るく話す美智子さんの白いドレス姿がとても綺麗だったので、パシャリと撮った」

さらに記者は続ける。

「当日の号外を大きく飾ることが決まり、美智子さんたちも喜ぶだろうと、二十六日の朝早く正田家へ持って行った。応接間で見せると突然美智子さんが、わっと泣き崩れ、両手で顔を押さえていた。

冨美さんは『こんな恰好をするのは礼拝のときのカトリックを連想させるの。ただでさえ、ウチは聖心女子大出身ということもあり、カトリックではないかと疑われているのに』と言って、『この写真が表に出れば婚約反対の声が大きくなり、大変なことになるかも知れないので、この号外は取り消して頂けないか』とまで言われたが、大丈夫だろうと判断して社にも相談せずそのままやった」

記者はかなり大胆な突撃取材を敢行したように述べている。だが、真相はどうだったのだろう。

ヴェール写真の真相

昭和三十三（一九五八）年十一月二十七日の午後、「朝日新聞」の号外には「皇太子妃きまる」との大見出し付きで、白いドレス姿の美智子さんの上半身の写真が大きく掲載された。

本来は象牙色のアフタヌーン・ドレスだが、白黒写真なので純白に見える。その頭には花嫁衣裳かとも見まがう白いヴェールが長く掛けられ、白い手袋も写っている。

だが、当日の会見で実際に被ったのはヴェールではなく、白い鳥の羽をあしらった丸いカクテル・ハットだった。

写真を撮ったのは前述のとおり朝日の記者だという。なぜカトリックの礼拝時を想像させるような姿で、わざわざ「試着写真」を撮らせたのか、疑問が残る。

今回、綿密な取材を重ねた結果、次のような事実が新たに浮上した。

真相を知る正田家の縁者は、「あの写真は『朝日』の記者が撮ったものではないのです」と明かす。

「美智子さんは夏以来の取材攻勢もあり、婚約について落ち着いた環境で考えるため、この年の九月に渡欧しましたが、表向きの理由はベルギーのブリュッセルで開かれる聖心女子大学の卒業生国際会議への出席でした。実は、ちょうど同地で万博が開かれていました。その会場にバチカン館があって、美智子さんはそこのミサに出席される予定が組まれていたのです。

当時、ミサではヴェールを被る決まりがあったので、信者ではない美智子さんは知人に頼んでヴェールを借りて持って行った。ミサ用のヴェールだったことを裏付ける記録も存在します。万事順調に済んで帰国され、借りたヴェールをお返しするのに、被った写真を撮ってそれを付けてお戻ししようということになりました。家にいる者が写真を撮ったのですね。それは家族や報道関係者ではありません。その写真が、どういう経緯か今となっては分かりませんが、記者の手に渡ってしまったのです」

したがって、「朝日」の記者のために美智子さんがわざわざポーズをとって、それを写真に収めたなどということはあり得なかった、というのだ。

さらにその縁者は一層具体的に、

「『ドレスが三越から届いて』というのも事実に反します。『マリ洋装店』という店に依頼したドレスです。三越に衣裳を依頼するのは、納采の儀が終わってから以降のことでした。そのとき、お母さまがうろたえたり、美智子さんが泣かれたと言われているようですが、そんな事実もまったくありません」

とも付け加えた。

今となっては当事者同士にしか分からないことだが、正田家の縁者はキッパリと否定した。熾《し》烈《れつ》な報道合戦が生んだとんだひと幕があったということになる。

ご婚約発表へ向けた正田家の準備に話を戻そう。

当時、宮内庁からは毎日のように担当者が遣わされ、連絡係を務めていた。当日の時間調整に始まり、両陛下へのご挨拶の確認から式次第に至るまでチェックすべき点は多岐にわたった。

その係が試着姿の美智子さんの写真を見て、手首までしかない白い手袋をつけているのにハッとした。

母の冨美は肘まで隠れる長い手袋をかなり前から探していたのだが、この時代、そこまで長いものはなかなか見つからなかったので、宮内庁の手配に従った。

入江相政《すけまさ》侍従の日記にも、次のような記録がある。


「——黒木君（引用者注・黒木従達東宮侍従）から電話。服装の事につき正田夫人が心配してゐるとの事。保科さん（引用者注・皇后の女官長・保科武子）から電話なさるやうにとゝのへて出勤」

（『入江相政日記』昭和三十三年十一月二十日）


二十日には、すでに手袋などの手配を心配していたことがうかがえる。

入江は皇后お付きの保科女官長に手配を頼み、手袋は届けられた。

そこで、正田家では最初に用意していたものよりは、ずっと長目だった、この新たな白手袋に急遽代えた。ただ、それでも肘までは隠れない。

そういういきさつはあったものの、二十七日、両陛下へのご挨拶と記者会見は無事終了した。

ところが、この代えられた肘下丈の手袋によって、ひと騒動が引き起こされたのである。

「あんな手袋をするなんて、エチケット知らずねえ。やっぱり町場の娘はしょうがないものね」

テレビや新聞写真を見た守旧派といわれる皇族妃や一部女官などから、非難めいた声が上がった。

肘が隠れる長さであるべきところ、肘下丈では正装ではない、というのだ。

しかし、この手袋は女官長の手を経て宮内庁から届けられたものである。「こちらで用意しましょう」と言って調達された手袋は、実は皇后陛下のお付きの女官のもの、あるいは皇后のものではなかったか、と推測される。

とにかく、正田家の落ち度でないことだけは確かだった。

では、保科女官長は「短い手袋」と知っての上で、届けさせたのだろうか。

保科武子は北白川宮能久《よしひさ》親王の第三王女で、貴族院議員の保科正昭夫人。昭和十三年以来、良《なが》子《こ》皇后の女官長を務める最古参である。

真相は今もって不明だが、のちにさまざまな問題が引き起こされることを予感させる騒動ではあった。

両陛下へのご挨拶の際には、皇后から「おめでとう」とのお言葉を賜り、その場は収まった。だが、皇后の気持は晴れてはいなかったようだ。

十二月に入って、美智子さんのお妃教育の場所をどうするかが話題に上ったときもトラブルがあった。

入江はその場所として皇居内ながら出入りが比較的自由な呉竹寮《くれたけ》を使うのがよいと考え、皇后にお伺いを立てた。

呉竹寮というのは、昭和七年に建てられたかなり古い平屋ではあるが、天皇家の内親王方全員がここで生活を送ってきた歴史がある。

当時も、少し前までは第五皇女の清宮貴子《すがのみやたかこ》内親王の住まいだったが、結婚を控え（昭和三十五年三月、島津久永と結婚）、寮を出ていたため空き家状態になっていたのだ。

だが、皇后の反応は意外なものだった。

「美智子さんの教育に呉竹寮を使ふことを昨日お上はいゝとおつしやつたのに皇后さまはいけないとおつしやつた由。まだモヤ〳〵があるらしい」

(『入江相政日記』昭和三十三年十二月九日)

美智子さんには由緒ある呉竹寮を使わせない、というのだ。結局、お妃教育の場所は千代田区三番町にある宮内庁分室(現・桂宮邸)で行われることになる。

美智子さんへの想像を超えた反発は、皇后からだけではなかった。

十二月二十二日の入江日記には、松平信子を中心とした常磐会メンバーの動向が記されている。松平信子が柳原白蓮《びゃくれん》とともに愛国団体を動かして、この段階まできてなお婚約反対運動を盛り上げようと画策している、というのである。

秩父宮妃と親しい白洲正子は、自伝の中で、反対の運動に加わるように白蓮から連絡があったと記している。

柳原白蓮とは、大正天皇の生母・柳原愛子《なるこ》の姪で、美貌の歌人として名を残した女性だが、松平信子とともに常磐会の重鎮だった。

同じ二十二日夜、乱菊模様の訪問着で装った美智子さんが、皇太子に招かれて東宮仮御所の門をくぐった。

翌日は皇太子の誕生日で、その前夜祭も兼ねた職員一同との内輪のパーティに参加したのである。

うちとけた雰囲気に、美智子さんはしばし「壁」も忘れ、古くから皇太子に付き添ってきた人々と愉快な会話を楽しんだ。

おしめを取り替えたという看護婦、頭を坊主刈りにしたという老事務官などとのユーモラスなやりとりに、美智子さんの表情に輝きが戻ったひとときであった。

明けて昭和三十四（一九五九）年元旦の各新聞一面を飾ったのは、晴れ着姿の美智子さんと皇太子の二人が、にこやかに談笑する写真である。

場所は東宮仮御所、宮内記者会から美智子さんに求めたアンケートの回答が添えられている。

一般の結納にあたる納采の儀が一月十四日に、ご成婚の日取りも非公式ながら四月十日と内定されたのを受けてのお言葉だ。

婚約発表直後の観測では「ご婚儀は来秋か」と伝えられていたが、皇太子の「早い方がよいのでは」との希望もあって四月十日に早まり、国民多数が期待に胸を膨らませている正月でもあった。

問　ご婚約後どのようにお過しですか。とくに最もうれしかったこと、困ったことは……。
答　以前にくらべてやはり家の中で過す時間が多くなりました。（中略）貴重な一日々々と思いますと、しておきたいこと、早くお習いしたいことがたくさんありますのに、なかなか要領よく手を着けていくことができません。（中略）毎日がなにかとこと多く、その間にとまどったり、すっかり自信をなくしたりすることも往々ございますが、やがて新しい環境で私を受け入れて下さるみなさま方がなにかにつけて本当に優しいお心づかいを下さいますのでしあわせだと思わずにはいられません。

（「朝日新聞」昭和三十四年一月一日）

婚約発表からまだ一ヵ月余である。あわただしい準備期間で「手袋事件」など民間から上がった気苦労を早くも味わい、抵抗勢力の声も耳に入らぬはずはない日々だった。

それだからこそ「私を受け入れて下さるみなさま方がなにかにつけて本当に優しいお心づかいを下さいますのでしあわせだと思」う、との気配りを忘れずに付け加えた。

さらに、

「いまさらのように自分がなにもできないことを自覚し、能力のなさを悲しむことはあっても、はげまし教えられるきょうこのごろは、やはりハリのある楽しい日々でございます」

と、非難の声を心得た回答ぶりには、いかにも美智子さんらしい言葉選びがうかがえよう。

と同時に、皇太子への感謝を匂わせる表現も忘れていない。

一月十三日には千鳥ヶ淵近くにある三番町の宮内庁分室で、お妃教育が始められた。

期間は三ヵ月に満たないもので、日曜日を除く毎日とはいえ、良子皇后のときとは比べものにならないほど短縮されていた。

良子皇后の場合には、世に知られる色覚異常騒動があった上に、関東大震災という災厄も起こり、婚約期間が延びに延びたいきさつがあった。

なにしろ大正八（一九一九）年六月に婚約発表があって、ご成婚は大正十三（一九二四）年一月という長期にわたったため、その間、良子女王は御学問所でみっちりと勉強することとなった。

比較すると大いに違う点は、皇后の場合は多種目多岐にわたっていたが、美智子さんの場合には宮中慣例、儀礼などに割かれる時間が多いところだった。

その代わり、聖心女子大学を卒業している美智子さんへの英語や一般教養、スポーツなどの教育時間は短縮されていた。

久邇宮家出身という身分と、いわゆる平民から入内《じゅだい》する違いを考慮した時間割といえよう。

課目の一例を見れば、

月　和歌　五島《ごとう》美代子

火　憲法　田中耕太郎最高裁長官

水　礼儀作法　松平信子東宮参与

木　宮内庁制度　瓜生順良《うりゅうのぶよし》宮内庁次長　お心得　小泉信三東宮御教育常時参与

金　宮中祭祀　甘露寺受長《かんろじおさなが》掌典長　宮中慣習　入江相政侍従

土　宮中儀式、行事　吉川重国《きっかわしげくに》式部官　宮中儀礼　保科武子女官長

といった具合であるが、現実にはもう少し複雑に時間割と課目が入り組んでいた。九時に開始され、十二時に終わる日と午後三時までの日があるが、毎日五反田の自宅から三番町まで富美が付き添って休まず通ったのである。

美智子さんにとっては、すでに気心の知れている小泉信三や入江侍従の課目はいいが、当初から民間妃に異議を唱えていた松平信子や保科女官長の講義になれば、いやが上にも神経を使わざ

るを得なかった。

本来、東宮参与として皇太子妃の選考に権限を有していた松平信子は、その面目を潰されただけに、立場も微妙なままの講師就任だった。

その腹心といわれた保科女官長も同じであろう。

一説には、小泉信三や黒木東宮侍従が反対派を懐柔するため、もしくはバランス上、敢えて彼女たちを加えた深謀遠慮だったとも言われている。

守旧派の憤懣

皇太子の結婚により、新たな東宮女官長に就任するのは、松平信子（東宮参与）の指名により牧野純子《すみこ》に決まった。

牧野は鍋島直明《なおあきら》男爵の長女で、松平家とは縁続き、さらに牧野伸顕《のぶあき》（元・外務大臣、内大臣）の長男・伸通に嫁しており、常磐会の重鎮である。

そのような立場の女性が東宮妃の側近に入れば、美智子妃は一層息苦しい思いをするであろうし、情報も常磐会に筒抜けとなる。

松平、牧野、保科武子の守旧派三人は、しばしば代々木の松平家で会合を持ち、美智子さんの情報を交換していたとされる。

美智子さんは単身大奥に入ったようなもので、唯一の助けは皇太子とその周辺にいる侍従の黒木従達や入江相政たちだけだったが、男性の目には見えない部分も多かろう。

やや先の記述だが、昭和三十四年三月七日の『入江相政日記』にはこうした事情を裏書きする件《くだり》がある。

「今朝も又正田さんが威張つてゐるといふことから予が正田さんをひいきにし過ぎるといつて君子（引用者注・入江夫人）が怒り出す。つまらないことである」

入江はどうやら家へ帰っても美智子さんの陰口を聞かされ、閉口していたようだ。

その年の一月十四日には納采の儀が執り行われ、慣例により、さまざまな供物に添えて絹の織物が宮中から正田家に贈られた。一般でいう結納に相当する。

その後、美智子さんと両親は揃って両陛下に拝賀に上がった。皇后は美智子さんに、これまで代々伝わってきたという、大きなルビーの指輪を手ずから渡された。

ダイヤが輪のように連なった中に深紅のルビーが輝くその品は、昭憲皇太后から貞明皇后へ、貞明皇后から良子皇后へと引き継がれた由緒ある指輪である。

こうしたときの皇后は、たおやかで母宮らしい微笑みを絶やさぬ人柄がにじみ出ており、美智子さんの心はぬくもりに包まれた。

しかし、相変わらず正田邸と宮内庁分室のある三番町付近に、カメラマンの姿が絶えることはなかった。

思いがけない角度から声を掛けられ、シャッターが切られるが、どの写真を見ても、美智子さんは、背筋を伸ばし、正面を向いてきりりとした表情を見せている。

雨の日も、雪の日も、日曜以外には休むことなくノートを脇に抱えて分室へ通う姿には、新たな人生に挑む、端然とした意思がみなぎっていた。

目標に向かって徹底的に努力するのが、美智子さんの最大の特徴でもある。

そのころ国会では、皇太子と美智子さんの結婚が「恋愛」によるものなのか、それとも宮内庁関係者の準備によって整えられたものなのか、というおかしな論議が繰り広げられていた。

二月六日の衆議院内閣委員会は、質問者の平井義一議員（自民党）と参考人の宇佐美毅宮内庁長官のやりとりに場内はしばし静まり返った。

平井議員が次のように切り出す（以下、議事録より抄出）。

「もしも伝え聞くように、皇太子殿下が軽井沢のテニスコートで見初められたというのなら、それはここにおられる代議士さんの子供と変わりない。これが果たして民族の象徴といえるかどうか。（このご婚約は）長官から進言されたものか、殿下が自分で見初められたものか、お尋ねしたい」

国の象徴となるべき人が、自由気ままに結婚したのでは国民の尊崇を得ることはできなくなるのではないか、平井議員の質問はそういう趣旨だった。

答弁に立った宇佐美長官の回答は、その点ではやや苦しい説明となった。

「今回、ご内定になりました方について、世上では軽井沢で恋愛が始まった、というようなことが伝えられておりますが、その事実はまったくございません。もちろん、軽井沢でテニスを一、二度なさったのは事実ですが、しかし、それ以上の交際があったわけではございません」

小泉信三も、「宮内庁が正田美智子さんを選んだ方が、皇太子が美智子さんに愛情を抱くようになったのより早かった」と、懸命に恋愛説を否定しようとした。

〝開かれた皇室〟推進に積極的だった宇佐美や小泉でも、守旧派からの反撃や嫌がらせじみた行為を防ぐために、恋愛が発端ではなかったことにしようとしたかったのであろう。

この答弁と同じ趣旨の発言は、前年十一月二十七日の皇室会議席上でも見られた。

会議開催の三日前、初めて美智子さん内定を知った松平信子を黒木東宮侍従が訪ねている。

信子は黒木にこう言ってクギを刺した。

「将来、どんなことが生じても私は責任を負いませんよ。あなた方がお決めになったのですから」

怒りも露わにそう言われた黒木は、宇佐美に報告し、二十七日の皇室会議における宇佐美発言となって残っている。

岸信介議長の開会宣言に続いて、宇佐美は敢えて発言を求めた。

「皇太子さまは正田嬢と数回テニスコートでお会いになったことはありますが、世上で一部に噂されたような恋愛関係はございません」

席には衆参両院議長や最高裁長官などのほかに、高松宮妃殿下と秩父宮妃殿下が皇室会議議員として出席していた。

常磐会を意識しないわけにはいかぬゆえの発言だろうが、出席者のうち、皇族方からも異存の声はなかった。

最後に岸議長が自ら質問した。

「正田家はキリスト教と聞きますが、皇室は神道です。宇佐美長官、この関係に問題はありませんか」

再び宇佐美長官が立ち上がると、

「確かに美智子嬢の祖父母はクリスチャンで、美智子嬢は学校はカトリックですが、洗礼を受けてはおりません。したがって、宗教上の心配は一切ございません」

この質問をもって岸議長は会議を終わりとし、十人の出席者全員一致の起立賛成で決定されたのだった。

後日、岸が宗教問題について宇佐美に質したのは、事前に小泉信三に頼まれた「やらせ」であることが判明している。

のちのち、美智子さんが聖心女子大学出身であることが問題にならないよう、小泉が細心の注意をはらって公式な席で解決しておいたのだ。

ご成婚の陰の立て役者として活躍した黒木東宮侍従は、後年、「皇太子のご結婚はご自身のご意思と皇室関係者の選択が一致したまことにお幸せな例であった」と語っている。

皇太子は長い間、孤独だった。

幼くして宮城から赤坂離宮（現・迎賓館）内の東宮仮御所へ移られ、さらに戦時中は沼津御用邸、日光の田母沢《たもざわ》御用邸と南間《なんま》ホテルを転々とされた。

終戦直後に帰京した皇太子が住んだのは、小金井の御仮寓所《ごかぐうしょ》と呼ばれる粗末な宿舎で、アメリカ人家庭教師バイニング夫人らの指導を受けながら、同地に移った学習院中等科と高等科に通い四年間を過ごす。

昭和二十五年二月からは、渋谷区常磐松町の東宮仮御所へ移り、今日に至っていた。

少年期、青年期の皇太子にはどこか暗い翳《かげ》が漂っていたのも、そうした環境によるものがあったことは否めない。

「常磐松」の表記について触れておけば、町名は行政によってかつての「常盤松」から「常磐松」に改変された（昭和四十一年四月以降は「東《ひがし》」）が、仮御所は旧来どおり「常盤松」と表記される。したがって、東宮仮御所は「東京都渋谷区常磐松町百一番地　常盤松御用邸」とするのが正しい。

「家庭が欲しい」という思いと、「皇太子としての義務を最優先する」という気持の相剋に悩んでいたところに、正田美智子さんが現れたのである。

孤独な皇太子が明るくなったのはそれからだった。

小泉信三は、美智子さんに皇太子の心の内を次のように伝えたことがあった。美智子さんの心がまだ揺らいでいた三十三年十月末のことだ。

「殿下はまたかつて私に、自分は生れと境遇からも、どうしても世情に迂《うと》く、人に対する思いやりの足りない心配がある。どうか、よく人情に通じた、思いやりの深い人に助けてもらいたいものだ、といわれたことがある」
（『小泉信三全集』第十六巻）

納采の儀から二ヵ月、三月十六日午前十時、天皇の使者として三谷隆信侍従長が「告期《こくき》の儀」のために正田家を訪問した。

三谷侍従長の三女・正子は偶然ながら聖心女子学院以来、美智子さんと同級だったので、両家は以前からの知り合いであった。

婚儀前最後の重要な儀式であるこの訪問は、「四月十日、皇太子結婚の礼を執り行います」との三谷の言葉で締めくくられた。

四月十日と内定していた「ご成婚の日」が正式に通告され、いよいよ最後の支度が急がれていた。

中でももっとも重要視されたのが、儀式の服装や着付けの伝統指導である。場所は高輪の光輪閣、指導に立ち会うのは秩父宮妃、高松宮妃に、新しく送り込まれた牧野女官長と伝えられた。

日取りは三月二十日午後と決まり、当日の午前中は三番町でいつもどおり、お妃教育の講義があった。

この日の講義は、まず甘露寺《かんろじ》受長《おさなが》掌典長から祭祀について、入江侍従からは宮中慣習の確認といった内容で、特に気の張るものではなかった。

終わり次第、光輪閣へ移動、秩父、高松両妃殿下お成りのもとで、牧野女官長、佐久間、名和両女官から着付けや作法の指導を受ける。

光輪閣は長い間、高松宮邸だったが、戦後広大な敷地の多くは民間に払い下げられた。

庭園内に木造平屋の宮邸が新たに建てられ、かつての本館は改装されて、光輪閣として結婚式場などに利用されていた。

秩父宮妃と高松宮妃への最初のご挨拶は婚約記者会見の二日後に済んでいたので、今回はそのときより幾分気持もくつろぐはずだった。

前年の十一月二十九日、美智子さんは弟宮の義宮《よしのみや》正仁親王殿下（のちの常陸宮）へまずご挨拶を済ませると、高松宮、三笠宮、秩父宮（妃）の順に御殿を訪ね、結婚内定の挨拶をしたのであった。

直宮妃方が「平民の娘が皇太子妃に決まった」ということで、強く反対していたと聞き知っていたので緊張はあったろう。けれども特に異例なご発言もなく、無事に終わった。

ご挨拶代わりに宝石類を宮家に持参した、という話も巷間伝わっているが、そういう事実はなかった。

あらためて「ご指導いただく」のが気苦労といえばいえたかもしれない。

三月二十日、入江の講義が終わった途端、美智子さんは急に目眩を感じ倒れてしまった。

入江も当日の日記に記している。


「近き将来にいろ〳〵起ることを予想されることについて御注意になるべきことをいろ〳〵申上げる。いやな事も多い。退出しようとしたら美智子さんが脳貧血」

付き添っていた母の冨美に抱えられるようにして、控え室に下がった。

「軽い脳貧血です。今日はこのまま休まれてはいかがですか」

駆けつけた医師はそう提案した。

だが、高輪でお待ちになる両妃殿下方に失礼があってはならない。

いったん自宅に戻った美智子さんは、起き上がると気持を引き締めて、高輪へ向かった。

これまでも「平民の出」「学習院出身ではない」といった陰口は伝わって来た。

しかし、そう言われて顔色を変えるような不作法を身に付けてはいなかった。

逆にそれを跳ね返す強靭さや矜持を、内にしっかりと備えた女性である。この程度のことで休むはずもなかった。

同じころに、小泉信三がある会合で、次のような趣旨のことを口にしている。

「いわゆる、旧華族だという人と一般の人とでは、どれだけの違いがあるというのだろうか。華族は、今までの日本に、数百人以上いたが、たとえば日清戦争で師団長くらいで出征した人は男爵になった。さらに日露戦争で軍司令官にでもなって征《い》くと子爵である。そういう人たちが明治まで何だったかというと、よくて薩長の足軽だった。農民だっていたかもしれない。要するによく分からない。

これと、明治時代に実業方面で国に尽くした庶民と比べてどれほど違いがあるのか。だから、今回も皇太子妃の選考に当たって、そういうことは一切気にしないと自分は決めていた」

一士族の出でありながら、皇太子の教育掛に就いた小泉ならではの説得力ある言葉といえよう。

光輪閣では、「これは元日のお洋服、これはお上のご誕辰の日（誕生日）」といった決まりから、「裾をもっと長く、布地はこれでは駄目」といった細かな注意まで女官長などから指示されたが、美智子さんは倒れることもなく無事に務めを果した。

この毅然とした姿勢こそが、その後の美智子さんの宮中での長い歳月を支えたのではないだろうか。皇室の伝統を尊ぶ気構えと、民間の出身だからといって、けして自信を失わない覚悟によって、新しい時代は始まったのだった。

正田家が用意した支度金

皇太子と美智子さんの結婚式は宮中三殿の一つ、賢所《かしこどころ》で行われることになっていた。その際の髪形は「おすべらかし」なので、長い方が結いやすい。

当日までになるべくたっぷり伸ばしておきたいが、生まれつきやや巻き毛のくせのある美智子さんにとって、それは気苦労のひとつでもあった。

ヘアバンドで内巻きにまとめてある髪の長さを確認した女官長からは、特に厳しい注文がつけられることもなかった。

次の作業は数あるお輿入れ道具の点検だった。

自宅の空いている部屋から廊下いっぱいに、注文した家具類が並べられている。

肝心な洋服、呉服、靴、アクセサリー、宝飾類から寝具一式に至るまでのチェックは、母の富美と二人できめ細かくやらなければ追いつかない。これまでに幾日、何回の仮縫いを済ませてきたことであろうか。

婚約期間の短いことが嬉しい気持もあるが、反面、急ごしらえにならざるを得ない苦労もある。

それら品々の注文先を細かく並べればきりがないが、一例を挙げておこう。

もっとも気を遣う第一礼装のローブ・デコルテは、皇太子妃が未定の段階から高松宮家の喜久子妃がクリスチャン・ディオールに依頼していたという。

皇太子の将来をことのほか気遣っていた喜久子妃が「未来の東宮妃にふさわしいデザインを」と考えてのことだった。

ところが、美智子さんと決定する前にディオールが急死し、後継者のイヴ・サンローランがデザインを引き継いだ。さらにその縫製・採寸の調整には皇后のデザイナー、田中千代があたったとされる。

三着用意されたが、値段は当時の価格で推定数百万円、羽織るケープを付けると一千万円を超えるという。

ただし、正田家が発注したわけではないので、その点をマスコミから騒がれる心配はなかった。

デコルテに次ぐ皇室のフォーマル・ウエアはローブ・モンタントである。布地は京都の重要無形文化財の職人が織り上げたものを使用。

皇室の公式行事の正装が洋式とされたのは、明治五（一八七二）年以来である。

貞明皇后も良子皇后もロイヤルファッションの第一はローブ・デコルテに勲一等宝冠章を付け、ティアラの中心には大きなダイヤモンドが輝くのが手本とされていた。

良子皇后の服装の相談役を長く務めたのは、田中千代であった。その田中は、常に皇室女性の身だしなみは、気品、優雅、格調、そして典雅が原則だと語っている。

ほかにも、訪問着は日本橋の満つ本、帽子は麴町のベルモード、草履は赤坂の小松屋、靴は明治以来の御用達大塚製靴、さらに真珠などはミキモトのデザイナーと多岐にわたり最高級の品々が揃えられた。

美智子さんが自分自身でデザイナーを決められるようになるのは、先のことである。

三十代のころは中村乃武夫《のぶお》、芦田淳、四十代以降は植田いつ子が担当することになる。

ご成婚用調度品のすべてが正田家の好みや予算だけで決められるわけではない。宮内庁に詳細な報告がなされ、お伺いを立てなければならなかった。

伝統や慣習に照らし合わされ、その枠からはみ出したものは禁制である。

「前例がございません」

と、断られる。

こうして、結婚式当日のお支度、当面の日常生活に必要な衣装各種、パーティや旅行用などと、考えるだけでも気が遠くなるほどの品々が入用だった。

このお輿入れのために、正田家がいったいいかほどの金額を要したか、巷間かまびすしくなったが算出は難しい。

ティアラやペンダント、指輪、腕輪などは、皇后がかつての大礼の際に使用したものを使い回してよろしい、との許可が下りた。

部分的に新しいデザインに作り替える工夫をすれば、十分使える上等な品ばかりである。

公式な数字はないが、宮内庁が用意できる美智子さん関連の予算はおよそ二千万円だった、とされている。

それ以外は、正田家の財布から捻出しなければならない。

父・英三郎《ひでさぶろう》が社長を務める日清製粉は確かに製粉業界ではトップ企業だが、家風は地味で、蓄財に励んできたという噂も聞かない。むしろ〝堅実〟が代々の家訓といえた。倦《う》まず働き、ガスの火も無駄に燃やさないという家風には、ストイックな側面が確かに感じられた。

経済評論家の三鬼陽之助は、英三郎を次のように観察している。美智子さんご成婚の数年前の筆なので、予断のない評価にかえって真実味がうかがえる。

「これはまず理想にちかい二代目の一人だろう。別に、経営者として手腕が格別卓越しているとか、積極性に富むとか、大いに野心があって、話して面白い男だとは思わないが、なにか一見鷹揚で、それでいて万事にソツがなく、不愉快ではない」（『財界新山脈』）

というような英三郎の財布からは、いったいどれほどの金額が支度金に回せたのだろうか。一説によれば、総額で一億円近い金額が必要だった、といわれている。そのうち皇室予算が二千万円ならば、残り八千万円近くが正田家から捻出された計算となる。単純な比較対象とはならないが、昭和三十四年の大卒国家公務員（上級職）の初任給は一万二百円（人事院資料）とある。近年の同職の初任給を仮に二十万円とすると、当時の八千万円は現在の十六億円ほどに相当する。

正田家一族が一丸となれば払えない額とは思えないが、必要な費用はさらにこの先にも控えていた。

実際、東宮妃となってからの海外訪問、外国からの賓客などとのパーティ、地方ご旅行などの支度に相当な費用がかさんだことは想像に難くない。

お輿入れとその後の経費を実家が負担するのは、実は初めての民間妃に限ったことではない。戦前は徳川家や久邇宮家のような裕福な家柄の出の皇族妃は、実家の支援をそれなりに仰いだ。しかし、戦後になると、旧華族出身の皇族妃方にはかなりの経済的苦労があった。

昭和二十二（一九四七）年十月に行われた皇籍離脱（戦前の臣籍降下）によって、天皇家と秩父、高松、三笠の三直宮を除く十一宮家が皇籍から離れた。

ＧＨＱ（連合国軍最高司令官総司令部）は昭和二十一年五月、皇族の財政上の特権を剝奪する覚書を発表した。

続いて新憲法施行から皇籍離脱へと一気呵成に旧皇室の解体が進んだのである。

その結果、多額の税金が徴収され、多くの宮家では土地・家屋や宝石・美術品などの売却を迫られて家計は逼迫した。

常磐会の重鎮で、資産は潤沢とされていた梨本宮伊都子妃の場合でも例外ではない。

憤怒に満ちた伊都子妃の日記をここで見ておこう。

「（昭和二十一年）十一月二十四日、伊豆山（熱海）へ行く。午前十一時ごろ、この家を買った人、Ｙといふのが、夫婦・子供・赤んぼ・母親・妹等にて来り。主人は、まだ三十四歳の青二才。よくもそんなに金をこしらへたもの。其父親は行商をして歩いた人とか。とにかく成金で、相当の財産を持っているらしい。あんないなかものゝババーや青二才に此家を勝手につかはれるのかと思ふと、くやしくて〳〵たまらない」

（小田部雄次『梨本宮伊都子妃の日記』）

実はこの「青二才」とは後年「乗っ取り王」「株買い占め王」といわれ、ホテル・ニュージャパン火災事件を起こした横井英樹だった。

話が横道へそれたが、要するに元皇族・華族でも、とかく「お手もと」が苦しい時代に、正田家はとにかくお輿入れ準備を無事整えられたのである。

昭和三十四（一九五九）年四月五日は、朝からトラック三台が正田家前に着けられ、お輿入れ道具が東宮仮御所へ運ばれた。その中身を逐一調べ出し、あからさまに報じるメディアもあった。「簡素にといわれながら、総百三十五品目にも及ぶ豪華なお支度品の一覧表」などと謳う週刊誌（『サンデー毎日』昭和三十四年四月十九日号）まで現れる始末である。

過熱する報道ぶりに冨美はすっかり体調を崩し、ここにきて遂に臥せりがちとなった。

侍従職の入江相政《すけまさ》にも新たな心配ごとが起きていた。皇后のご機嫌に関して、重ねて黒木従達東宮侍従が尋ねてきた。

実は、皇后が「ご成婚パレードの馬車を引く馬の数が六頭と聞くが、自分のときは四頭だった」と不満を述べているという。

確かに『入江相政日記』には「皇后さまが今度の御慶事の馬車六頭、御大礼の時の御自身のも四頭だった、憤慨だとかおつしやつた」（三月十二日）という記述がある。

即位の礼前年の大正十二（一九二三）年十二月二十七日に起きた「虎ノ門事件」の影響から、

馬車を取り止め自動車でのパレードも考慮されたが、最終的には四頭立ての馬車になった。

「虎ノ門事件」とは、国会の開院式に出席するため自動車で虎ノ門付近を通りかかった皇太子(摂政宮、のちの昭和天皇)を、難波大助という青年が銃で狙撃した事件である。

さいわい銃弾は車の窓ガラスを割っただけで皇太子に命中はしなかったが、同乗していた入江為守東宮侍従長(入江相政の父)が軽傷を負っている。

当時の節子《さだこ》皇后(貞明皇后)は万事に質素をむねとする皇后だった。

かつて皇太子の婚儀についても関東大震災直後ということから、馬車の馬数は六頭ではなく四頭に、というような注文をつけたらしい。

そうした慣例に倣わず、勝手に六頭立てにしたのが良子皇后の気に障った。

あからさまに馬の数まで気にされる皇后だけが極端な「保守層」とは限らなかった。

外国人の目には、美智子さんの周辺は敵だらけに見えたようである。

「華族の中には、お妃選びで貴族の血筋である自分たちの娘がなおざりにされてしまったことに、無念さを隠さない者もいる。また、腹立ちまぎれに美智子のことを『成り上がり者』と言う宮中女官もいた。最近、ある上流階級の晩餐会で、裕福な実業家である美智子の父親が、気まずい沈黙の中で座っていた。そばにいた華族たちが、彼の頭越しに、『戦後のにわか成り金』が幅をきかせるとは、嘆かわしい世の中になりましたな、と大声で話し合っていたからだ。——女官たちは、美智子はいつまでも『よそ者扱いされるでしょう』と言い切る。年配の女性たちは忍び笑いしながら、正田家は関東平野の御出身ですってね、と言う。『からっ風とかかあ天下』の土地だということだ」

（『タイム』一九五九年三月二十三日号）

正田家は「戦後成り金」ではない。さらに、正田家が関東平野の出身であることはそのとおりだが、母・冨美は「かかあ天下」の土地とは無縁である。

だが、『タイム』誌はやや極端な例を引いているとはいえ、ミッチー・ブームの陰にある世相の一面を嫌味ながら言い当てている。

側近を困惑させた馬車の件はどうにか六頭立ての四頭引き案で通ったが、皇后は新たにもう一つ注文をつけてきた。

東宮職では、皇太子とお二人お揃いで四月二十七日に最初の「お里帰り」を予定していた。一ヵ月ではやや遅いし、あまり早くても反対の声が上がるだろうと考えた末、ご成婚から十七日後の二十七日あたりを適当とした。

ところが、皇后が「そのようなことは聞いていない」と言って、ご機嫌がよろしくない、というのだ。まだ里帰りには早い、という意味である。

そもそもは、少しでも早めにしてあげたい、との皇太子の希望を入れて決まった日程でもあった。

ご成婚直前の四月八日、入江侍従のところへ困り果てた宇佐美毅長官と黒木東宮侍従が「皇后さまにお許しを得て欲しい」と頼み込んできた。

そこで入江がお文庫の両陛下に拝謁、皇后に申し上げたら「当然のことだ」と言われて、ご機嫌は直った。

「あとで黒木君が御機嫌がわるくなかつたかと何遍もきくところをみると、長官は非常にそのやうなことをいつたらしい。これから先これではこまるといつてゐた」（『入江相政日記』）

婚儀まであと二日、宮中奥ではこうした厄介な問題がまだくすぶっていた。

第二章　三島由紀夫「お見合い説」の真相

晴れやかな結婚の儀

皇太子と美智子さんの婚儀当日、昭和三十四（一九五九）年四月十日は、朝から見事に晴れ上がった。夜遅くまで激しい風雨に見舞われていたのが嘘のようである。

前夜は応接間の壁際に造られた英国風の暖炉に薪がくべられ、英三郎《ひでさぶろう》が火搔き棒をとって炉をかきまわし火勢を上げた。

四月といっても、ときには暖炉の炎の温もりが家族に必要となる晩もある。

いつも暖炉を操るのは英三郎の役目であった。そうした父の背中を見やりながら、美智子さんはいつも幸せだと感じるのだった。

その暖炉を囲むのも今晩が最後になるかも知れなかった。

静かな満足感を味わいながら、九時ごろ、二階の寝室へ上がった。

四時に起きたときには雨音は聞こえなかった。代わりに、もう起きて働き始めていた母やお手伝いさんたちの声が廊下に響いている。

午前六時、早々にやって来たのは祖父の正田貞一郎《ていいちろう》はじめ親戚一同だった。

貞一郎は群馬県の館林で日清製粉を創業した人物である。八十九歳というのにかくしゃくとしていた。今は現役を退き、東京・文京区の小日向台町に閑居している。

「おめでとう、美智子。わしは、生きてお前の晴れ姿を見られて本当に嬉しい」

「お父さま、もう何時間かで『お前』などとは言えなくなりますよ、今だけですからね」

大阪から来た伯父の建次郎（大阪大学総長）が、笑みを含んでたしなめた。さらに、

「たとえ家族でも、明日からは美智子などとは言えず『妃殿下』ですからね」

そう言われて白髪を掻く貞一郎を真ん中に、全員が鯛の浜焼きと赤ワインでにこやかに杯を掲げていた。

間もなく玄関先から小砂利のきしむ音が聞こえ、車が門前に着けられた。

山田康彦東宮侍従長と牧野純子《すみこ》東宮女官長が「お迎えに参りました」と挨拶すると、玄関脇に控えた。

あずき色の大型車が横付けされていた。

美智子さんは、両親に向かって、

「いままで大変お世話になりました」

と頭を下げて言うのが精一杯だった。

両親も声が出ない。

潤んだ目だけがすべてを語っていたが、英三郎の口からかすかに、

「あちらへ行ったら、体に十分気をつけて――」

という言葉が返された。

六時三十分、門前に集まった近隣の人々やマスコミに頭を軽く下げて会釈をすると、美智子さんは迎えの車に乗り込んだ。

向かう先は、まず皇居内の呉竹寮《くれたけ》である。お妃教育の際には皇后の許可が下りなかったが、婚儀のためのお支度に使うのには特に異議も出なかった。

空き家になっている呉竹寮には、すでに式服の十二単《じゅうにひとえ》一式、「おすべらかし」の道具類などが整えられ、故実に詳しい女官や旧華族の夫人らが待機している。

まず「おすべらかし」のお髪結《ぐしゅ》いから始まった。ひと月ほど前に通しのリハーサルを、七日には本番同様の着付けを済ませてある。

髪の毛を小さな束にしながら、チックをさらに固くしたようなびんつけという油をこすりつけ、それに櫛を入れて梳《と》かす。

髪の一本一本が針金のようになっているところに櫛を入れるのだから、痛みは大抵ではない。しっかりと油を付け終えると、鳥の翼のように膨らませ、垂らした髪を元結で結ぶ。

さらに付け毛を足して、床に一メートルほど引き摺るようにし、何ヵ所かを縛って終わる。ここまでの作業に二時間以上はかかった。

お髪結いが整い、長く床に曳いている「おすべらかし」を二、三人の女官が持ち上げると、いよいよ十二単の着付けが始まる。

十二単を新調すれば、当時の費用で三百万円は下らないといわれた。

そこで宮内庁は、長袴《ながばかま》以外は皇后が使い照宮成子《てるのみやしげこ》内親王が借用したという式服を、今回も拝借することにした。

もとより十二単というからには、十二種類の絹の着物を重ね着する。

小袖に始まり、長袴、単衣《ひとえ》、五衣《いつつぎぬ》（裾に綿を入れて膨らませたものを五枚着る）、打衣《うちぎぬ》と重ね、その上から表着《うわぎ》、唐衣《からぎぬ》、裳《も》と重ねて十二単が完成するのだ。

古来、宮中に伝わる女房装束の中で、もっとも格の高い正装であるが、仕上がると二十キロに近いというから着て歩くのは並の苦労ではない。

九時三十分、着付けと化粧がすっかり終わった美智子さんは女官の手を借りながら自動車に乗って移動。賢所《かしこどころ》の背後にある衣替え所である綾綺殿《りょうきでん》の別室に入った。

常磐松の東宮仮御所から皇居に向かった皇太子も、同じ時刻、綾綺殿で黄丹袍《おうにのほう》という装束に着替えを済ませていた。

黄丹袍は平安時代から伝わる皇太子の礼服で、黄丹は上る旭日を表した色で、皇太子だけに許された禁色《きんじき》とされる。

「午前九時五十八分、十二単の紫と緋色の袴が目にも鮮やか。ただし、私たちがそれを目にしたのはほんの数十秒」と現場で取材していた元読売新聞記者の村尾清一《きよかず》は書いている。

掌典長・甘露寺《かんろじ》受長《おさなが》以下が古式にのっとった装束を身に着け待機するなか、皇太子と美智子さんが静々と回廊を進み始めた。

皇太子は身を黄丹袍に包み、菊の紋章の付いた黒の冠をかぶり、右手に笏《しゃく》を持って前方を正視する。

十二単の美智子さんは皇太子に数歩遅れて、やや伏目がちに後を行く。手にはあでやかな檜《ひ》扇《おうぎ》を構えつつ歩を運ぶ。

この日、結婚の儀に参列したのは九百七十人（メディア関係者を除く）。

賢所から数十メートル離れたところに設置された東西の幄舎《あくしゃ》（テント状の幕を張った仮屋）に参列しているのは皇族、旧皇族、正田夫妻と長男・巖、岸信介首相以下各閣僚と衆参両院議長に最高裁長官、国会議員などである。

ただ一人の外国人客（記者を除く）として招待されたバイニング夫人の顔が小泉信三の隣に見える。ただし、古くからのしきたりにより、天皇・皇后両陛下は出席せず、テレビでご覧になるという。

皇太子の裾を支えるのは戸田東宮侍従、続いて御剣《ぎょけん》を捧げ持つ浜尾実侍従が従う。美智子さんの長い裳裾《もすそ》を手にして従うのは牧野東宮女官長と雪井女官。

行列は両幄舎の参列者が離れて見守る中、綾綺殿《りょうきでん》から回廊を回って賢所正面でとまった。春の陽光が、間もなく最後の儀式のために賢所の内側へ入る二人の背に射し込んでいた。

皇太子はすでに外陣《げじん》から内陣へ、さらに奥の内々陣へ進んでいる。

白羽二重の幌が掛かっており、内陣の美智子さんの位置から内々陣は見えない。二千年近く天皇家に伝えられてきた儀式の最後は、天照大神《あまてらすおおみかみ》への礼拝である。内々陣の奥には神鏡が祀られており、皇太子といえども見ることはかなわない。

御簾《みす》の向こう側にいる巫女（内掌典）が掌典長から玉串を受け取って鏡の前に捧げ、音もなく儀式が終わるのだ。

そのとき合図があって、前庭にいる参列者が一斉に起立した。桜の花びらが幄舎の中へとしきりに舞い込んでいた。

やがて、皇太子が懐から告文《こうもん》を取り出し、おごそかに読み上げた。内容はおおむね次のような文言である。

「今日の吉日、この賢所において、謹んで結婚の礼を行う。今後は互いにむつみ親しみ、変わることなきを誓い、将来の守護を祈る」

告文奏上が終わると、二人は後ろ向きのまま、膝行《しっこう》といって、膝を着けたままで外陣まで後ずさりして下がるのである。これは訓練しないとなかなか難しいのだが、美智子さんは落ち着きはらい、見事にやり遂げた。

参列者からも安堵と感嘆のため息のような声が漏れ、その場に張り詰めていた緊張感はようやくほころび始めた。

この後、素焼きの盃に甘露寺掌典長の手で神酒がわずかに注がれ、民間でいういわゆる三三九度の儀が行われた。皇太子と美智子さんはそれぞれ一度だけ軽く口をつけ、盃は元の三方へ返された。

二人は座ったまま内々陣に向かって礼拝し、ここに結婚の儀は滞りなく終了したのである。十時十二分、正田美智子さんはこの瞬間から皇太子明仁親王妃美智子殿下となった。

悠久のときの流れに、しばし王朝絵巻を見るかのような錯覚を、参列者たちは覚えたであろう。だが、時間にすれば儀式そのものはわずか十五分ほどである。

ここで参列者は全員解散となったが、二人にはまだ次の支度があった。

控えの間へ入った皇太子は、燕尾服に着替える。

美智子妃は再び呉竹寮へ戻り、硬いびんつけ油を落とす洗髪にかかる。さらに十二単を一枚ずつ脱ぎ、能面のような厚化粧を落として、洋装に合う化粧に変えなければならない。

用意されたローブ・デコルテに着替え、ヘアスタイルもティアラ（宝冠形の髪飾り）が形よく載るようにまとめられた。

皇太子は大勲位菊花大綬章を付け、美智子妃は胸には勲一等宝冠章、髪にはプラチナ台に数百個のダイヤがちりばめられたティアラが載せられる。これで、結婚した男子皇族とその妃が初めて天皇・皇后に会う儀式、朝見《ちょうけん》の儀に向かう支度が調った。

午後二時、皇居仮宮殿西の間では、天皇・皇后両陛下お揃いで座に着かれていた。

両陛下の御前に進み出た新婚の二人は並んでお辞儀をし、皇太子がお礼の言葉を述べた。天皇も笑顔で祝いの言葉を述べられ、皇后のご機嫌もうるわしく、「おめでとう」と返された。

時刻は、午後二時半になろうとしていた。

窓の外からは、皇居前広場でパレードを待ち構えている大群衆のざわめきが波のように打ち寄せている。

皇太子旗をひるがえした馬車の列が、新緑の木立の陰から二重橋に姿を現した。

ため色（あずき色）六頭立て四頭引きのオープン馬車の、進行方向右側に座る燕尾服姿の皇太子、左側の美智子妃はローブ・デコルテに輝くティアラを頭にいただいている。

皇居前の十一万の群衆（警視庁調べ）から「バンザイ、バンザイ」の声が沸き上がり、無数の日の丸の小旗が揺れている。

二重橋前から皇居前広場の歓声は、頂点に達しようとしていた。

ここから渋谷区常磐松町の東宮仮御所まで八・八キロあまりの沿道には、皇太子夫妻をひと目見ようとする人波がおよそ五十三万人押し寄せたといわれる。

また、この日のご成婚パレードのテレビ中継が、わが国のテレビの普及にとって大きなエポックとなったのはすでに触れたとおりだ。

電機メーカーによるテレビの生産ラインが整い、受像機の値段も急速に下がり始めた。この年からフジテレビとNET（現・テレビ朝日）も開局、すでに開局していたNHK、日本テレビ、KRT（現・TBS）の全五局が早朝から徹底した生中継の特別編成を組んだ一日だった。

両殿下がにこやかに手を振って皇居前広場を通り過ぎようとしているのとほぼ同じ時刻、正田夫妻は皇居から五反田の自宅に戻って来た。

英三郎と長男・巖は、次男・修、次女・恵美子を交えてテレビ中継を見ながら、ひとときの安堵感をかみしめていた。

母親の冨美だけは帰宅と同時に倒れ込むようにして自室にこもった。この一ヵ月ほど前から体調を崩し、それをおしての参列だった。半年以上にわたる疲労がたたっていたのだ。

やがて、両陛下のお使いとして挨拶に訪れた入江相政《すけまさ》侍従に対して、英三郎は「お陰さまで滞りなく済みました」と言葉少なに挨拶。その晩、正田邸の灯りは思いのほか早くに消えた。

正田夫妻には、喜びと同時に相反する寂しさが去来したのであろうか。

やや不自由になった足をかばいながら式に参列した小泉信三は、記者に感想を求められ次のように短く述べた。

「よい天気に恵まれ、ただただおめでたいことだった。お二人はとても美しかった」

皇太子の教育係、いかめしく言えば「東宮御教育常時参与」の役を受けてちょうど十年、無事大役を果たし終えて安らいだ心地だったろう。

側でもう一人、かつて皇太子の英語教師を務めたバイニング夫人も感想を語っている。

「ご結婚式は話に聞いていた以上に美しく、私の一生を通じてもっとも印象深いものでした。お式のときの静けさのうちに、内陣の内側から漏れてきた皇太子さまの力強い誓いの言葉が今も私の耳に残っています」

宇佐美《うさみ》毅《たけし》宮内庁長官は、さすがに大任を果たし胸に迫るものがあったのだろう、目はうるみ、声をときおり詰まらせながら会見に応じたが、

「どうも皆さん、おめでとう——ご協力ありがとう」

と言って、言葉に詰まる。

世紀の一大イベントと謳われた皇太子と美智子妃のご成婚は、こうして滞りなく終了した。

「皇室に新しい血が入った」この日までの道のりを振り返れば、険しい日々の連続だった。

だが誕生したばかりの皇太子夫妻によって、皇室には伝統とともに近代の光彩が差し込んだと誰もが実感していた。

投石事件のスクープ写真

昭和三十四年四月十日、日本中の誰もが祝福しているはずの皇太子と美智子妃の結婚の儀は、無事に終わった。

時刻は午後二時三十分を回ったところである。

すでに皇太子夫妻が乗った六頭立ての馬車は、皇居前の大歓声のうねりの中へ、蹄の音を響かせ歩を進めていた。これから国民待望のパレードが始まろうとしている。民間出身の美しいプリンセスに人々の視線は集まった。

まったく、これほどの慶事が戦後の日本にあっただろうか。日の丸の小旗を手に沿道で待つ国

民の歓喜は頂点に達しているように見えた。

だが、その裏には、この慶事に参加できない、いくつかの暗い影があった。

前年十一月二十七日の婚約発表記者会見の際、識者からの感想が「読売新聞」に掲載された。

その中に、大江健三郎のコメントがあるので引いておきたい。


「いまは平民も貴族もないから皇太子が『平民』から妻を選んだといって何の意義も感じない。新憲法下の天皇の国民に対する地位はあいまいだ。おそらく婚約発表から結婚まで上昇する皇太子景気をうまく利用する勢力が出てくるだろう。——皇太子については関心もないし、大きな存在だとも考えていないので特別な感想もない」（昭和三十三年十一月二十八日）

という言葉が、のちのノーベル賞作家の見解だった。

しかし、一般国民は皇太子を「大きな存在」と思い、特別な「関心」をもってご成婚を迎えていたのである。

だからこそ、群衆は街路に並び、押すな押すなの大騒ぎでパレード到着を待ちわびていた。

パレード直前になって、警視庁警備総本部から八ヵ所設けてある各前線本部に緊急指令が発信された。

沿道八・八キロをほぼ等分して八つの前線本部が置かれていた。八本部から、さらに現場の各中隊へ直通電話が引かれている。

「ある政治団体がリヤカーに犬を積んで青山方面に向かっている。これは犬を放して馬を驚かすためと思われるので善処されたい」

細かな注意事項が飛ぶ。

実際、沿道近くで警戒していた青山中隊が日本犬を積んだリヤカーを発見し、道筋から退去させた。

次いで神宮外苑の絵画館前で挙動不審の四十代男性を職務質問したところ、硬式野球ボールを何個も抱えている。「皇太子は野球が好きだと聞いたから、ボールを投げてやろうと思った」などと言ってニヤニヤしており、この人物はいったん保護された。

水も漏らさぬ警備とはいえ、どういう事態が起きるか警備当局も不安が絶えない。

皇太子ご成婚といえば、なにしろ大正十三（一九二四）年以来、三十五年ぶりである。

そのときのパレードも馬車列だったが、直前に起きた「虎ノ門事件」と呼ばれる皇太子襲撃事件の強い危機感の中で執り行われた。

特に年配の警備関係者にとっては、かつての事件を忘れられるはずもなかった。総本部はパレード出発の直前になってかすかな不安を感じたのか、急遽、皇居前警備中隊の一箇小隊を四谷へ回した。

したがって、それまで三メートル間隔だった皇居前広場の警官の配置が十メートル間隔に広がってしまった。

この日、絶好のパレード日和《びより》には違いなかったが、六月並みの気温と言われ、観衆も警官も緊張と興奮で額の汗を拭うほどであった。

そのとき、慶祝一色に塗り潰された十一万人の人垣の中に、周囲とは違う目つきをした顔がまぎれ込み、やがて眼前に来る馬車列を待ち構えていたことに気付く者は誰もいなかった。

午後二時三十七分、歓呼に応え手を振る皇太子と美智子妃の馬車が、皇居前広場から祝田橋へ大きく右折しようとした。まさにその瞬間である。

群衆の前方にいた一人の若い男が、右手に握っていた石のような物を馬車に向かって投げつけた。

投げられたのは握りこぶし大の石だった。

音を立てて馬車の側胴に、それも燦然《さんぜん》と輝く菊のご紋章付近に当たったのを認めた男は、次に道路中央に飛び出し、馬車によじ登ろうとした。

とっさの出来事だったが、この一連の動きを、すぐ側にいて、カメラに収めることに成功した青年がいた。新聞社やテレビ、ニュース映画のカメラマンたちは、特設された大ヤグラの上に乗っていて、機敏な動きがとれなかった。また、この時代のテレビカメラは固定されていたので、不審者の動きを追い切れない。

観衆も当然ながら、今のように皆がカメラや携帯電話を持っている時代ではなかった。

突然、若い男が群衆の中から駆け寄り、投石し、馬車によじ登ろうとするまでの一部始終を撮ったのは、日大芸術学部在学で二年生になったばかりの崎山健一郎という写真学生だった。当時、十九歳の崎山青年は、今も東京都新宿区で健在である。崎山氏に、そのときの現場の状況を直接尋ねてみた。

「僕はアルバイトをして、前の日にキヤノンの新しいカメラをようやく手に入れたばかりでした。何か撮りたくて仕方なかったんですね。ちょうどご成婚パレードが翌日あったので、六時から皇居前で構えて待っていました。前列の方で正座したまま歓声を上げている大勢の人に交じってです。ちょうど馬車が僕らの前に差し掛かったとき、僕の左手三メートルくらいのところにいた男が突然、飛び出して石を投げつけたんです。

あわててカメラをその男に向け、投げた瞬間から馬車に飛び乗ろうとするところまで連続で撮りました。レンズは標準五十ミリ、天気がよかったから早いシャッターが切れたのが幸運でした。すごいなと思ったのは、石が投げられた瞬間、美智子さんはちゃんと見ていて、まるで庇《かば》うように体を皇太子の方へ少しだけ寄せたんです。皇太子はにこにこと手を振っているだけでしたが」

運動神経や反射神経が優れていたからこそ、美智子妃は、その男を見てすぐに反応した。無意識にせよ、さすがだと感心したと崎山氏は語る。

馬車に飛びついて、身を半分ほど乗り入れようとした男を、後部に乗っていた従者と駆け寄った機動隊員が地上に引きずり下ろし、逮捕した。無言の白昼劇ともいうべき事件は、ざっと数十秒で終わった。

眼前の目撃者以外に事件は分からず、馬車列は何事もなかったかのように、そのまま祝田橋から桜田門へ進んで行った。

崎山青年の写真は、親戚が勤めていた関係から『週刊明星』の手に直ちに渡った。

昭和三十三年七月、週刊誌刊行ブームに乗って創刊された『週刊明星』は、同年十一月の婚約スクープをものにしていた。そこへ偶然とはいえ、投石事件の写真もスクープ（昭和三十四年四月二十六日号）となったのだった。

崎山青年は日大卒業後、縁あって集英社に就職し、カメラマンとして長い間活躍した。

暴行などの現行犯で逮捕された男・Nは、昭和十四年、長野県伊那地方の旧家の生まれで、奇しくも崎山青年と同じ十九歳だった。

供述によると「天皇制にはかねてから反対で、しかも二人のために大金が使われるのが許せない」というのが犯行の動機だった。

Nは伊那北高校を卒業し同志社大学を受験したが失敗、新宿のガソリンスタンドでアルバイトをしながら浪人生活を送っていた。

この事件後、「精神分裂病」（当時の報道）と診断され、郷里の長野にて保護観察下に置かれた。Ｎ自身は後日、「自分は精神障害などあり得なかった」と雑誌に手記を投稿し抗議している。だが、浪人生とその家族の身の安全などを考慮すれば、事件の大きさから考えて当然の措置ではないか、というのが警察当局の判断だった。

一方、パレードは三宅坂、半蔵門から新宿通りの商店街を通過、明治神宮外苑の桜吹雪が舞う中、青山学院前を通って常磐松の東宮仮御所へ無事到着した。

時刻は午後三時二十分、馬車が古風な玄関先に停まり、皇太子が先に降りる。続いて、からまりそうな長い裾を気にしつつ美智子妃が馬車を降りようとすると、その手を取るような仕種を皇太子が見せた。気遣い合う初々しい二人の後ろ姿が、テレビ中継最後のシーンとなった。

全国に実況中継されたご成婚パレードは、これまでの「ミッチー・ブーム」の総仕上げとも言える熱気と感動をもって国民に受け入れられた。

「ミッチー」という表現はマスコミが作ったもので、学生時代の美智子さんは友人から「ミッチ」と呼ばれていた。

いずれにせよ、〝粉屋の娘がね〟などという一部の風評をよそに、美智子妃の魅力が映像をもって伝播され、その人気は確実に定着したとみていいだろう。

もちろん、中には辛口の批評もある。テレビの普及を「一億総白痴化」とこき下ろした大宅壮一はその代表的な一人だ。「投石事件」が及ぼした世間への反響も大きく、大宅は次のような感想を述べている。

「大衆天皇とか奉祝ブームとかいったって、それらは皆マスコミが作ったものであって、いわばマスコミ天皇ブームだ。ご結婚を喜んでいる者がいる一方、他方では一家心中一歩手前の人間もいるはずだし、テレビも買えない人間もいる。——それらの反感のあらわれの一つが、この事件だ。これは組織的ではなく感情的に爆発したものだが、決して偶発的ではなく、自然発生的なものと解釈している」

（『週刊明星』昭和三十四年四月二十六日号）

このように、さまざまな作家やジャーナリストが意見を発信したが、前出の大江健三郎と、思想的にはほぼ対極に位置しながら、それゆえに「ご成婚」を、格別の関心と屈折した眼差しをもって凝視していたのが三島由紀夫だった。

三島もまた、この日はパレード開始からテレビの前にくぎ付けとなっていた。

あとひと月もすれば、目黒区緑が丘の自宅から、大田区馬込東一丁目（現・南馬込四丁目）の新居に越す予定だった。スペイン風骨董や、イタリアから持ち帰って庭に据えた裸体のアポロ像などが話題を提供することになるあの家だ。

彼は、小さな嵐のようだった投石シーンを忘れることができず、しばしの間、瞑目した。三島の心情はなぜか投石少年に惹きつけられていた。

その日の三島の日記によれば、午後一時半に起床、庭で木刀の素振りをしたあと、テレビで馬車パレードを見ていた。馬車に向かって石が投げつけられた、わずかな瞬間も見逃さなかった。

「これを見たときの私の昂奮は非常なものだつた。劇はこのやうな起り方はしない。これは事実の領域であつて、伏線もなければ、対話も聞かれない。しかし天皇制反対論者だといふこの十九歳の貧しい不幸な若者が、金色燦然《こんじきさんぜん》たる馬車に足をかけて、両殿下の顔と向ひ合つたとき、そこではまぎれもなく、人間と人間とが向ひ合つたのだ。馬車の装飾や従者の制服の金モールなどよりも、この瞬間のはうが、はるかに燦然たる瞬間だつた」（『裸体と衣裳』）

と、まず「貧しい不幸な若者」への共感を込め、若者の行為がいかに「燦然たる」ものだったかと感嘆する。

さらに言葉を継いだ三島は皇太子と投石した少年の表情を対比させながら、独特のアフォリズムをもって両者の比較を試みる。

「伏線も対話もなかつたけれど、社会的な仮面のすべてをかなぐり捨てて、裸の人間の顔と人間の顔が、人間の恐怖と人間の悪意が、何の虚飾もなしに向ひ合つたのだ。皇太子は生れてから、このやうな人間の裸の顔を見たことははじめてであつたらう。（中略）君侯がいつかは人前にさらさなければならない唯一の裸の顔が、いつも決つて恐怖の顔であるといふことは、何といふ不幸であらう」

（同前）

実際には、皇太子が投石少年と顔を合わせるなどというシーンはもとよりなかった。皇太子が恐怖の顔を見せたと感じたのは、無論、三島が自身の内的な心象を語っただけだ。逆に、実際に投石少年と目を合わせた可能性があるのは、美智子妃の方なのに、三島はここでは一切、触れようとしない。

いずれにせよ、三島の異常とも言える投石少年に対する感情移入は、どのような必然から起ったのか。読み解くだけの意味はありそうだ。

それから八年後、昭和四十二年に完成した三島の『春の雪』（『豊饒《ほうじょう》の海』四部作の第一部）に、その理由が隠されていると解釈する識者は多い。ヒロイン・綾倉聡子の面影に、三島が美智子さんの美しい輪郭を投影させたというのだ。

意外なことだが、三島が美智子さんへ寄せる特別な想いがあったとする証言はことのほか多い。少なくとも『豊饒の海』の掉尾を飾る『天人五衰』の次のような最後の一節は極めて暗示的である。

「檜林がやがて杉林に領域を譲るあたりに、一本《ひともと》孤立した合歓《ねむ》があつた。（中略）そこからも一羽の白い蝶が翔《た》つて、行手へ導いた」

この合歓の木は『豊饒の海』には度々出てくる。

高校時代に美智子さんが作詩した「ねむの木の子守歌」と重なっているのではないかとの想像も働くが、今となっては三島の真意を確かめる術はない。

歌舞伎座で見合いをしたという三島

慶賀に沸くパレードでの投石事件に関して、三島由紀夫は皇太子に極めて冷酷な批評を残した。

「君侯がいつかは人前にさらさなければならない唯一の裸の顔が、いつも決つて恐怖の顔であるといふことは、何といふ不幸であらう」（『裸体と衣裳』）

だが、これに先立つこと七年、立太子の礼（昭和二十七〈一九五二〉年十一月）に際しては、三島ははるかにしなやかな視線で皇太子を祝福する言葉を記している。

ただし、タイトルからして「最高の偽善者として——皇太子殿下への手紙」とあるように、並ならぬ逆説的な親愛の情が込められていることは承知しておかなければならない。以下、長文なのでその一部を引用する。

「私が学習院中等科卒業の卒業式であつたとおもふが、当時初等科に居られた殿下が式へ列せられるために、目白の本院へお越しになつたとき、暗い自動車の車内から挙手の答礼をなさつた、その制帽がすこし大きすぎるやうで、何かお顔と帽子の釣合のとれない感じがした。帽子のへりが、耳のところですこし邪魔になつてゐるやうな感じであつた。それを父兄の人たちも見て、お可愛らしいと言つた。

その殿下が成年式を挙げられるのであるから、早いものである。ふつう自分の子供でもないかぎり、年下の者の成長には無関心にくらす癖がついてゐるから、われわれはなかなか自分の年に気がつかないが、殿下のやうに幼いうちから大きな社会的存在でいらしたものが、こんなに成長されるのを見ると、自分の年をとつたことがはつきりと感じられるものである。

（中略）

まはりから注文を出すものばかりで殿下もお困りだらうが、私も憚らずに注文を出せば、殿下に『最高の偽善者』になつていただきたいと思ふ。（中略）

殿下の御結婚問題についても世間でとやかく云はれてゐるが、われわれには自由恋愛や自由結婚が流行してゐるのに、殿下にその御自由がないのは、王制の必要悪であつて致し方がない。王制はお伽噺の保存であるから、王子は姫君と結婚しなければお話が成立たないのだ」

（『婦人公論』昭和二十七年十二月号）


三島は高等科まで学習院で過ごしたのち、東京大学法学部へ進んでおり、学習院の先輩という自負もあったかも知れない。

だが、立太子の礼のときの三島の予言は見事に覆された。皇太子は「姫君」ではなく決然として「民間人」を結婚相手に選び、なおかつ「王制はお伽噺の保存」を成就させたのだ。

王制に対する三島の敬意の念が、ご成婚パレードでの投石事件をきっかけに、かくも露骨に逆転した理由はいったいどこにあるのだろうか。

その秘密は、昭和四十二（一九六七）年になって突然のように明かされる。

まず、三島は「毎日新聞」バンコク特派員だった徳岡孝夫に、「ぼくは××子さんと見合いをしたことがあるんです」と、唐突に言い放った（徳岡孝夫『五衰の人』）。

場所は、タイの首都バンコクのエラワン・ホテルのプールサイドである。

デッキチェアに寝そべっていた三島の朗らかな声に対し、とっさに返す言葉がなかった、と徳岡は書き記している。引用を続けよう。


「むろん三島さんが口にした女性の名は、極めてやんごとなきあたりに嫁がれた方のそれだった。年齢からいって、決して不自然な見合いではない。

『と言ってもね、正式な見合いではなかった。まとまらなくても、どちらにも疵《きず》がつかないよう、歌舞伎座で双方とも家族（それとも介添役だったか？）同伴で芝居を見て、食堂で一緒に食事をした。それだけでした』

もし聞いていたなら三島さんの返事を覚えているはずだから、私は思いがけない話に呆気にとられるまま『それで、どちらが断ったんですか』とは聞かなかったのだろう」　（同前）

徳岡孝夫は、昭和四十五（一九七〇）年十一月二十五日に起きた市ヶ谷の陸上自衛隊東部方面総監室（現・防衛省）での三島の自決事件の際に、彼から最後の手紙を受け取った人物として名を知られ、現在は名文家としての評価が高いジャーナリストである。

このバンコクでの逸話は、昭和四十二年の十月のことだった。

「やんごとなきあたり」が明仁皇太子であり、女性の名が正田美智子さんであることは想像に難くない。その事実はやがて、意外な人の口から明らかにされる。

美智子さんが聖心女子大学を卒業したのは昭和三十二年春のこと。このころ、実際に結婚相手を探していた事実を正田家としても隠してはいない。女性は家庭に入るのが当然の時代だった。

たとえば米『タイム』誌は後日、次のような記事を載せている。

「正田家では美智子の花婿を探し始めた。伝えられるところでは、彼女はいわゆるお見合いを何度か経験している。そのうちの一人は、さる石鹼会社の御曹司だったが、彼は美智子のことを『冷たい』としてこの縁談を断っている。美智子自身はある外交官に好意を抱いたらしく、その外交官がヨーロッパに派遣されてしまったことを、とても残念がっていた」

（一九五九年三月二十三日号）

「石鹼会社の御曹司」の件は、今回、関係者へ取材を重ねたところ、そういう事実はまったくなかったと断言された。

しかし、「できれば学者か外交官に嫁がせたいと考えておりましたもので」という母・冨美の言葉がかつて報じられているとおり、お見合い用の写真（京橋「カサイ写真館」撮影のもの）もきちんと揃えられていて、いくつかの縁談があっても何の不思議もなかった。

三島とその父・平岡梓は昭和三十三年の年明けから、見合いに熱を入れ始めていた。大正十四（一九二五）年一月生まれの三島は、昭和の年号と年齢がほぼ合致し、この年三十三歳である。弟はすでに結婚しており、体が弱かった母のこともあって長男として結婚を急いでいた。

父は学習院や聖心女子大学、東京女子大学など有名女子大へ見合いの紹介を依頼し、息子にふさわしい相手を模索した。当時、聖心女子大学では、しかるべき筋を通した仲介者からであれば、自信をもって優秀な生徒、卒業生を推していたようだ。

のちのことだが、昭和四十五年に三島が自決して、しばらくしたある日のこと。同じ南馬込町内に住む女優で演出家の長岡輝子が手作りの総菜を持って三島の母・倭文重《しずえ》を訪ねた。

そのときのやりとりをのちに、長岡から直接聞いた人物がいる。演劇・音楽評論家の高橋英郎《ひでお》（平成二十六年三月没）だ。

三島家を訪れた長岡が倭文重に慰めの言葉を掛けたところ、長岡は驚くような言葉を耳にする。高橋の著作から、要点のみ引いておこう。

「でもね、由紀夫さんは、自分のなさりたいことはぜんぶ成し遂げて、それこそ藤原道長の歌じゃないけれど、『望月』の本望がかなった方じゃありません？」

と長岡はたずねた。

するとと倭文重は、ややあって、

「でも、あの子には、ふたつだけかなわなかったことがあります。ひとつはノーベル賞をもらえなかったことです。それと、もうひとつは、結婚問題です。本命の人と結婚できなかったんです。お見合いをして、不成立の縁談で、唯一、心残りの方がありました」

「それは、どなた？」

「正田美智子さんです」

倭文重の顔は紅潮していた。

「のちに皇太子妃となられて、時とともに公威《こうい》（倭文重は「きみたけ」と呼ばず、「こうい」「こーちゃん」と呼んでいた）の意中の人として消えがたくなっていったようです。もし、美智子さんと出逢っていなければ、『豊饒《ほうじょう》の海』は書かなかったでしょうし、自決することもなかったでしょう」

（『三島あるいは優雅なる復讐』）

息子があのような死を選んだ母親の心中を推し量ることは難しい。

高橋によれば、この縁談は「三島の側からこの話を断ったという事実はない。もしあるとすれば、三島の側から断らせるように、正田家あるいは聖心女子大学側が配慮したまでであろう」と述べて、「お見合い」は不成立のまま立ち消えになったという。

美智子さんとの見合いが「不成立になった」とされる直後の昭和三十三年六月、三島は次の見合いでまとまった画家・杉山寧《やすし》の長女・瑤子と、川端康成夫妻の媒酌で電撃的に結婚した。

三島の腹の中では、早く結婚して世間、なかんずく見合いをして不首尾に終わった、あるいはしたくてもできなかった相手を見返したい気持が強かったに違いない——多くの三島研究者はそう分析する。

だとすると、「正式な見合いではなかった。まとまらなくても、どちらにも疵がつかないよう」にと徳岡に平然と話した三島の言葉は、その心中とは裏腹なものだったようだ。

「本命の人と結婚できなかった」と母が言うのも、まんざら嘘ではなかったのかもしれない。三島が母には「本命の人は正田美智子さんだ」と語った可能性は否定できない。

徳岡記者へは見栄や虚勢でそう言ったが、三島にとってはいつの間にか「本命の人」になってしまった、と理解すべきなのだろう。

それにしても、母親が自決を相手の女性のせいにするのはいささか奇異であり、無理があろう。高橋英郎は「お見合い」について、さらに具体的な内容を述べている。才媛の見合い相手を求めていた三島のところへ、とびきりずば抜けた候補者の釣り書き（見合いの身上書）が聖心女子大学から届けられた。

昭和三十三年二月とされる。

「父・正田英三郎　日清製粉社長
母・富美子　雙葉《ふたば》学園出身
長女・美智子　昭和九年十月二十日、東京に生まれる。雙葉学園小学校から、藤沢、館林、軽井沢の国民学校へ転学（疎開）ののち、終戦を迎えて、二十二年一月、復学。聖心女子学院中・高等科を経て、二十八年四月、聖心女子大学文学部外国文学科（英文学専攻）に入学。三十二年三月、卒業。英会話に堪能、テニス、ピアノを得意とするほか、文章を書くことも好きである」

（同前）

才媛の釣り書きに慣れているはずの三島が、この書類を見るや、これまでにない閃《ひらめ》きを感じ、すぐ実行に移した。

「歌舞伎に誘おう」

昭和三十三年二月、歌舞伎座の昼の部の演目は、初代・中村吉右衛門の当り狂言『良弁杉由来《ろうべんすぎのゆらい》』と『神霊矢口渡《しんれいやぐちのわたし》』だった。新田義興《にったよしおき》の弟・義峰に報奨金を掛けても捕らえようとする渡し守（二代目・市川猿之助）に対し、身代わりとなって想いを寄せる義峰を落ち延びさせようとする娘お舟（六代目・中村歌右衛門）の好演が評判になっていた。

隣席を用意して待っていると、間もなく淡い水色に花柄を添えた春らしい和服姿の美智子さんが現れた。目利きの三島が目を奪われたことは確かだと、高橋は書く。

中村歌右衛門丈にこよなく魅せられていた三島は、このとき歌舞伎座如月公演のパンフレットに一文を寄せている。

「舞台の上に今歌右衛門丈が踊つてをり、袖がひらめき、美しい流し目が見え裾の金糸がかがよひ、黒い髪が乱れ（中略）さういふとき、われわれ観客は自分の全存在を歌右衛門に賭けてしまつてゐるのだが、それといふのも丈が世界中にかけがへのない花だといふ意識がわれわれにあるからである」

（『豪奢な哀愁』歌舞伎座プログラム、昭和三十三年二月）

だが、結論から先に述べてしまうと、美智子さんは歌舞伎座へは行っていなかった。歌舞伎を観たあと、さらに食事に席を移したというお見合いの事実もない。

これまで多くの三島関連の資料に書かれてきた「正田美智子さんとのお見合い」とは、実際にはどのような形だったのか。この点に関して、事の真相を知る正田家関係者から明かされた事柄は次のようなものだった。

「まず初めにはっきりさせておきたいのは、美智子さんが三島由紀夫さんといかなる形にせよ『お見合い』をした事実はないということです。もちろん、歌舞伎座へも行っていませんし、お食事に同席したこともありません。ただ、浩宮《ひろのみや》（現在の皇太子）と三島さんのお嬢さんが学習院で同級だったので、幼稚園の保護者会で一度だけ目礼をした記憶があるだけです。

お見合い写真の用意くらいはしたでしょうが、同級生の方々が次々とご結婚されていた当時の事情を考えれば、正田家としては当然かも知れません。三島由紀夫は優れた作家ですが、お見合いや縁談云々は彼の想像の世界のことではないかと思います」

「お見合い」といった形での顔合わせは、ごく近い関係者によってきっぱりと否定された。

さらに、この関係者は、「三島さんの熱烈なファンの方は失望、あるいは大いに憤慨なさるかも知れませんね」ともつけ加えた。

三島の両親までが三島の言うことをそっくり信じていた、あるいは信じようとしていたのは、三島の特殊な親子関係を思えばあり得ることだろう。

それにしても、母・倭文重が長岡輝子に聞かせたいかにもそれらしい「見合い」話は、いったいどういう仕儀によるものだったのか——。

まだある「見合い説」の文献資料を、念のためさらに確認してみたい。

「お見合い」は三島の幻想か

なぜ、三島由紀夫が美智子さんと見合いをしたという説が、これほどまでに関係者の間に伝播したのか。その原因を探ってみたい。

高橋英郎は先に引いた『三島あるいは優雅なる復讐』の中で、三島が美智子さんを自宅まで送った、と述べている。


「歌舞伎座でふたりが出会って、束の間の逢瀬を許され、すぐ別れねばならない人を惜しむかのように、三島は彼女を品川区東〔ママ〕五反田の自宅までタクシーで送り届けた。（中略）ただし、次回の約束は得られなかった」


チューダー様式を模したくすんだ茶色の大邸宅の前で、三島は美智子さんと別れた……。

翌昭和三十四年五月、彼は結婚後間もなくスペイン風とも地中海風ともつかぬ白亜の屋敷を馬込に建てる。

敷地が百三十三坪しかないところに、窮屈なほど雑多な装飾品を並べ立てたため、幾度か訪れたジョン・ネイスン（アメリカの日本文学研究家、三島の伝記を執筆した）には、「さまざまな時代の骨董を集めた得体の知れないソファや椅子、ピアノ。そしておびただしい数のがらくたの家」（『ライフ』一九六九年九月十九日号）とまで書かれている。

不思議といえば不思議だが、正田邸との距離はさほど遠くない。品川区五反田と大田区馬込を隔てる距離は四キロに満たない。

婚約発表当時から、正田邸は新聞社のグラフ雑誌や週刊誌で空からも隣家の物干し台からも写真に撮られていたから、三島の記憶も蘇ったであろう。

欧州風の渋い風合いを見せる彼女の自宅を二度と訪れることがかなわなかった（実際に「送った」としての話だが）三島の落胆は、建築様式にまで強い影響を残した。

虚しく終わった美智子さんとの邂逅が、新築した家に逆説的な反映をみせた、と評されるゆえんだ。上流階級といえばイギリス風の邸宅、という趣向に三島は敢えて背を向けた。

「十九世紀のデカダンのやうな、教養と官能に疲れた憂鬱で病的な美的生活は、私はまつぴらご免である」

（『ＨＥＩＢＯＮ パンチ ＤＥＬＵＸＥ』昭和四十二年）

そう言って三島は美智子さんにまつわる、ほんの小さな記憶さえ捨て去ろうと試みたのだった。

三島は「毎日新聞」バンコク特派員だった徳岡孝夫には「芝居を見て、食堂で一緒に食事をした」と快活に話し、相手を驚かせた。

「食堂」なら、旧歌舞伎座の地下食堂がすぐ思い浮かぶ。幕間の休憩時に渋茶を飲みながら松花堂弁当を食べることくらいは可能だが、仮にも見合いの食事となるといささか場違いだし、落ち着いた話もかなわない。

貴賓室での食事も一案だが、かえって関係者の目が気になる。

そこへ意外な会食の場が週刊誌の話題に上った。

「一緒に食事をした。それだけでした」と徳岡孝夫の前でいかにも平静を装った三島だが、実際には銀座の座敷で会っていたという証言が活字になったのだ。

「『三島さんと美智子さまはウチの2階でお見合いしたんだよ』
と、かつて本誌に語っていたのは、銀座6丁目の割烹『井上』の女将・故井上つる江さんだった。銀座の路地裏の小さな割烹の一室で未来のお妃と将来の大作家が、互いに向かい合っていたのである」
（『週刊新潮』平成二十一年四月二日号）

ここに書かれている「井上」は、当時国鉄のキャリア官僚などに贔屓《ひいき》にされた店だった。旧国鉄出身の佐藤栄作元総理が、第二次岸内閣の大蔵大臣に就任するのは同じ三十三年の六月。

佐藤栄作夫妻が三島と昵懇だったとは意外な感もあるが、実はかなり親交が深かった。

佐藤首相夫人の寛子は、三島の母から聞いたエピソードを次のように記している。昭和四十年夏から四十五年夏までの間に交わされた会話と思われる。

「夏の軽井沢では、毎年、倭文重《しずえ》夫人とお会いしていました。（中略）三島さんご夫妻は軽

井沢にはめったに来られず、伊豆方面の海岸で夏をすごされることが多かったようです。あるとき、私が倭文重夫人に、

『ご令息はどうして軽井沢にいらっしゃいませんの？』

と、おたずねしましたところ、

『いろいろ、思い出が多すぎるからでしょう』

と意味ありげなお答えが返ってきました」

（『佐藤寛子の「宰相夫人秘録」』）

時期からいって、軽井沢が美智子さんと皇太子を指すキーワードであることは言うまでもない。ただし三島は、初恋の人・三谷邦子（父は昭和二十三年から宮内庁侍従長を務める三谷隆信《みたにたかのぶ》）とも戦時中の軽井沢で逢瀬を重ねていたと告白している。

だが、邦子は銀行員に嫁ぎ、失意の三島は邦子をモデルに『仮面の告白』のヒロイン園子を描くことになる。軽井沢は三島にとっては鬼門となり、高原を捨て、伊豆下田へ、そして地中海へと関心は向かった。

縁あって三島に銀座の「井上」を紹介したのが佐藤家だった可能性も否定できない。三島の父・平岡梓と佐藤の実兄・岸信介は、一高から東京帝国大学、農商務省とずっと同期である。佐藤は鉄道省へ進み、その縁は銀座「井上」へと繋がっていった。

三島は父親の紹介で小料理屋「井上」を予約したとされているのだが、果たして、三島は本当に正田美智子さんと「見合い」をしたのだろうか。

昭和三十三年六月の結婚直前、三島はそれまで付けていた日記から美智子さんに関わるページ

をすべて焼却した。したがって、歌舞伎座での「見合い」も、その晩銀座の座敷で食事をした件も日記では検証できない。

「投石事件」に関わる部分のみが敢えて残されている。

こうしてみてくると、三島は「なぜかは分からぬが」、一方的に美智子さんの面影を追いかけ、終《つい》には「見合いをした」という妄想を抱くに至ったのではないか、という疑念が湧いてくる。これまでの三島研究者や三島ファンにとっては、納得しかねる側面もないではないだろう。

だが今となっては、この「見合い話」は三島の一方的な妄想だった可能性が高いことが分かってきた。

先に紹介したように、もっとも真実を知り得る立場にいる人物の証言があるのだから。

三島には数々の「伝説」がつきまとう。その点では日本の文学者の中でも特筆すべき存在の作家だ。彼自身がその「伝説」を巧みに物語、作品化する優れた才能にも恵まれていた。

だが、「伝説」の対象が極めてやんごとなき女性――美智子さんとなると話は少々違ってくる。「伝説《レジェンド》」と「事実《ファクト》」の境界には緻密な検証が要求される。「伝説」は文学の領域だが、「事実」は実証性に基づかなければならない。

三島の四十五年の生涯、とりわけ終戦直後の三島を観察し直すと、そこに重要なヒントが隠されていることが分かる。

それは彼の抱いていた、聖心女子学院へのことのほか深い思い入れである。いくつかの事実を重ね合わせると、その執心が浮かび上がってくる。

終戦直後の昭和二十（一九四五）年十月、三島の三歳年下の妹、美津子（十七歳）が、焼け跡の井戸水を飲んだのが原因でチフスに罹《かか》り、急逝するという不幸な出来事が起きた。

美津子が通っていたのは、聖心女子学院である。

父・平岡梓は自著の中で、三島がいかに美津子をいとおしく思い、けなげに最期の看病をしたかについて綴っている。


「あの時の倅の妹思いと申しますか、その心のやさしさには、僕も倅に手をついてお礼をしてやりたいくらいの気持でした。病院で倅が『吸い飲み』を妹の口に入れてやりますと、朦朧とした意識の中でもこれが判るのでしょうか、微かに『お兄様アリガトウ』とやっとの気力で言っておりました。倅はその後も妹のあの微かな『アリガトウ』という言葉がとても耳について離れない、と申しておりました」

（『伜・三島由紀夫』／抄出）


美津子の死の直後、三島は初恋の相手・三谷邦子が銀行員と婚約したことを知らされる。三谷邦子がのちに三島の代表作となった『仮面の告白』に出てくる園子のモデルであることは先に触れた。

その三谷邦子の兄・信（『仮面の告白』の草野のモデル）と三島は学習院初等科時代から無二の親友で、邦子を知ったのも三谷家に始終出入りしていたからである。

「妹美津子の死と邦子の結婚、この二つの事件が私の以後の文学的情熱を推進する力になつたやうに思はれる。昭和二十一年から二、三年といふもの、私は最も死の近くにゐた。未来

の希望もなく、過去の喚起はすべて醜かつた」（安藤武『三島由紀夫「日録」』／抄出）

美津子を素材にしたと思われる三島作品には『岬にての物語』や戯曲『熱帯樹』『朱雀家の滅亡』などが挙げられる。

三谷信、邦子の下には二人の妹がいたが、二人とも戦後、聖心女子大学へ進んでいる。その父・三谷隆信がのちに侍従長となって、告期《こくき》の儀のために正田家を訪れた件はすでに紹介したとおりである。

こうした背景を考えると、三島と聖心女子学院の格別の因縁を思い描くのもあながち筋違いとは言えないのだが、それは美智子さん本人とはまったく関係のないことである。

ただ奇妙なことに、三島は昭和三十二年三月、美智子さんが聖心女子大学を卒業したとき、どういう事情なのか分からないが、母・倭文重と一緒にその卒業式を参観しているのだ。

三島と親交の深かった村松剛（文芸評論家）は『三島由紀夫の世界』の中で、「参観は、あるいは美智子妃とは無関係だったかも知れない」としながらも、この事実を紹介している。

平岡家では見合いの対象として聖心の卒業生そのものに関心を寄せていた、ということかも知れない。

そして、聖心女子大学に頼んでおいた見合い写真と釣り書きが届けられた、という推測は可能だ。

その件に関する重要な証言をもう一つ紹介しよう。

伝統芸能などのエッセイストでもある岩下尚史（元・新橋演舞場企画室長）が著書『ヒタメン』

の中で、平岡家によく出入りしていた湯浅あつ子という女性に尋ねている。

岩下　（三島は）お見合いなどはしていたのでしょうか？
あつ子　その件で申し上げて置きますが、聞くところによると、三島由紀夫が然る高貴な方と、銀座の小料理屋でお見合いをしたと云う風説があるようですが、そのような事はありません。たしかに、その令嬢の御写真を、私も平岡の家で見たおぼえはありますが、実際には、お見合いまでには至らなかったのです。
　それとひとつには、平岡のおばさまの、夢にも似た思いが、つい言葉になり、それを聴いた人の解釈が、さも本当らしい風聞となって、そう云うことに関心のある人たちのあいだに伝わっているのでしょう。まあねえ……晩年のおばさまにしてみれば、あのように、どこから見ても申しぶんのない令嬢とのお見合いが実現していたならば、どんなに好かっただろう、と云う思いに耽りたい気持も分からないではありませんからね。
岩下　では、その方とのお見合いはなかったのですね。
あつ子　申すまでもありません。
（抄出）

湯浅あつ子とは、今では知る人も少なくなったが、テレビ創成期に活躍したロイ・ジェームス（司会者、俳優）の夫人である。
彼女は若いときから社交界に出入りして、広い人脈から独自のサロンを形成し、三島ともかなり親密な関係にあった。

三島の妻となる杉山瑤子を紹介したのも、湯浅あつ子である。

平岡家に深く関わっていたあつ子の証言は、かなり確度の高いものと考えていいだろう。

それでもなお、三島は「楯の会」などの会合で美智子妃との件を若い隊員から尋ねられると、「あった」ことにしている。

「『先生、見合い、したんですよね』
『正式のものではない。歌舞伎座で偶然隣合わせになる形だ』
と、落ち着きを失った三島は無防備に答えます」　（村上建夫『君たちには分からない』）

という具合で、三島と美智子さんの「お見合い」説は拡散してしまった。

今回の取材で、正田家の実情をよく知るもう一人の重要人物からも証言を得ることができた。

「昭和三十三年二月という時点は極めて微妙なときですが、すでに皇太子さまご自身は美智子さまを意中の人と真剣にお考えになっていたと思います。その強いご希望は、すでに美智子さまにもそれとなく伝わっていたと考えていいでしょう。ですから、そのようなときにどんなことがあるにせよ、三島さんからのお誘いをお受けするなどということは絶対にないのです。ましてや銀座のお座敷などへ行くはずもありません」

証言者の名は秘すが、誰よりも真相を知っていると思われるこの人物のコメントをもって、お見合い騒動の幕を閉じたい。

当時の「お見合い騒動」を直接知っている人物は、もはや限られている。証言者はその中の一人で、匿名が取材の条件であった事情は止むを得ないものであった。

要約すれば、聖心女子学院や皇室への独自の思い入れから「釣り書き」を見ただけで「見合いをした」ように想像が膨れ上がり、母・倭文重もまた同じ夢を見ていた。いかにも三島由紀夫とその母らしい想念と言えよう。

もう一つ余談を付け加えれば、ご成婚直後の五月三日、三島は学習院卒業生の園遊会（桜友会・常磐会《ときわかい》合同）に久しぶりに顔を出している。三島が来る前、明治記念館の庭には新婚の皇太子夫妻を囲んで大きな輪が出来上がっていたと聞き、三島はその情景に不満を抱いた。

「昔の学習院では、皇族をめづらしがらないといふ感情が大きな特色をなしてゐたのである」（『裸体と衣裳』）

そして「やはり同級の旧公家華族の某君が私に、『今度の皇太子さんの御結婚を、君はどう思ふねえ』と一種の不服を隠せずに訊ねたのが、わづかに昔を思はせて、面白かつた」（同前）と慨嘆してみせた。そこに三島の複雑な感情が読み取れるのである。

三箇夜餅の儀

昭和三十四（一九五九）年四月十日、ご成婚パレードが進む中、東宮仮御所の奥では、すでに「供膳《くぜん》の儀」の準備が始まっていた。

平安朝時代から宮中に連綿と伝わってきたもので、新婚夫婦が初めて二人だけで食事をする儀式である。二階の私室で着替えを終えた二人は、午後四時には一階の食堂へ降りて「供膳の儀」の席に着いた。

六つの高坏《たかつき》と呼ばれる足の長い膳が用意されており、それぞれに古来より由緒ある山海の料理が載せられていた。

たとえば、なれ鮨、干し鯖、鮭の燻製、かまぼこ、蒸しアワビ、干しハモ、焼き鯛、赤粉餅、かち栗に神酒といった品々である。

もちろん実際に食することはなく、あくまでも「儀式」である。膳の前で、酒を入れた長柄《ながえ》のお銚子を持った戸田康英東宮侍従が皇太子の盃にお注ぎし、皇太子が軽く飲む。その盃が美智子妃に渡され、女官から注がれた酒を同じく少しだけ飲む。

さらに美智子妃が盃を皇太子に返し、その手でお銚子からお酌をするという段取りで、〝夫婦契《ちぎ》り〟の盃ごとは納められた。

こうして早朝から続いた緊張がいったん解け、本当の夕食の時間までようやく二人が初めてくつろげる時間となった。

小さなテーブルに届いていたこの日の朝刊と夕刊を、二人並んで一挙に読んだ。晴れやかな写真を見つけると疲れも心持ち癒える。

皇太子は昨日、美智子妃から贈られた和歌の短冊がしまってある箱を開け、読み返してみた。

万葉の時代から皇室と和歌の関わりは深く、ご婚儀前日にいわゆる「恋歌」を交換する〝贈書の儀〟が慣例となっていた。

皇太子もこれに倣って、先に歌を詠み、贈っていた。「待ちに待ったあしたのくるきょうの喜び」を歌ったものだとされる。美智子さんからの歌は皇太子への返歌である。

たまきはるいのちの旅に吾を待たす君にまみえむあすの喜び

「たまきはる（魂きわる）」は「いのち」にかかる枕詞で、次に「いのちの旅」と将来の長き結婚生活を表し、嫁ぐ日の喜びを見事な感性で詠み上げた和歌だった。

万葉集に「たまきはる宇智《うち》の大野《おおの》に馬並《うまな》めて朝踏ますらむその草深野《くさふかの》」がある。詠み人不詳ながら、舒明《じょめい》天皇の皇女・中皇命《なかつすめらみこと》の作ともされる。

一首の意は、宇智という大和の草深い野で馬を並べて狩猟をされる天皇のお姿が目に浮かぶようでございます、という歌である。

美智子妃が早くから万葉集を諳《そら》んじていて、本歌取りをされた気配が感じられるのである。

新聞報道や交換した和歌を話題にひととき休息をとると、用意された和食の祝膳に向かった。

これまでの東宮仮御所（元・東伏見宮邸）は皇太子一人の「男所帯」のため、ごく簡素な造りだったが、このたびの婚儀を前に急ごしらえながら手が加えられた。

新婦を迎える模様替えの予算は最低限に抑えられ、百二十万円である。正式な東宮御所は、赤坂の大宮御所（貞明皇后の御所）跡地に五千七百万円の工事費をもって突貫工事で建設中だった。

完成は翌三十五年春と予定されていたが、それまでの新婚生活一年間は渋谷区常磐松町の仮御所住まいだ。

仮御所の改修作業は二月末から進められ、前日までにほぼ終了していた。工事箇所は、通信設備、浴室の湯沸かし、フロアスタンドの修理、寝室の畳の表替え、壁紙や襖の張り替えなどだった。

新東宮御所の大工事が行われているため世上を気にしたのか、つつましやかな改修といえた。

一階には厨房や食堂と東宮職の事務室があり、二階にそれぞれの居間と応接室、書斎、侍医、女官、東宮職などの控え室、その奥に寝室と更衣室、和室の控えの間ふた間（納戸にも使用）などが造られていた。

改修がかなり進んだある日、良子《ながこ》皇后が模様替えを眺めにお成りになったことがあった。その際、イギリス製の壁紙に張り替えられた玄関ホールと応接室を眺めながら皇后は、

「まあ、この壁紙模様は誰が選んだの。美智さん好みですね」

と皇太子に尋ねられた。

「ええ、おたあさま、そのとおりです」

「東宮さんは、もう奥さん孝行ね」

と言って、「熱い、熱い」と応じたという。

確かに皇太子は、改修計画のほとんどを美智子さんと相談して決めていた。

余談になるが、皇室では「東宮さま」とは呼ばず、「さん」付けが慣わしなのだ。京都の御所言葉のまま、「東宮さん」「おたあさま（母）」「おもうさま（父）」が生きていた。「さま」を付け

るのは武家言葉だといわれる。

たとえば、第三者の間では、高松宮喜久子妃のことは「喜久君《きくぎみ》さん」、三笠宮百合子妃なら「百合君《ゆりぎみ》さん」などと呼びかわす。

直接本人を前にしたときは、貞明皇后などはただ「君さん」とだけ呼ぶのが慣わしであった。今日ある皇室の慣例の基礎には、貞明皇后の「教え」がまだ随所に伝え残されていた。

寝室は和室である。皇太子は以前からベッドを用いず、布団を敷いて寝るのが習慣だ。夏冬とも糊の利いた浴衣で寝るのが好きだった。

美智子さんは万事、洋風の生活で育ってきたが、母の富美は皇太子の好みを聞いて、寝室の嫁入り道具はすべて和式で調えることにした。綸子《りんず》の布団ふた組、白羽二重の寝巻きなどである。

夕餉《ゆうげ》を摂ったあとは、この日最後の儀式「三箇夜餅《みかよのもち》の儀」がその寝室で行われた。民間で言えば「床盃《とこさかずき》」に相当するものとでも言えようか。

四枚の銀の皿に新婦である美智子妃の年の数だけ、二十四個の小さな白い餅が盛りつけられ、銀の箸と柳の箸が添えられて三方に載っている。

甘露寺受長掌典長から女官に渡されたその三方が、二人の寝室に運ばれた。結婚初夜、寝室の枕元に飾られた「三箇夜餅」に二人はまず拝礼する。女官の説明によれば、三日三晩、三方に載った餅を飾り「皇子誕生」を祈念した上で、四日目の朝、仮御所の庭に深く埋められるのだという。夜十時、東宮仮御所の二階寝室の灯りが消えた。

皇室へ入った美智子妃は、当然ながら、その晩からこれまでとは一変した生活になる。

まず、すべての行動が公人となり、しかも自分で決められるのではなく、東宮職によって進められる。それらの仕組みは美智子妃が初めて体験するものばかりだった。簡略にそのシステムを紹介しておこう。

東宮職には、その長である東宮大夫《だいぶ》以下、五十人近くの職員がおり、東宮と東宮妃の一般事務を執り行う。東宮のほかに未婚の子女がいれば、その家政事務も負う。

皇太子には東宮侍従長以下侍従が五人、妃にも東宮女官長以下五人ほどの女官が世話役として仕える。

このうち美智子妃がもっとも頻繁に接するのは東宮女官長である。東宮女官長は言わば筆頭秘書であり、この人をぬきにしては日々のスケジュールも決まらない。

東宮が結婚されたことにより、新たに東宮女官長として、〝お目付け役〟牧野純子《すみこ》が任命されたことは先に述べた。

改めて確認すれば、牧野女官長は牧野伸顕《のぶあき》の長男・伸通に嫁しており、常磐会の重鎮でもある。彼女はこの先、皇室に不慣れな美智子妃の水先案内人であるとともに、なにかにつけ美智子妃の心労の種ともなる存在だった。

従来、皇室に入る女性は皇族、華族を問わず、実家からお手伝いさんに相当する女嬬《にょじゅ》（あるいは女嬬見習い）を最低一人は付けるのが常識だった。

もし一人でも気心の知れた女性が側にいれば、まったく様子の分からない世界へ嫁ぐ苦労も、多少は軽減されたかも知れない。

だが、美智子妃の場合は、それも許されず、すべてを女官に委ねなければならなかった。

牧野の口を通して不慣れな東宮妃の言動や所作全般が松平信子や皇后の女官長・保科武子の耳に入ることになるのだが、この問題についてはのちに述べることとする。

皇太子の身辺雑事（特に服装関係）担当には東宮内舎人《うどねり》が、妃には女官が付く。女官の下には夫妻の細かな世話をする女孺とお手伝いさん役の女性が配置される。

女孺は、夫妻の料理の配膳から衣服類の細かな管理など諸事万端を担当する。

実際に料理を作るのは、宮内庁の大膳課（両陛下の食事を担当する）から東宮家に遣わされている厨司《ちゅうし》と呼ばれるコックである。

主厨《しゅちゅう》が作った料理は膳手《ぜんて》に渡され、両殿下の前に出せるように盛り付けをし、形が整えられる。出来上がったお膳を主膳が受け取り、テーブルに並べる、食後も主膳が下げる、という細かい役割分担があった。

やがて赤坂の新東宮御所が完成すれば、妃殿下専用のキッチンが作られる予定になっていた。ご自分のキッチンが出来たら、たまには皇太子に得意の手料理をお作りしたい、という新家庭の設計図を二人で決めていたからだ。

だが、今のところはすべてが厨司と主膳任せである。長年の正田家での食卓とはかけ離れた環境で、皇太子とテーブルで向かい合わせになって初めての夕食を摂った。

皇太子の好きなものを自分で作って差し上げたい、自分の手で盛り付けて、並べてご覧に入れたい、という希望はそう簡単にかなえられるものではなかった。

翌朝、目覚めた美智子妃の前に、まず女官が寝室の掃除などのために入室する。

雑役そのものは雑仕《ぞうし》がやり、居間などは女孺が担当するなど、基本的な分担がここでも細かく決められていた。

これまで池田山の邸宅でも常に二、三人のお手伝いさんがいたが、今朝からは比較にならないほど多くの人々がかしずいていた。

身分は宮内庁の職員で「事務官」なのだが、雅趣を残して女嬬などと昔ながらの呼び方で通しているところは奥ゆかしくはあるが、常に「他人の目」の中で生活しなければならなかった。

皇太子は幼い時分から慣れている日常だが、美智子妃にとっては肩の凝ることも多かっただろう。さらに、外出ともなれば皇宮警察の管轄となり、警備の警護官が張り付く。

こうして、民間人だった「正田美智子」さんは昭和三十四年四月十日から皇太子妃となり、姓のない「美智子」となった。

それは絢爛たる宮廷生活の始まりであるとともに、かつて経験したことのない重い責任を負う座に上がったことを意味していた。

新生活が開始されるや、待っていたかのように面倒な問題が持ち上がった。

里帰り、という習慣は一般家庭に限らず、皇室にもそうした伝統はあった。ただし戦前の皇室では、おおむね一ヵ月ほど経ってからというのが慣例だったようだ。

早めになったのは戦後のことで、戦後初の内親王降嫁といわれた昭和天皇の第三皇女・孝宮和子内親王が鷹司平通《たかつかさとしみち》と結婚（昭和二十五年）したときには三日後、旧岡山藩主・池田家の十六代当主・池田隆政に降嫁した第四皇女・順宮厚子《よりのみやあつこ》内親王の場合（昭和二十七年）にも三日後には里帰りしている。

また美智子妃の一年後に島津久永と結婚した第五皇女・清宮貴子《すがのみやたかこ》内親王も同じく三日後の里帰

りだった。

美智子妃の場合はどうするか、宮内庁の関係者は頭を痛めた。要するに、皇后が簡単に「よろしい」とは言わなかったからだ。

戦前の古い慣習のまま宮中で過ごしてきた皇后にしてみれば、皇女たちの降嫁とは違う、という意識が強かったのではないだろうか。

かつて私は三笠宮百合子妃に、ご自身の里帰りの経験を直接うかがったことがある。三笠宮と百合子妃のご婚儀は昭和十六（一九四一）年十月だった。

そのとき百合子妃は、

「結婚後すぐにその嫁ぎ先で髪を洗っちゃいけないっていう習慣があるのね。それで一ヵ月近く経ってからかしら、里で髪を洗ってくるということがございました」

（拙著『母宮 貞明皇后とその時代』）

と話している。

四月二十七日、あいにくの雨模様ではあったが、皇太子とお揃いで半日ほどの里帰りが、ようやく実現した。宮内庁長官までが苦慮した末に、入江相政《すけまさ》侍従が拝謁したら皇后のご機嫌もよろしく「当然のことだ」（『入江相政日記』）と言われた。

まず皇太子がプリンス・グロリアから笑顔で降り、続いて美智子妃が門の前に降り立った。グロリアは、皇太子夫妻の新婚生活に間に合わせるべく、この四月に納入されたばかりの新車だった。雨の中、正田家全員が整列し、両殿下を最敬礼で出迎えた。

薄色地に鳳凰を飛ばした豪華な訪問着の美智子妃と皇太子を招じ入れた正田家の喜びは、一入《ひとしお》であったに違いない。

新家庭の約束

皇太子と美智子妃を乗せた車の窓を、春の嵐だろうか、ときおり雨が激しく打っていた。里帰りの帰路である。

すっかり闇に包まれた常磐松（現・渋谷区東《ひがし》）の東宮仮御所前で車は速度を落とすと、表門を静かに入っていった。

言い伝えによるとその昔、源義朝《みなもとのよしとも》の側室・常盤御前が植えた松の古木があったのがこの町名の由来だという。

渋谷界隈とも思えぬ、鬱蒼とした大樹が幾重にもめぐらされた御所は、荘厳ともいえる趣きがあった。

だが、世間並みの家庭のように、当然の賑わいぶりで新婚の娘夫婦を迎えてくれた正田家と比べると、何ともいえない息苦しさがこの御殿には漂っているようだ。

初めて里帰りする娘とその婿の皇太子を迎えるに当たって、正田家の両親はどう接遇したものか、家の隅々に至るまで気を遣った。

晩餐は銀座の高名なレストランから、フランス料理のシェフを派遣してもらい、給仕人までが総出で、やや手狭な厨房と食堂を行き来しながら奉仕した。

食事のあとの歓談も予定時間を大幅に超え、家族一同と皇太子の抑制の利いた談笑が正田家の応接間に響いた。

その朗らかな余韻に、しばし皇太子は浸っていた。誰はばかることもない会話が弾み、節度と教養を備えた言葉が交わされる時間のいかに尊いものであるか、皇太子は噛み締めていたのだった。

「僕は家庭を持つまでは絶対に死んではいけないと思っています」

半年前、そう電話で言い切った皇太子。いや、そのために命を授かったと言っても過言ではないほど思い詰めていた、これまでの二十五年であった。

けれど、電話の言葉を美智子さんが正面から受け止めた日から、生きる目的がまったく違った光を放つようになった。

周囲から見ても、誰もが「皇太子さんの表情が明るくなった」と異口同音に言うほどに顕著な変化だった。

二人を送り出したあと、正田英三郎、冨美夫妻は無言で向き合ったまま、応接間で腰を下ろしていた。

盛大な祭りのあとが妙に寂しくなるように、賓客が帰ったあとの夫妻も、言葉にならない脱力感のようなものを抱えていた。

すでに嫁に出した娘だと理屈では分かっていても、霞がかかったような鈍い重さが胸中に残るのは拭い難かった。

むわけではない。

英三郎はもとより喜怒哀楽を露わにする性格ではないので、こういうときもとりわけ表情が沈

だが、神経がひと一倍細やかな冨美は、弾んだ会話と元気そうな娘の顔を見て安心はしたものの、気疲れもどっと押し寄せていた。

繰り言と分かってはいても、心配が先に立つ。

「これから先は、大丈夫でしょうかしら」

「お慶びごとはお慶びごとだよ。こういうときは、素直に祝えばいいさ」

珍しく快活な表情を作って言う夫に、冨美もうなずき返し、コーヒーを淹れ直した。

「あの子が生まれたときのこと、覚えていらっしゃいます？　一貫目近い体重があって、あなたが抱いたとき『重い、重い』って。まるで昨日のことのようですわ」

正田英三郎は日露戦争直前の明治三十六（一九〇三）年九月二十一日生まれである。昭和四年、二十六歳のとき縁あって副島《そえじま》冨美と結婚した。冨美の実家、副島家についての詳細は後述するが、二十歳になるという冨美は四谷・雙葉《ふたば》高等女学校を首席で卒業した才媛だった。

すらりとした長身の美人、父親は上海で貿易会社の支店長をしていると紹介された。冨美が生まれたのも、上海のイギリス租界である。

英三郎は父・正田貞一郎が興した日清製粉の社員だったが、貞一郎の勧めで、二人は新婚旅行も兼ね、製粉技術の研究のため約一年ドイツに滞在した。

ドイツ駐在中に長男の巖が誕生、帰国して間もなく冨美は第二子を懐妊。昭和九（一九三四）年十月二十日朝に誕生したのが長女・美智子さんだった。

美しく賢い娘になるようにとの願いを込めた祖父の命名である。

英三郎と富美の間には、このあと次女・恵美子、次男・修が生まれている。改めて確認してみると、正田家の堅実な家風と豪華な閨閥が見えてくる。

巖は日本銀行に入行し、浜口淑（浜口雄幸元首相の孫娘）と結婚、幹部職を歴任。修は英三郎の跡を継いで日清製粉へ進み、倉敷紡績社長の大原総一郎の次女・泰子と結婚、やがて日清製粉社長を経て現在は日清製粉グループ本社名誉会長相談役。恵美子は森コンツェルンの中核・昭和電工一族の安西孝之（父・正夫は昭和電工社長、母・満江は森コンツェルンの創業者・森矗昶《のぶてる》の長女、伯父・浩は東京ガス社長）と結婚、孝之は昭和電工の専務を務めた。こうしてざっと眺めただけでも、実業界に名だたる華麗な一族を形成したことが分かる。

日清製粉については改めて述べるが、創業者・貞一郎は社長を三男・英三郎（長男が早世したため、事実上の次男）に継がせ、さらにその次男・修に引き継がせるということで、必ずしも長男に経営を任せる考えは持たなかった。

英三郎の兄・建次郎は大阪大学総長まで務めた数学の泰斗、英三郎の長男は経理に明るいので日銀勤務という具合に、向き不向きを見極めるのが貞一郎の才覚でもあった。

美智子さんが生まれたのは、東京・本郷の東大附属病院だった。

当時の出産といえば家庭で産婆が取り上げるか、町中の産院というのが普通だった。大学病院での出産というのは、やはりドイツでの経験があったからかも知れない。

そのために、生まれた時刻が午前七時四十分、体重三千四百二十グラムと正式なカルテが保存されていて、宮内庁が皇統譜を作成する際に大いに役立ったという。

皇室の戸籍簿、皇統譜は一般の戸籍と違って記入事項が厳密で、記載する事項も多い。皇統譜には大統譜と皇族譜の二種類がある。大統譜は天皇・皇后・太皇太后・皇太后に関する事項が登録され、皇族譜にはその他の皇族に関する事項が登録される。

長い歴史の中には、さまざまな問題が発生してきた。そのため、皇統を正確に維持する観点から、明治以来、「御側日誌」が厳密かつ詳細に記されるようになった。

皇位継承順位や、双子が生まれたとき、門跡として出家した場合などに貴重な資料とされ、無用のトラブルを避けるためには必要な記録である。

「民間」の戸籍簿から皇統譜に列せられた美智子さんのカルテは、期せずして宮内庁関係者を喜ばせた。

美智子さんが生まれる十ヵ月ほど前、昭和八（一九三三）年十二月二十三日早朝、明仁皇太子が皇居内の産殿で誕生した。これまで四人も内親王が続いていただけに、天皇・皇后にとってはもちろんのこと、国民にとっても待ちに待った皇子の誕生だった。

さらに、日本の歴史の中でも生まれながらに皇太子、というのは稀な例であった。

通常は祖父にあたる天皇が健在で、皇孫として誕生するのである。だが、大正天皇は病弱だったため大正十五年十二月二十五日に崩御していた。

昭和天皇の即位の礼は昭和三（一九二八）年十一月で、その最初の男子として明仁親王が誕生したため、自動的に皇太子ということになったのだ。

昭和天皇（当時は迪宮裕仁《みちのみやひろひと》親王）は生後二ヵ月で両親のもとから、麻布狸穴《まみあな》に住む海軍中将・川村純義《すみよし》伯爵（没後海軍大将）の屋敷にあずけられ、寂しい思いをした。

その経験から昭和天皇には、できれば皇太子を手許で養育したい、との希望があった。だが、元老・西園寺公望は、皇太子を親の思いどおりに養育するのは間違いだ、と進言して譲らなかった。

「皇太子殿下に至つては、何かの天分をおもちのことと思ひますから、よくその御性質を見極められて、それに適応した御教養をお与へになつて、将来立派な御世継として、また天皇として御徳の高い方にお成りになるやうに、充分お考へ戴きたい。今日、よく親が子供を自分の思ふ通りに、わけも判らずに教育しようと思ふことは非常な間違で（中略）それをよく見極めて、その特徴を伸ばして行くことにお気をつけにならなければなりません」

（原田熊雄『西園寺公と政局』〈第三巻〉）

大宮様と呼ばれていた大正天皇の后・貞明皇后も、ほぼ同じような判断だった。

その結果、明仁親王は三歳から赤坂御用地内の東宮仮御所へ移され、傅育官《ふいくかん》の手で育てられることになった。

皇太子が幼いころから皇統を意識した教育を受けることには重要な意味があり、「家庭を持つまでは絶対に死んではいけない」という強い使命感も植えつけられた。

いずれにせよ、皇太子誕生の前年には満洲国も誕生し、国民全体が奉祝行事に沸きかえっている時代に、美智子さんは生まれたのである。

色白でやや髪がカールした丸顔の赤ちゃんを、英三郎は抱き上げた。

皇太子がほぼ平均の、三千二百六十グラムでご誕生という当時の宮内省発表があるから、それだけでも美智子さんが生まれたときから人並み以上に立派な新生児だったことが分かる。

その丸顔の女の子が、二十三年後には明仁殿下と軽井沢で偶然の出会いを果たし、一年後には婚約発表、さらに半年後にはご成婚となる運命とは、まだ誰も想像だにしていなかった。

新婚の皇太子夫妻が約束し合ったのは、子供が生まれたら必ず自分たちの手で育てよう、ということである。

あの祝賀パレードの日から十ヵ月あまり経った昭和三十五（一九六〇）年二月二十三日、二人の間に第一皇子が誕生し、同月二十九日、命名の儀において祖父である昭和天皇から、浩宮徳仁《なるひと》親王の称号と名を贈られた。

昭和天皇がご健在の時代であるから、当然、皇孫殿下として生まれたわけである。

「ナルちゃん」として国民から親しく呼ばれるようになる浩宮は、皇太子夫妻が交わした黙約どおり、手許から放すことなく、可能な限り美智子妃の手で育てられる。

明治憲法下では、さまざまな大権が天皇にはあった。だが、戦後の日本国憲法下で天皇は政治的行為から完全に切り離され、国民統合の象徴とされた。

元老西園寺のような昔ながらの帝王学は、戦後社会ではむしろ不要とされたのである。

裕仁親王（のちの昭和天皇）にとっての川村純義や杉浦重剛《じゅうごう》（教育者）といった、帝王学を踏まえたご養育担当とでも言うべき人物は、次第に姿を消すことになった。

明仁皇太子の時代には、それでも小泉信三（東宮御教育常時参与）のような、外部から真剣に教育や結婚などに知恵を絞る人物がいた。

かつて明仁皇太子は「一般家庭の温もりを知らないで育った」と、ポツリと漏らしたことがある。

その一方で、外部世界と交わって育てられたがゆえに、多くの親友のみならず悪友もまた周囲に集い、青年期の人間形成にとって刺激とも栄養ともなったのではないだろうか。

しかし、浩宮には、かつて父や祖父の時代にいたような教育担当はいなかった。

浜尾実が東宮侍従として浩宮の幼少時に付き添ったが、あくまでも宮内庁職員である。

したがって敢えて言うならば、母親の美智子妃がそのすべてを担ってきたと言っても過言ではない。

昭和天皇も、浩宮の養育については皇太子夫妻の方針を支持した。

最初に見られた変化は、旧来の乳人《めのと》と呼ばれた乳母の制度を廃止し、母乳で育てることだった。

旧弊残る周囲からは「母乳で育てるなんて下品だ」との声すら上がったが、皇太子夫妻の考えは変わらなかった。祖父や父と違い、浩宮には生まれたときから温かい「家庭」が備わっていたのである。

新しい子育てには、多くの国民が共感を覚えたものだった。

その美智子妃の子育てへの信念の基礎は、もちろん母・冨美や正田家代々の家風に負うところが大きい。

冨美の子供たちに対する教育への姿勢は、美智子さんの幼稚園時代にすでに表れている。

まず、昭和十四年四月、文京区・本駒込にある大和郷《やまとむら》幼稚園へ通うところから始まる。

大和郷幼稚園は三菱財閥で知られる岩崎家が、六義園付近の土地を各界の名流に分譲したところに建てられたものだ。

その地域の上流子女たちが入園したことから、当時すでに名を上げていた。

おそらく、祖父・貞一郎が財界関係者からその噂を耳にし、英三郎夫婦に勧めたのだろう。だが、五反田から四歳の美智子さんを通わせるのは、付き添いが同行したとしても遠すぎた。

そこで、翌十五年四月からは四ツ谷駅前にある雙葉学園小学校附属幼稚園に転園した。

雙葉学園は冨美の母校という縁もあり、成績優秀だった冨美を知っている先生が多く、安心感もあったであろう。

余談ながら、現在の皇太子妃・雅子さんも同じ系列の田園調布雙葉小学校に編入学し、このとき、さらに不思議な縁が二人をつないでいる。

ここに一葉の濃紺セーラー服姿の美智子さんの写真があるが、その隣に付き添って教えているのは野原（のちに和田）育子という女性教師である。

この和田先生は昭和四十七年に、小和田雅子さんが新宿区立の小学校から三年生で田園調布雙葉小学校に編入する際、個人塾で学習指導を務めた人なのだ。奇しくも、二代にわたって皇太子妃の教育に関与したことになる。

幼い美智子さんはお手伝いさんに連れられて、毎日、五反田の自宅から四ツ谷まで電車通学をしていた。

だが、雙葉小の四年生になった昭和十九（一九四四）年には戦局がいよいよ険しくなり、学童たちは集団疎開させられた。地方に縁故のある者は個人疎開が認められた。

美智子さんは、鎌倉に正田家の別荘があった関係から、藤沢市片瀬海岸にある乃木高等女学校附属小学校（現・湘南白百合学園小学校）へいったん転校する。

雙葉小学校も乃木小学校も、ともにミッション・スクールである。幼少の美智子さんが自らカトリック系の学校を志願したとは思えない。祖母のきぬ（貞一郎の妻）は昭和二年には洗礼を受けていたというから、きぬと冨美（冨美が洗礼を受けたのは臨終間際とされる）の判断によるものだろう。

だがそれも、あくまで疎開のほんの第一歩でしかなかった。

第三章　正田家の「質素」の美学と小和田家の特質

館林への疎開

美智子さんは昭和二十（一九四五）年の正月を藤沢で迎えた。

だが、日増しに激しくなる米軍の空襲から、英三郎《ひでさぶろう》は一家を正田の本家がある群馬県邑楽《おうら》郡館林町（昭和二十九年より館林市）へ疎開させる決意をした。

湘南海岸への米軍の上陸さえ噂され始めており、時間の猶予はなかった。

館林には正田本家の当主六代目文右衛門（正田醬油社長）の邸宅があり、心強かった。

正田本家は江戸時代から米問屋を営んでいたが、明治以来、醬油醸造に転じ、栄えた家柄である。

美智子さんの祖父・貞一郎《ていいちろう》は醬油醸造をいったん継いだのち製粉業に転身、日清製粉を興すことになるのだが、本家は営々と醬油醸造を生業《なりわい》としていた。

昭和二十年三月、父・英三郎と長男の巖が東京に残り、母・富美と美智子さん、妹の恵美子、弟・修たち四人が館林に疎開した。

案の定、館林南国民学校（昭和十六年から尋常小学校は国民学校に改組されていた）へ転校した直後の、三月十日には東京の下町が大空襲に見舞われた。

さらに、五月二十五日には山の手への大空襲と、首都圏一帯は連夜のように猛火にさらされた。

英三郎の弟・順四郎（日本農産工業社長）は五月の大空襲で亡くなった。東京都渋谷区穏田《おんでん》（現・神宮前）で防災団長をしていたため、皆を救おうとして逃げ遅れたといわれている。

順四郎は幼い美智子さんに、よく絵本などのプレゼントをくれた優しい叔父だった。それだけに大きな驚きと悲しみが美智子さんを襲った。この世の中には自分の力ではどうにもならない恐ろしいことがあるのだ、という経験を積んでゆく、まさにその原点となったのがこの東京大空襲ではなかったか。

頼りになる本家があるといっても、冨美にはすべて本家の世話になるわけにはいかない事情があった。

「本家のおばあちゃま」と呼ばれる六代目文右衛門の妻・俊《とし》の手前、遠慮があるからだ。

そこで美智子さん一家は、館林の中心街にある花街の二業（料理屋と芸妓の置屋）見番に身を寄せることで落ち着いた。見番とは芸妓の斡旋をする事務所を指す。

花街といっても戦争が激しくなってからは芸妓も減り、休業状態に追い込まれていた。そこで昭和十九年に日清製粉が会社の寮として使う目的で買い取ったのが、思いがけず役立った。

もはや芸者だ料理だ、などと言っている場合ではなく、北関東の果てでも空襲から身を守り、食糧を確保することが最優先だった。

美智子さんたちのほかに英三郎の弟一家、妹一家も合流し、三世帯揃ってこの〝見番屋敷〟に荷をほどく仕儀となった。外見は歌舞伎座を模したような立派な建築だったが、稽古場や事務所が広く、そもそも住居には向いていない。

その上、赤ん坊までいる弟、妹の世帯が同居したので、美智子さんたち家族が使える部屋は奥の八畳、十畳のふた間だけ。四人家族にはかなり手狭で、身を寄せ合うような暮らしが始まった。

その代わり、食糧にはほとんど不自由しなかった。正田家では醬油と小麦粉だけはふんだんに使えた上に、広い畑も耕しており、野菜や芋類にこと欠く日はなかった。

それでも冨美の生活は質素で、世間から目立つような振る舞いは極力控えていた。

見番の建物はのちに市に寄贈され、現在は本町二丁目東区民会館となっている。

美智子さんが館林南国民学校へ通い始めたのは、四年生の三学期も最後のころだった。転入届には三月十七日と記されている。

そこで待っていたのは、五反田・池田山の高級住宅地やミッション・スクールとは大違いの土地柄と級友たちだった。本家の在所であることと、昔話の「分福茶釜」で有名な茂林寺《もりんじ》の名前に聞き覚えがある程度の知識しか持ち合わせていない。

色白の肌に髪が自然にカールして、ふさふさと首筋を覆っている都会風の少女を見た館林の子供たちの側も相当に驚いた。

東京方面からの疎開児童は南国民学校全体で二十人近くいたというが、美智子さんだけが中でも特別目立っていたという。

容姿が際立っているだけでなく、先生もろくに弾けないオルガンを弾く、作文はもとより勉強は全般に優秀、運動は何をやらせても一番、そして何より、誰も聞いたことのない〝お上品な東京弁〟を喋る。

上州館林の言葉は、周辺の栃木や埼玉北部と大差なく聞こえるが、特徴を挙げれば言葉の最後に「だんべ」が付くところだった。

「はー、ちょっとんべえ、弁当さ分けてくれてもいいだんべ」

「えらー、白《しれ》え顔してるのお。ひっつねたら痛がるだんべえ」

乱暴な言葉の響きに、美智子さんはたじろいだだろう。

地元で一番の旧家で、その上あらゆる課目でかなわない、というので初めのうちはずいぶん白眼視された。

三月二十日近くになったころ、もうすぐ春休みという日である。今で言う「いじめ」で、喧嘩をふっかけてきた女の子がいて、悶着になった。挙句、取っ組み合いにまでなって転げまわったというが、体格が良く負けず嫌いな美智子さんは怯まなかった。お互いの顔にひっかき傷ができ、うっすら血がにじんだとも言われている。

そういう小さな事件があって、かえって地元組の不満も発散されたのだろう、学校では間もなく皆から一目置かれるようになった。美智子さんも「だんべ」言葉を使うようになる。

とはいえ使い方が分からず、「そうですわだんべ」とか「だんべですわ」などと言って周囲を笑いの渦に巻き込んだ。

今回の取材で、館林南国民学校時代の同窓生だった女性二人から、美智子さんの思い出を聞くことができた。

栗原政子さん（取材当時七十八歳）は美智子さんの一級下ながら、その強烈な印象を忘れられないと言う。


「なにしろ田舎の学校でしたから、都会から来た美智子さんはピカーッと光っていましたよ。私たちが着ているようなモンペにお下がりの汚れたシャツではなくて、見たこともないような綺麗なブラウスを着て、肌は透き通るような白さでしょう。その上、頭脳明晰で運動もできて、それは憧れの的でした。でも、初めのうちはみんな嫉妬心もあったから意地悪なこともしたようです。一級下なので詳しくは知らないんですが、正田家といえば館林一番の旧家ですしね、食べ物にも不自由なさってないというので、いじめもあったようです」

もう一人、四級下だったという新井喜代子さん（同七十五歳）は、重い籠を背負ったり、運動会で活躍した美智子さんの姿が忘れられないと語る。

「戦時中には馬の飼料として雑草を刈ったり、軍需品の松根油を背中の籠やリュックに担いで学校に行くのです。そんなときでも美智子さまは、農家の子供に負けずに重い籠を背負い頑張っておられたのを覚えています。

私が二年生で美智子さまが六年生の運動会のときのことでした。一年から六年までの生徒を混成チームに編成して、『赤城団』『榛名団』『妙義団』と上州三山にちなんで振り分けます。私と美智子さまは同じ軍団に入ったのですが、背がすらーっとしていて、垢抜けした存在でした。徒競走がとっても速くて、高学年の選抜リレーのアンカーで走られたのを覚えています。隊列を組むときなど、しっかりと並ぶよう指示をされた記憶もあります」

それを裏書きするように、美智子さま自身も疎開時を振り返って次のように述懐している。

「――異なる風土、習慣、方言の中での生活には、戸惑いを覚えることも少なくありませんでしたが、田舎での生活は、時に病気がちだった私をすっかり健康にし、私は蚕を飼ったり、草刈りをしたり、時にはゲンノショーコとカラマツ草を、それぞれ干して四キロずつ供出するという、宿題のノルマにも挑戦しました。八キロの干草は手では持ちきれず、母が背中に負わせてくれ、学校まで運びました」（『橋をかける』）

誰にも負けない、くじけないという精神は、家風に加えて、こうした疎開生活で一層強固なものになっていったと思われる。運動会では地元の子と一緒に裸足で走っていたと、皆が証言する。

だが、五年生になった六月末ごろ、美智子さん一家は館林を離れ、軽井沢離山《はなれやま》の祖父母の別荘へさらに転居する。身支度を整える暇もないほどあわただしい引越しだった。

北関東の都市への爆撃も激しくなってきて、館林なら安全とは言い切れなくなっていた。

そこへ「軽井沢は爆撃されない」という話が、かなりの信憑性をもって伝わってきた。

当時の軽井沢にはスウェーデン、スイスなど中立国のほかに、ドイツ、イタリアの枢軸国を含む十五ヵ国以上の大使館や公使館が移転していたのだ。

当然、勤務する外交官とその家族、さらに多くのキリスト教の聖職者など、総勢二千数百人もの外国人が軽井沢に集まっていた。

「スイスの大使がいるのだから、空襲はされないよう頼んであるはずだ」と皆が思い、別荘族と呼ばれる富裕階級の人々が続々と軽井沢に集結する。

軽井沢東国民学校へ再転校した美智子さんは、ここでもまた地元の子供といち早くなじみ、短い夏休みを過ごすのだった。

寒冷地の軽井沢は、冬休みが長い代わりに夏休みはぐっと短い。七月末から八月二十日までの休みの間、東京から父が持ってきてくれる本を読むのが最高の楽しみだった。

そのとき読んだ本の中でも、美智子さんの心を一番大きく揺さぶったのは、『古事記』や『日本書紀』から子供向けに構成されたある物語だったと、後年になって、その感慨を語っている。

平成十（一九九八）年九月二十日からインドのニューデリーで開かれた国際児童図書評議会（IBBY《イビ》）の会場において、美智子皇后の講演がビデオテープによって上映された。本来は直接参加される予定だったが、直前になってインドが核実験を強行したため日本政府は出席を取りやめ、皇后の〝ビデオ出演〟という形式になった。

疎開中に読んだ倭建御子《やまとたけるのみこ》とその后、弟橘比売命《おとたちばなひめのみこと》の物語から受けた感動を、皇后はひと言ずつ嚙み締めながら丁寧に語りかけた。

六世紀以前のこの物語で、皇子・倭建御子は反乱を鎮め国内を平定する厳しい任務を受けて遠征するが、途中で海が荒れ、船は航路を閉ざされる。

そのとき后の弟橘比売命は、自ら海に入り、海神の怒りを鎮めるので皇子はその使命を遂行して欲しい、と言って入水《じゅすい》し、皇子の船を目的地に向かわせる。

この入水に至る前、二人は枯れ野を通っているとき敵の謀略にあって火を放たれた。燃え上がる火に追われながらも、皇子の気遣いから弟橘は九死に一生を得たのだった。

入水時に弟橘は別れの歌を歌うのだが、美智子皇后はその歌を引いて、語り続けた。

さねさし相武《さがむ》の小野《をの》に燃ゆる火の火中《ほなか》に立ちて問ひし君はも

「弟橘の歌は、『あの時、燃えさかる火の中で、私の安否を気遣って下さった君よ』という、危急の折に皇子の示した、優しい庇護の気遣いに対する感謝の気持を歌ったものです。（中略）

弟橘の歌は――私は今、それが子供向けに現代語に直されていたのか、原文のまま解説が付されていたのか思い出すことが出来ないのですが――あまりにも美しいものに思われました。『いけにえ』という酷《むご》い運命を、進んで自らに受け入れながら、恐らくはこれまでの人生で、最も愛と感謝に満たされた瞬間の思い出を歌っていることに、感銘という以上に、強い衝撃を受けました。はっきりとした言葉にならないまでも、愛と犠牲という二つのものが、私の中で最も近いものとして、むしろ一つのものとして感じられた、不思議な経験であったと思います」（同前）

五年生だった美智子さんは、この物語を軽井沢の別荘で読みながら昭和二十年の八月を過ごしていた。

昭和天皇による終戦の詔書のラジオ放送を聞いたのは、ほぼ同じ時期だ。

ニューデリーにおけるビデオ講演で、皇后はさらに核心に踏み込んでいた。

「古代ではない現代に、海を静めるためや、洪水を防ぐために、一人の人間の生命が求められるとは、まず考えられないことです。ですから、人身御供《ひとみごくう》というそのことを、私が恐れるはずはありません。しかし、弟橘の物語には、何かもっと現代にも通じる象徴性があるように感じられ、そのことが私を息苦しくさせていました。今思うと、それは愛というものが、時として過酷な形をとるものなのかも知れないという、やはり先に述べた愛と犠牲の不可分性への、恐れであり、畏怖《いふ》であったように思います」（同前）

実は、こうした神話について語る前提として、皇后は次のように述べている。

「――今考えると、本当によい贈り物であったと思います。なぜなら、それから間もなく戦争が終わり、米軍の占領下に置かれた日本では、教育の方針が大巾に変わり、その後は歴史教育の中から、神話や伝説は全く削除されてしまったからです」（同前）

美智子皇后は十歳と十ヵ月だった自身と、その後過ごしてきた予想を超えた波乱の時間を重ね合わせてみたに違いない。

その結果として、愛と犠牲とは分かち難く、そのことに畏怖を覚えたと、繰り返し述べている。

軽井沢の疎開生活は終戦とともに終わるはずだったが、五反田の自宅洋館が米軍によって接収され、帰京は先に延ばされた。

結局、九月下旬から食糧事情のいい館林へ帰ることになり、東京へ戻ったのは昭和二十二年一月、六年生の三学期であった。

疎開に振り回されていたのは、皇太子明仁親王とて同様だった。いや、皇太子の場合は、次代の天皇という立場上さらに困難が伴った。

まず昭和十九年三月に千葉県の三里塚にある御料牧場へいったん疎開、四月に短期間、東京へ戻り、五月には御用邸のある沼津へと疎開した。学習院初等科五年生の学友たち数十人も一緒に行動した。

ところが、米軍の艦砲射撃やさらには上陸の恐れもあるとされたため、七月十日から日光・田《た》母沢《もざわ》御用邸へ再疎開となった。

日光にほど近い宇都宮が翌二十年七月十二日に空襲を受けると、側近たちは、さらに奥へ移動しなければ皇太子の安全が保障されないと憂慮した。

七月二十一日、皇太子はケーブルカーで明智平まで上り、さらに車で奥日光の湯元にある新装なった南間《なんま》ホテルに避難する。

学友たちも同道し、それぞれ分かれて古い南間ホテルの部屋に起居する生活が始まった。

昭和二十（一九四五）年八月、美智子さんより十ヵ月年長、六年生の皇太子は十一歳と八ヵ月で終戦を迎えた。

このとき昭和天皇は四十四歳、良子《ながこ》皇后は四十二歳、正田英三郎は九月で四十二歳になり、冨美は夫より六歳若く九月で三十六歳となる。

誰もが予想も出来なかったまったく新しい時代が、その先には待ち受けていたのだった。

「愛と犠牲」を学ぶ

美智子さんが館林から軽井沢へ再疎開して間もなく、日本はポツダム宣言を受諾し、昭和二十年八月十五日、敗戦を迎えた。

平成十（一九九八）年になって、この疎開生活の間に読んだ本を思い返し、国際児童図書評議会の会場で、皇后がビデオ講演で語った言葉の意味は重い。

愛と犠牲の不可分性について、「愛というものが、時として過酷な形をとるものなのかも知れない」と述べ、さらに続く「恐れであり、畏怖《いふ》であったように思います」というフレーズは暗示的な余韻を残す。

このビデオを撮ったとき、皇后は六十三歳になっていた。五十三年前に読んだ倭建御子《やまとたけるのみこ》と弟《おと》橘比売命《たちばなひめのみこと》の物語を回想しつつ、「愛と犠牲」の合一について語った。古代の神話にことよせて、皇后としての覚悟を述べたのかも知れない。

皇后にとって、終戦後の五十年以上の歳月は、まさに「愛と犠牲」そのものと不可分の関係にあったようにも感じられる。

それはまた、長い年月、日本の女性に求められてきた美徳であった。だが、終戦の日から未来が不確実なものになり、「愛と犠牲」の姿が見えにくくなったのは、美智子さんの世代なら、みな同じであったろう。

この世の中には恐ろしいことが起こるのだ。戦争や自然災害、疫病や身体の障害などが自分のすぐ目の前でも起こり得ると悟ることの重要性を学んだ。

弟橘の入水が古代の物語であるにもかかわらず、それを我が身に重ねるようにして美智子さんは敗戦を迎えたのだった。

昭和二十年八月十五日、皇太子明仁親王は敗戦の衝撃と感慨を綴っている。以下に紹介する一文（原文のママ）は、皇太子が書いた貴重な日記を侍従の木下道雄が記録に留めたものである。

「この日、我が国三千年の歴史上始めての事が起りました。そしてこの日が日本人に永久に忘れられない日となりました。おそれ多くも天皇陛下が玉音で英米支蘇四ヶ国の宣言を御受諾になるといふ詔書を御放送なさいました。私はそれを伺つて非常に残念に思ひました。無条件降服といふ国民の恥を、陛下御自身で御引受けになつて御放送になつた事は誠におそれ多い事でありました。

今度の戦で我が忠勇な陸海軍が陸に海に空に勇戦奮闘し、殊に特攻隊は命を投げ出して陛下の御為笑つて死んで行きました。けれとも戦は負けました。それは英米の物量が我が国に比べ物にならない程多く、アメリカの戦争ぶりが非常に上手だつたからです。

今は日本のどん底です。それに敵がどんなことを言つて来るかわかりません。これからは苦しい事つらい事がどの位あるかわかりません。どんなに苦しくなつてもこのどん底からはい上がらなければなりません。これからは団体訓練をし科学を盛んにして、一生懸命に国民全体が今よりも立派な新日本を建設しなければなりません。それが私達小国民の役目です」

（木下道雄『側近日誌』／抄出）

終戦間際の東京では、無条件降伏に納得しない少壮将校グループが徹底抗戦を叫んで宮城へなだれ込む事件（宮城事件）が起きていた。

連動して、宇都宮にいた部隊の一部抗戦派が皇太子を拉致して会津若松に立てこもり、徹底抗戦を継続しようという情報が日光へも伝わってきた。

万一の場合には、皇太子を連れて奥日光の山岳地帯へ逃げ込み、群馬県の沼田から前橋方面へ逃げる極秘計画まで検討されたのである。

側近たちはリュックに食糧を詰め、わずかな護衛部隊とともに、いざという日に備えていた。日記はまさにそういう中で書かれたものなのだが、冷静沈着な少年皇太子の覚悟が垣間見える。

結局、最悪の事態は回避され、皇太子は東京の赤坂離宮へいったん帰ることになるのだが、それは奥日光が厳寒期に入る寸前の十一月十一日であった。

木下道雄は昭和天皇の皇太子時代に東宮侍従として仕えて宮内省入りした古参だったが、途中十五年間ほど「お側」から離れ、総務課や会計審査局での勤務が続いた。

だが終戦二ヵ月後、宮中未曽有の危機に際して木下は侍従次長に昇進し、再び「お側」で奉仕することになった。

皇太子の日記は、昭和二十年十一月十三日、木下が赤坂離宮で東宮職の手から借り、自分の『側近日誌』に筆写したものである。

皇太子は十二月で十二歳になるが、敗戦の夏はまだ十一歳である。

美智子さんは十歳で読んだ倭建御子と弟橘比売命の物語に強い衝撃を受けていた。

やがてそれは将来「愛と犠牲が不可分のものである」という思念へ導かれてゆく。

皇太子は一学年上だった。

「今度の戦で我が忠勇な陸海軍が陸に海に空に勇戦奮闘し、殊に特攻隊は命を投げ出して陛下の御為笑つて死んで行きました」

と、特攻隊への心情を綴っていた。

注意して見れば、一つの「愛と犠牲」という頂きから湧き出た泉が、いくつかの分水嶺で枝分かれし、二人が独自の水脈を形成してきたかのように読める。

ところが、文中に立派な「軍国少年」の面影が残されているため、これを読んだ東宮職の側近グループは、一日も早く「新日本建設の思想」を皇太子にご教育しなければならないと考えた。GHQがすでに導入していた戦後民主主義が、昭和二十年秋にはいち早く宮中に影響を及ぼしていたからだ。

昨日まで「軍国少年」だった皇太子が、アメリカ人でクリスチャンの婦人を家庭教師に迎える日まで、あと一年足らずである。

軽井沢で終戦を迎えた美智子さんが館林に戻ったのは、九月中旬であった。

五年生の学級仲間は見知った顔ばかりで、再々転校は苦もなく大歓迎を受けた。

住まいはかつての見番から、東武線館林駅に近い目車町《めぐるま》（現・栄町）の小さな一軒家に変わった。そこは正田本家の六代目文右衛門邸の地続きのような一角で、それなりに便宜ははかってもらえたものの、列車が通るたびに揺れ動くような家だった。

それでも庭は広く、友達と一緒にトンボを追い、蛙を捕まえて遊ぶような日々は健康的で快活な美智子さんの気質に合っていた。

正田本家の大きな屋敷内には養蚕室があり、美智子さんは蚕に桑の葉を食べさせたり、掌に載せたりする楽しみをここで覚えた。かつての群馬県では、養蚕をしていない家を探す方が難しいくらい、この地と養蚕業は切っても切れないものだった。

そして、上州・館林はなんといっても美智子さんにとっては父祖代々の家郷である。豊かな水量を誇る利根川と渡良瀬川に挟まれ、幾つもの沼が点在する低湿地帯と台地からこの郷《さと》は成り立っていた。山から吹き降ろす空っ風と豊富な用水によって、小麦の生産量が多い土地柄でもあった。

それが後年、正田家の製粉業・醬油醸造に大きな役割を果たす背景となる。

正田家の祖先を遡《さかのぼ》れば、源 義国《みなもとのよしくに》の長男である新田義重の老臣・生田隼人《しょうだはやと》をもってその祖とされる。

徳川氏祖先の菩提寺・世良田《せらだ》（群馬県太田市）にある長楽寺の住職・平泉恭順の調査によれば、その後の正田家の家系はおおむね以下のとおりである（『日清製粉株式会社史』）。

天正十九（一五九一）年、十六代生田義豊が武州川越で徳川家康に拝謁、上野国《こうずけ》のうち徳川、新田の郷土につき上申したところ、同地の知行を受けるとともに、「姓を正田と改めよ」と命じられた。

慶長五（一六〇〇）年に関ヶ原の戦いで家康は豊臣勢を破り、朝廷から征夷大将軍としての宣《せん》旨《じ》が下ったのが慶長八年。義豊が拝謁したのは、家康が天下平定に至る直前のことであった。

当時の正田家は館林の北西にある世良田に居を構えていたが、下って十八世紀、延享以降に館林に移住し、士分の身から商人になったとされている。

館林に移住し、新たな正田家を再興したのは四代を経て、初代正田文右衛門を名乗るようになったときからだ。

文右衛門は代々「米文」の暖簾のもとに米問屋を家業とし、近郷きっての富豪となった。

士分は捨てたが名主の職にあって、苗字・帯刀を許されていたと『正田貞一郎小伝』にはある。

特に三代目文右衛門は、正田家中興の祖と言われたひとかどの人物だった。

胆力に優れ、進取の気性に富んだ一代の傑物と多くの史料に紹介されている。利根川、渡良瀬川を、白帆に「米文」の名を染め抜いた帆掛け舟が米、麦を満載して往き来する光景は壮観だったであろう。

自身は「諸事倹約」を率先、さらに義理人情に厚く、数々の慈善活動も行っている。とりわけ安政の大地震の際には、いく隻もの大船に穀物を積んで江戸に急ぎ、不眠不休の救助にあたった。

だが明治六（一八七三）年、ここまで築き上げてきた家業を捨て、雑穀を原料とする醬油醸造に転業した。

動機を聞かれた三代目は「米問屋はしょせん投機的になりがちで、子孫のために伝える事業とはならない。醬油業は穏健着実だ」と答えたという（『正田貞一郎小伝』）。

彼が唱えた正田家の家訓は「財は末なり、徳は本なり」だった。

分かりやすく訳せば、「金儲けは取るに足らないもので、人徳や善行こそが正しい道だ」とでもなろうか。

明治二（一八六九）年、次男・作次郎は二十四歳で、長《ちょう》家の長女・さち（幸とも）と結婚する。長の家は代々足利で代官をしていた格式の高い家柄である。

結婚と同時に作次郎は西洋風文化の玄関口で貿易が盛んな横浜へ出て、外国米（当時は南京米といった）輸入などの商売を始めた。

作次郎は輸入業のかたわら、ヘボン博士から英語や眼病治療法などを学ぶ。「学者肌の経営者」という正田家の気風は、すでにこの辺りで顕著になっていたようだ。

その横浜で明治三年二月、作次郎とさちの間に生まれたのが、美智子さんの祖父にあたる正田貞一郎である。

作次郎の妻・さちの実家は教養の高い家柄で、文人墨客が多数出入りし、渡辺崋山などもその一人だったという。さちは美貌な上に怜悧な女性で、書も絵画も能《よ》くした。美智子さんの曽祖母にあたる女性だ。国民学校六年生のときに、美智子さんが館林で描いた水彩画が残されているが、やはり並々ならぬ画才を感じさせる。野の百合を描いて「六(年)梅 正田美智子」とサインの入ったこの絵は、のちに前橋赤十字病院に下賜されている。

ところが横浜で輸入業を始め、長男・貞一郎をもうけた作次郎が、明治四年に風邪がもとで二十六歳にして急逝してしまう。

一歳で父と死別した貞一郎は、母・さちとともに館林の本家に帰り、祖父・三代目文右衛門の手で育てられた。

長じて貞一郎は東京へ出ると外交官を目指して勉学に励み、明治二十（一八八七）年、高等商業学校（東京高等商業学校、東京商科大学などを経て、一橋大学となる）に合格する。学費などすべての面で世話になったのは三代目だった。

だが明治二十四（一八九一）年六月、卒業間際になって館林の従兄弟・民三郎が急死するという事態が発生、貞一郎は外交官になる目標を断念しなければならなくなった。

美智子さんの祖父・正田貞一郎が本来備えていた性根《しょうね》を、思い掛けない場所で発揮させる最初の機会が、はからずも訪れたのである。

製粉業の家風

醤油醸造を継いだ本家筋の従兄弟・民三郎の死が、貞一郎の生涯を大きく変えることになった。早世した人物が多い時代ということもあり、明治以降の正田家の系図をかいつまんで説明しておこう。

まず、中興の祖と言われた三代目文右衛門の長男（作次郎の兄・兼太郎）が四代目を継いだものの、明治十一（一八七八）年に四十二歳で死去。

四代目の長男・五代目文右衛門（貞一郎の従兄弟・唯一郎）は昭和十六（一九四一）年、八十四歳で亡くなるまで長寿を保ったが、若いころから身体が丈夫ではなかった。

そこで、早くから醤油醸造の実務をすべて弟・民三郎（四代目の三男）に任せてきた。実質的な経営者だった民三郎の早世は、こうして貞一郎の運命に大きく関わることになる。

本家を継ぐ必要がなかった貞一郎に、お鉢が回ってきたのだ。大恩ある祖父・三代目文右衛門のたっての願いを断るわけにはいかなかった。

外交官の道を諦めた貞一郎は、本家の「正田醤油」の責任者となったが、最後まで文右衛門を名乗らなかった。

積極的経営をもって工場の近代化や酵母菌の研究などに励み、事業の拡大に努めた。

貞一郎の結婚は明治三十（一八九七）年十二月のことで、相手は五代目文右衛門の長女・きぬ、つまり、従兄弟の娘である。

十歳違いで、互いに幼いころからともに育った関係でもあり、きぬは生涯を貞一郎の良き伴侶として、仲睦まじく過ごした。

新婚の貞一郎夫婦が所帯を持ったのは館林の目車町の屋敷だった。

美智子さん一家が軽井沢から戻って住んだのがその目車町で、かつては祖父・貞一郎の邸があった一角だと思われる。

ところが結婚して三年後、貞一郎は突如、託されていた本家の家業たる醤油醸造以外の事業展開を模索する。小麦を扱っていた関係から、当時の水車による製粉の改革に目を付け、製粉工場を始めようと決意を固めたのである。

五代目文右衛門、つまり岳父は健在だったが、もともと経営責任を負っていたのは亡くなった弟だった。岳父は異を唱えられる立場ではなかった。この転身で醤油醸造はいわば副業になったが、今日まで着実な経営は続いている。

明治三十三年十月二十七日、館林製粉株式会社創立総会が開かれ、社長をおかず貞一郎が専務取締役として経営陣のトップに立った。

館林を語るには、正田家の歴史を振り返ると同時に、実は東武鉄道の発展抜きには語れない。

館林は前橋や高崎と異なり、のちの国鉄線が通じていなかった。利根川に架橋するのが困難だったからだが、それが逆に河川を往来する船便を発達させ、一方で陸上交通の発展を遅らせた。館林が長い間、孤立感を抱いてきた原因でもあった。

当時の東武鉄道は東京の北千住を出て利根川の手前、埼玉県久喜で止まっていたのだが、財界中央から新社長に就任した根津嘉一郎《ねづかいちろう》が一挙に足利まで延長させる大工事を断行した（開通は明治四十年八月）。

これにより起死回生を果たした東武鉄道は、地元産業育成の必要もあって、館林製粉の経営に参加する。根津は山梨出身のいわゆる甲州商人である。晩年になって鉄道王と呼ばれ、美術品の収集家としても著名である。

明治三十九（一九〇六）年、貞一郎は架橋工事に奔走する根津と深い親交を結び、彼を館林製粉の社長に据えた。

トップを外部から迎え、自らは専務に留まり日常の経営に携わるという感覚は、極めて進取の気性に富んでいたといえる。

だが、延々〝粉屋の社長〟をやらされていた根津が「いつまで社長にしておくのか、いい加減でいいではないか」（『日清製粉株式会社史』）と言い出したので、大正十三（一九二四）年六月に役員を改選し、ようやく貞一郎が社長に就いた。

その代わりでもないだろうが、貞一郎は昭和十七（一九四二）年、東武鉄道の取締役会長を兼務することとなる。

東武の路線延長も貞一郎の事業拡大も、日露戦争（明治三十七～三十八年）勝利後の起業熱高揚の時期にうまく合致して成功した。

家庭では、結婚翌年に長女・はる、続いて長男・明一郎をもうけるが、二人とも早世している。明治三十六年九月二十一日には、三男・英三郎《ひでさぶろう》が誕生する。美智子さんの父となる人である。


ところで、正田家の繁栄と明治以降のわが国の食生活の転変を重ねながら考えてみるのも、なかなか興味深い。

本家が米穀商から醬油醸造にいち早く切り替えた明治初期、分家である貞一郎の父が外国米の輸入業を始めたという点は、かなり象徴的だ。

輸入米が必ずしも主食用のコメとは限らないものの、それでも今日からみれば「コメ自由化」の先取りに映る。

やがて主食にも小麦粉が使われるようになり、食生活のスタイルに変化の兆しが表れた。日露戦争に勝利した潮目を見逃さず、正田貞一郎は製粉業の事業拡大に打って出た。パンの消費量増加を見越しての決断である。

美智子さんと皇太子が婚約発表を終えて間もない日のことだ。

婚約にこぎ着けた最大の立役者・小泉信三が美智子さん宅を訪ね、いっとき食べ物の話題となった。

小泉が書き残しているその日の美智子さんとの問答からは、はからずも正田家の家風がユーモアを交えながら伝わってくる。

「美智子嬢御結婚の後も、たまには、殿下のお好きなものを、美智子嬢手ずから料理なさるというような機会もあらせたいものと思う。

米飯かパンかという話のとき、美智子嬢は『私は父の事業に忠実でございまして』といいかけられたから、『では、パンですね』というと、笑ってうなずかれた」

(『小泉信三全集』第十六巻)


美智子さんの父・英三郎が育った家の食卓は、そもそも両親から強い影響を受けていたためでもある。貞一郎の妻・きぬは毎朝、貞一郎の好みに合わせて必ずパン食を揃えた。トースト、バター、ジャム、牛乳、半熟卵、簡単なサラダと果物といった具合である。

振り返ってみれば、婚約発表の朝までメニューが一貫して変わらないところは、いかにも正田家らしい。

貞一郎は明治四十年十一月には、横浜に出来たばかりの日清製粉という会社を吸収合併し、社名を館林製粉から日清製粉に改め事業の拡大を図る。

「日清」の方が「館林」よりはるかに知名度、訴求力が大きかったからだ。

教育熱心な貞一郎は子供たちの将来を考え、同じころ、東京市小石川区（現・文京区）小日向台町一丁目に土地を求め、まずは簡素な邸宅を構えた。

子供たちが増え、学校に上がるようになるたびに少しずつ増築を進める。一度に大きな家は作らない。堅実な手法は、経営方針と同じだった。

貞一郎ときぬの間に生まれた子供たちを、生年順に整理しておこう。
長女・はる（夭折）、長男・明一郎（二十四歳で死去）、次男・建次郎（大阪大学総長）、三男・英三郎（日清製粉社長）、四男・順四郎（日本農産工業社長、昭和二十年五月の空襲で死亡）、次女・勅子（東大教授・水島三一郎に嫁す）、三女・祐子（実業家・脇村礼次郎に嫁す）、五男・篤五郎（東大教授）、四女・千鶴子（夭折）、五女・和子。

子だくさんと言っていいだろうが、時代のせいか早世した子女も多い。四男の順四郎までが館林で生まれた。順四郎が一歳のころ一家が東京に出てきたため、以降はみな東京生まれである。

父親だけが単身、東京と館林を往復した。刻苦勉励、諸事倹約の人だった。

英三郎はまず東京高等師範学校附属小学校、同中学校へ進む。現在の筑波大学附属である。その後は父と同じ東京商科大学（現・一橋大学）を卒業する。

長男・明一郎が二十四歳で病没し、次男・建次郎は数学者としてその道を究める。

そこで三男・英三郎に跡継ぎとしての期待が掛かった。彼は昭和三（一九二八）年末に勤めていた三菱商事を辞し、昭和四年、日清製粉に転じた。以後、昭和十（一九三五）年十二月に取締役就任、昭和二十年六月、社長に就任する。

父親の会社に入ることが内定し、やがては将来を嘱望される英三郎に、母・きぬが縁談を持ち込んだ。昭和二年の初夏である。

正田家は元々、日蓮宗の熱心な信者とされていた。分家の作次郎が結婚後、横浜へ出て輸入業を始めたが、そこでヘボン博士の知遇を得、英語を学んだことは先に紹介した。

ヘボンは英語を教える傍ら、プロテスタントの宣教師としても活動していた。いやむしろ、宣教師が日本人に接する機会を得るために英語や医療を教えていた、と解するべきかも知れない。

同じく正田家の人間として信仰心の厚い境遇で育ったきぬだったが、日蓮宗の信徒にはならず、昭和二（一九二七）年の年明け早々、フランス人宣教師ヨゼフ・フロジャック神父より洗礼を受け、カトリック信徒になった。

貞一郎も昭和二十四年、カトリックの東京総本山、文京区の「関口教会」（東京カテドラル聖マリア大聖堂）で洗礼を受けている。

こうして夫婦揃って熱心なクリスチャンになった。正田家とキリスト教との関係は、美智子さんの祖父母の代に始まったものである。

そのきぬが昭和二年春、今度は同じカトリック系の四谷の雙葉《ふたば》学園を訪れ、校長室で懇談した。用件は、息子・英三郎の結婚相手としてふさわしい令嬢を推薦いただけないか、というものだった。

四谷からさほど離れていない小日向台町に居を構えていた貞一郎夫妻が、息子の嫁に雙葉学園の卒業生を考えたのは理にかなっていた。

すでに雙葉学園は名門のお嬢様学校として名が高く、しかもカトリックの布教と慈善活動に熱心だと聞こえていたからだ。

きぬは信仰のためもあるが、これまでも養老院への慰問、天災の被災者への見舞いなどに温かい手を差し伸べてきた。

正田夫人を前に、雙葉学園の校長の顔は、思い当たるフシがあるのか、さっと輝いた。この三月に卒業する一人の生徒の顔が浮かんだのである。

生徒の名は副島《そえじま》冨美。九月二十九日が誕生日なので、現在は十七歳だという。長身ですらりとした丸顔の美人、聡明で在学中は級長で通し、卒業式では首席として答辞を読む予定だった。校長から許可をもらったきぬは、卒業式を片隅から見る機会を得、ひと目で冨美を気に入ってしまった。

やがて、副島家が佐賀県出身の元士族で、父・綱雄は上海で貿易会社の支店長などを歴任した実業家、などと書かれた釣り書きが届けられた。

そこへもう一つ、卒業式の栄えある姿にきぬが心を動かされた、という以外の伏線が敷かれた。貞一郎と冨美の父・副島綱雄の共通の知人に横浜正金銀行（のち東京銀行、現・三菱東京ＵＦＪ銀行）上海支店長を務めた児玉謙次という人物がいる。彼からの強い推挙が偶然にも重なり、縁談にまで発展したのである。

英三郎にはここまで黙ってきたが、両親が話を切り出すと彼もこの縁談には大いに乗り気になった。

さっそくお見合いとなったが、本人同士に異存はない。ただ、冨美が卒業したてで、ようやく十八歳になるばかりという事情から、とりあえず婚約、結納までを交わし、結婚式は二年後の昭和四年に挙げる運びとなった。

英三郎は三菱商事から日清製粉に移り、やがて新婚の二人は一年間のドイツ旅行へ出発した。長男がドイツで生まれ、帰国したあと美智子さんが昭和九（一九三四）年十月二十日に誕生する。

「重い、重い」と言いながら英三郎が抱き上げたエピソードは、すでに紹介したとおりである。

それでは、美智子さんのもう一つの系譜、副島家とはどのような家系なのかを、見ておきたい。

母・冨美の気質

皇太子と美智子さんが婚約発表にこぎ着けたころ、皇族妃方を中心とした学習院女子出身者の常磐会幹部や、一部女官からのさまざまな反発が表沙汰となった。

その場合、「粉屋の娘がねえ」とか「やっぱり町場の娘は」といった具合に、美智子さんが民間出身だ、という点が主な攻撃の対象とされた。

一大騒動にまで発展した大きな理由は、単なる皇族妃ではなく東宮妃、すなわち将来の皇后となる立場だからでもある。ましてや、学習院ではなく聖心女子大出身とあって、伝統を重んじる側の反感を買った。

不満の発信源が、常磐会を支える松平信子やその娘・秩父宮妃、さらに宮中奥に強い影響力を及ぼしてきた柳原白蓮《びゃくれん》などであることは繰り返し述べてきた。

けれど、同時に母親・冨美も陰に陽に、その出自や人格をかまびすしく云々されたのである。「外地で生まれた人ですってねえ」とか「きつい方みたいよ」といった、他愛もない「敵意」の目が冨美に向けられた。

時には美智子さん以上の攻撃にさらされ、ささいな落ち度も許されないような日々が続いたのだ。

冨美は確かに「外地」上海で生を享《う》けた。

明治四十二（一九〇九）年九月二十九日、父・副島綱雄、母・アヤ（綾とも）の長女として六人きょうだいの二番目に誕生した。

その父・綱雄は明治十四（一八八一）年十一月、佐賀県多久（現・多久市）で副島哲吾の次男として生まれた。

綱雄の父、美智子さんの母方の曽祖父・副島哲吾は、実弟・富五郎に男子がいなかったため、次男の綱雄を富五郎家の養子に出した。

養父・富五郎が教育熱心だったこともあり、綱雄は地元の多久小・中学校を出て大阪高等商業学校を卒業する。

正田家の貞一郎、英三郎がともに高等商業学校、東京商科大学（いずれも一橋大学の前身）へ進んだことを考えると、両家の教育方針には共通した点が見受けられる。

当時の高等商業は、多くの海外への飛翔を夢見る若者が学んだところだった。外交官、商社マンなど職種はさまざまにせよ、時代の変化を先取りする気概に溢れた学生が集ったことは間違いない。

副島綱雄もその一人で、大阪高商を卒業すると、半田棉行《めんこう》を経て大手商社・江商（現・兼松）の上海支店長に転身する。

江商に綱雄を紹介したのが横浜正金銀行上海支店支配人だった児玉謙次（のちに貴族院議員、終戦連絡中央事務局総裁など）である。児玉は高等商業学校の出身で、正田貞一郎の一級後輩にあたり、正田家とも親しかった。

ついでながら、小泉信三の父・信吉《のぶきち》が横浜正金銀行に勤めていた関係もあり、次男（長男が夭折したため事実上の長男）の小泉信三、児玉謙次、そして正田貞一郎へともうひと筋の人脈が繋がっていた可能性が十分考えられる。

事実、小泉信三は早くから正田貞一郎とは昵懇だった。貞一郎の孫娘が後年、軽井沢で皇太子とテニスの試合をしたとき、名前を聞いた小泉が「正田さんのお孫さんか、と思った」というエピソードがエッセイに残されている（『小泉信三全集』第十六巻）。

副島家は代々佐賀鍋島藩の分家・多久家に仕える士族だったが、常に租米の取立てが厳しく生活の余裕はなかった。

そこでやがて酒造業を営み、子弟の教育費を捻出するようになる。その点でも正田家と似ているところがあり、士族ながら江戸末期から明治にかけて事業に進出した（『文藝春秋』二〇〇六年四月号　福田和也「美智子皇后もう一つのルーツ」）。

長崎が近かったため、綱雄の親の代から西洋への関心が高かったことがうかがえるが、同時に佐賀鍋島藩の「葉隠《はがくれ》武士」の流れを汲んで、躾は人並み以上に厳しかったようだ。

葉隠とはしばしば、「武士道というは死ぬことと見つけたり」の意味に解される場合が多いが、「葉」に「隠れる」、すなわち「目立たぬように生きる」「無駄ガネを使わない」などといった処世術の指南書でもある。

いずれにせよ、幼いうちから冨美が葉隠精神を身につけ、加えて父の任地の影響から西洋風教育の下に育ったのは自然の成り行きであっただろう。

江商上海支店長として赴任した副島綱雄は、イギリス租界の一角に瀟洒《しょうしゃ》な赤レンガ造りの洋館を買い取る。二人の日本人お手伝いさんと、中国人のコック、運転手などを雇い、生活様式はすべて英国風だった。

正田家と副島家の共通点は紹介したが、両家の違いを敢えて言えば、「投機性」の有無という点ではないだろうか。

「投機的」な米問屋を捨てて、地道な醤油醸造からさらに製粉業に転じた正田家に比べ、世界市場を相手に綿の取引に日夜没頭する商社マンは、はるかに「投機性」の強い職業と言えそうだ。

バンド（外灘《ワイタン》）に近い屋敷から、冨美は日本尋常高等小学校北部校を経て上海第一高等女学校に進み、大正十二（一九二三）年春、一家とともに帰国した。関東大震災のおよそ半年前である。

十四歳で四谷の雙葉学園に転校した冨美は、今でいう帰国子女だった。

日本語は極めて堪能で、先に述べたとおり学年一優秀な成績を修めている。

やがて雙葉学園を卒業する昭和二年春、冨美は正田きぬと児玉謙次の仲介により、夫となる正田英三郎にめぐり逢う。正田英三郎と副島冨美の婚約・結婚があい整い、やがて美智子さんの誕生となるのだが、ここで時計の針を大きく進め、少々先の事情を見ておきたい。

終戦直後の昭和二十三年六月、芦田均首相の任命によって田島道治《みちじ》が初代宮内庁長官（最初の一年は宮内府長官）に就いた。田島はかつて新渡戸稲造の薫陶を受けた敬虔なクリスチャンで、有能な銀行家として戦前から名を成していた。

田島は宮内府長官に就任するとき、同じく新渡戸の薫陶を受けたクリスチャンの三谷隆信を侍従長に指名している。

さらに田島は、後継の宮内庁長官にもクリスチャンの宇佐美毅《うさみたけし》を指名してから退任するという徹底ぶりだった。

こうした小泉信三（昭和二十七年、洗礼を受ける）を軸にするクリスチャン人脈が、結果的には皇太子妃選考に大きく関与したことは見逃せない事実だろう。その詳細もまた述べなければならない。

そのころには（昭和二十四年から二十六年の間）、早くも黒木従達《つぐさだ》東宮侍従の主導によって、旧皇族と元華族約九百家を中心にした皇太子妃選考リストが作られていた。

田島道治は几帳面な日記を残しているが、その日記に「東宮妃サガスコト」との言葉が初めて現れるのが、昭和二十五（一九五〇）年九月二日である（加藤恭子『田島道治』）。

加藤恭子は仏文学者だが、縁あって田島道治の書簡・日記を見る機会に恵まれ、田島が残した厖大なノートを解読して評伝を著すことになったと述べている（科学研究費成果報告書、代表者は歴史学者・伊藤隆東大名誉教授）。

田島は退任後も宇佐美の要請を受けて呼び戻され、東宮妃選定会議の重要メンバーとなった。小泉信三を呼び寄せたのも田島であり、彼が皇太子妃選定のキーマンであったことは間違いない。

会議は「東宮御教育参与会」とも、略して「東宮参与会」とも呼ばれていた。

田島の日記を見る限り、主なメンバーは宇佐美長官以下、小泉信三（元・慶應義塾塾長、東宮御教育常時参与）、田島道治、安倍能成（元・文部大臣）、松平康昌（元・福井藩当主で華族。昭和天皇側近の一人）、鈴木菊男（東宮大夫《だいぶ》）、黒木従達（東宮侍従）などで、初期には松平信子（常磐会会長）の名もある。

その田島が昭和三十三年四月十二日の日記に、意味深長な記録を残した。この時点で、小泉信三などを含めた皇太子妃選定会議では、「正田美智子さん一本に絞る」ことが内々決まりかけていた。
残るは「家系図の調査」だけだ、とされたその日、田島は突然〝血統が重要だ〟と言い出す。その日の田島の発言を、加藤恭子『昭和天皇と美智子妃 その危機に』から引く。

「小泉車ニ便乗。（中略）血統重ンズベキコト。Shoda、Soyejima 調ベヨクバ賛成イフ」

つまり、正田家と副島家の家系を調査して、よろしければ賛成する、というのだ。
さらに六月二十一日になると、美智子さんの母方に関して重要な発言をしている。

「小生、Mutter〔母〕ノコト、イヤナコトイフ。但シ衆議賛成ナラ固執セズトイフ。母方系統、小生、興信所ノミニテ止マルノハ心中ドウカト思フ」

要するに、田島は会議の席で母親の血統に関して何か「イヤナコト」を言ったようだ。
皆の結論には従うが、興信所任せではなく、もっと慎重に調べるべきだ――という発言をしたと「日記」に残されている。田島の心配とはいったい何だったのか。
唯一、考えられるのは富美の実家の「投機的な」家業だけである。取引市場で三品《さんぴん》と呼ばれる綿花、綿糸、綿布を扱うような立場にいることに、「興信所任せ」ではいけないと呟いたのではないだろうか。

冨美の父・綱雄は上海で綿製品を扱う商社の支店長であり、相場とは縁の切れない立場にあったことは事実だ。

だが、綱雄の父・哲吾は下級武士とはいえ酒造業を営みながら、戊辰戦争となれば多久家の大隊に従軍し、会津攻撃にも参加した人物である。

会津藩主・松平容保《かたもり》は、のちに秩父宮妃勢津子《せつこ》の祖父という立場となるが、戊辰戦争では敵味方に分かれて戦ったわけだ。

その後の天皇家を見渡せば「公武合体」の見本のようなものとも言える。

貞明皇后などが率先して会津藩や徳川家から「皇子の妃」（秩父宮妃と高松宮妃）を選び、進んで「菊と葵」和解の道を拓いた成果でもある。

それでもなお、母方の血統に田島が「イヤナコトイフ」理由を忖度《そんたく》すれば、副島綱雄が綿市場という投機的な世界にいたため、凄腕で野心的な顔が真っ先に浮かんできたからとしか考えられない。

しかし、本来の綱雄はことのほかよき家庭人であり、孫が生まれると誰よりも喜んだ温厚な人柄だった。長女・冨美と正田英三郎の間に生まれた初めての女の子の孫が美智子さんだった。

のちに美智子さんは幼いころの思い出として、母方の祖父によく本を読んでもらい、お話をしてもらった、と述べている（『橋をかける』）。

田島の心配は、結果的には杞憂に終わった。

そもそも綱雄は娘の冨美にもよく本を読んで聞かせ、その一方では一貫して厳しく躾け育てたのだ。

次のような富美の回想からも、その様子はうかがえる。


「小学校のころ英語のおケイコに通いましたのも修道院でございました。大変地味で、きびしい教育で〝海外の日本人〟という意識も強く、厳格に育てられました」

（『週刊読売』昭和三十三年十二月二十一日号）


美智子さんが東宮妃に上がるころから富美にも大きな負担がかかり、「シンが強くて、頭脳明晰」とか、ときには「冷たい貴婦人」といったような言われ方をすることがあった。

宮妃や宮中に長く仕える女官などから上がった声だ。

いずれも「褒め言葉」には聞こえず、「ご立派ねえ」というニュアンスが伴い、「上海育ちだから」という陰口が同時に添えられたものだった。

若いころから英語、フランス語に堪能で、短歌を能《よ》くし、特に源氏物語に関する知識は相当なものだとの評判だった。まさに良妻賢母の代表といった感が強いが、伝統を重んじる陣営からすれば突出した才能がかえって癇に障ったのかも知れない。

富美の気質を強調するかのような新聞記事も書かれ、富美にとっては至極当然の発言でも歪められて伝わるケースがあった。

昭和三十四年正月、「朝日新聞」の記者が書いたインタビュー記事などは、その典型と言えそうだ。

「娘を嫁がせる母親の気持は、およそ似かよったものだろう。だがこのひとの場合、たんなる母親の役割だけではなかった。『縁談には、どうしても一種のストラッグル（闘争）という面が出てきますものね』——ご婚約がきまるまで三カ月の、宮内庁側との交渉をかえりみてもらした言葉である。『いいたいことをいわしていただいた。よくあちらさまが我慢なさったと思うくらい……』」

（「朝日新聞」昭和三十四年一月四日）

インタビューのほんの一部を抜き出し、寸断した言葉だけを記者が拾った短い囲み記事である。これでは、多くの読者が「きつい人」だと感じるのも、無理はない。だが、実際の冨美は報道で伝えられる印象とは、まったく違っていた。

自宅において、子供たちを叱るときも「おやおや」か「あらまあ」としか言わなかった。母親のこの表現で子供たちは、自らの過ちを悟った。正田家をよく知る人の話によると、声を荒らげたり、感情的になる場面は皆無だったという。

ただし、不思議な求心力で一家を束ねていたのは事実だった。

常に冨美を中心として家族は放射状に繋がっていた。冨美と英三郎、冨美と美智子さんといった具合で、それぞれが、困ったことや迷っていること、悩んでいることがあると冨美に相談した。

「いつでも、そうした家族の問題を解決したり、力になったりしてくれた」のが冨美だったのである。

雙葉から聖心へ

熱狂的なミッチー・ブームに沸く日本で、正田家と、その美しきプリンセスは、まさに理想の家族に見えた。

その反面、社会に不満を抱くある種の人々にとっては、拭い難い敵意や悪意の対象となったのも残念ながら事実だった。中でも、母の冨美はマスコミによって、ある特定のイメージを担わされた。当時の新聞・雑誌に載った冨美の写真は、細面で凜と張り詰めたような表情だ。それだけでも「強い女性」という印象を与えた。

だが、昔の写真を見れば、みなふくよかな丸顔で、「きつい」顔はむしろ少ない。上海時代に撮られたもの、結婚式のもの、育児に専念している時代の写真など、見る限りいずれもふっくらとしている。幼いころからご成婚のころまでの美智子さんが、いかにも健康そうな丸顔なのと瓜ふたつである。

冨美のすぐ下の弟・副島《そえじま》吾郎（元・東京銀行札幌支店長）が語る姉の姿に耳を傾けてみよう。

「ともかく私たち兄弟は、男三人の女三人、姉はその長女ですからね。当然、しっかり者にならざるを得なかったでしょう。姉は本当にこまかく、私たちのめんどうをみた。これがうるさくてたまらない。私たち、『なんだ、マルボンのおせっかい焼き』なんてブツブツいったもんでした。まんまるくふとっていたんで、ニックネームを〝丸盆〟という。いまは痩せていますけれどね。姉の中にあるもの――それを考えるとき、私は父の家庭教育、それが見事に、姉の中に生き、実ったという気がするんですよ。

子どものころ、この父が私らに教えたことのひとつに、『お金は尊いもの。人びとが汗をふりしぼって得る。その余沢《よたく》（残り伝わる恩）によって、お前たちは生きていられる。一銭でもムダにつかってはいけない』という一条がありました」

（『女性自身』昭和四十四年五月五日・十二日号／抄出）

確かに正田家の主婦としての冨美は質素で、無駄なことは極力避けたといわれる。だが、それを素直に受け入れられない使用人もいた。のちにお手伝いの一人は次のような証言をしている。

「むしろ奥さまは〝ケチ〟ではなかったかしら。裁縫がお好きということもあって、服など古くなるとつくろって着ていらっしゃる。また率直にいって私たち使用人を、遊ばせたらもったいないという主義で、奥さまが外出されるときなど部屋の掃除から廊下のワックスがけ、ガラスふきなどたっぷり仕事を命じられる。部屋を出るときは電気を消すこと、ガスの火は鍋底の広さだけに大きくすることなど、いつも注意されていました」

（『現代』昭和五十七年十一月号　加藤仁「正田家――高貴なる一族のさびしき栄冠」）

冨美の言うことは、主婦ならば当たり前の心得であり、ケチというのとはまったく違う。実際に当時の正田家を知る人の話では、常に二人から三人いたお手伝いの女性たちを冨美は厳しく躾けたが、同時に愛情を持って接し、やがてしかるべき家へ嫁ぐときに困らないよう行儀作法も教えた。

それでも、中にはその後の人生に恵まれなかった人もいて、冨美への反感に結びついた。

弟・吾郎の話の続きに戻りたい。

「姉が正田家のひとになって、日がたつにつれ、次第に正田家の人間らしくなっていく。つまり、あちらの家風に同化して、正田英三郎氏の妻として、ゆるぎない存在になっていく。こいつは感じましたね。

それから美智子さまのご誕生。美智子さまは、やはり、妃殿下になるべくして生まれた方だという気がしてならないんですよ。

小学校六年生ごろかな、(美智子さんが)遊びに来ましてね。庭に咲いているバラの花を見つめながら、家内に、ふと話しかけたというのです。

『おばちゃま、バラの花ってシンフォニーみたいね』

『どうして?』

『バラの花って、日の当たっているところもきれいだけど、日の当たらない陰のところもきれいいね――』

私たちはなにかすばらしい女性になられるような、そんな予感を与えられたものですよ」

(『女性自身』同前/抄出)

こうして正田家と副島家の血脈が相まって、美智子さんが誕生するに至ったのである。

下って平成四（一九九二）年十月、美智子皇后は天皇とお揃いで中国の北京市など各地を親善訪問されたが、最後の訪問地として上海を訪ねている。

そのとき母・冨美はすでに亡くなっていたが、それだけに母が少女時代を過ごした地に、皇后は格別の思い入れを抱いていた。

十月二十七日夕刻、かつて共同租界だった上海一の繁華街・南京路から黄浦江沿いのバンドを、一時間かけてゆっくりと車の中から楽しんだ。

母や祖父が生きた時代を追想されながら、皇后はとりわけ感慨深いご様子だった、と当時の新聞・雑誌は報じている。

敗戦から間もない昭和二十（一九四五）年九月中旬である。美智子さんを含む一家四人は、軽井沢から再び館林に戻った。

どこの農家も、日夜、秋蚕《あきご》の世話に追われ、麦播《ま》きに精を出している。やがて、戦争などなかったかのように、静かな正月がやってきた。

昭和二十一年の春先、美智子さんは疎開先の群馬県館林南国民学校（昭和二十二年三月までは国民学校）の五年生だった。

上州の「べえべえ」言葉にもだいぶ慣れ、「こっちへいらっしゃいべえ」などと言っては皆を笑わせるのも相変わらずだ。

お弁当などは食糧事情が悪いので、子供たちはサツマイモを持ってきていた。正田家は代用食など食べなくても済むような余裕があったが、美智子さんの昼食もハンカチに包んだサツマイモだった。母の気遣いからであろう。

この時代、全校生徒がシラミだらけというような衛生状態だった。クラスの中にもシラミ頭の子がたくさんいたが、美智子さんは気にする風もなく、一緒に肩を組んで遊んでいた。

誰もが館林一の「お金持ちのお嬢さん」だと知っていたが、本人は意識するところがまったくなかったようだ。美少女だというので土地の中学生が話しかけようとしたり、写真を撮られたりすることもあったが、平然として相手にしない。館林に戻ってから、成績は以前にも増してぐんと良くなった。

「全優だった」と当時の校長・長田貞三先生や担任だった先生が証言している。

五年生から一般学科とピアノを教える家庭教師二人が付いたせいもあるようだ。母親がわが子の教育に熱心だった成果は、目に見えて上がっていた。

小学校に残る成績概評には、次のように記されている。

「国民科（注＝国語）は読解力秀で、綴方は美しき文章書く。算数推理力に富み、確実、体操は規律正しい、芸能は才覚あり、工夫力に富む、工作の作品は美しくていねいなり、なにごとにも熱意あり各科目とも優秀なり、性行温和にして態度朗らかに、物事にきわめて熱心なり、言動常に上品にして慎ましやか、信望厚し」（『週刊読売』昭和三十三年十二月七日号）

六年生に進んでからはさらに成績が向上し、加えて、さまざまな場面で指導力を発揮する姿が皆の記憶に残っている。

先に紹介した同窓生の記憶にも、運動会で隊列をしっかり組むように下級生を指導し、リレーでアンカーを走る姿が刻み込まれていた。

翌昭和二十二年一月末、東京の自宅が進駐軍による接収から解放されたのを機に、美智子さんは館林に別れを告げる。

およそ二年に及ぶ疎開生活から戻り、三学期の中途から再び四谷・雙葉小学校六年生のクラスに編入することになった。

ところが通い始めてみると、終戦直後の省線（現・JR）の混雑ぶりはなみ大抵ではなかった。代々木での乗り換えも難儀で、降りられないだけならまだしも、怪我さえしかねない状況が毎朝続く。

五反田から通うにはあまりに危険が大きすぎると祖父母や冨美は懸念した。校長に面会し、卒業式を済ませたら転校したいと伝えた。


「雙葉は私の母校でもございますから、できればずっとつづけさせたいと存じましたが、世の中の情勢で移らせました。と申しますのは、あのころは非常に交通事情が悪くて、まだ小学生でございました美智子が『きょうは電車が代々木までで止まってしまった』などと申しまして、夕方の六時ごろ、線路伝いにヘトヘトになって歩いて帰宅するようなことが、よくございました。当時は、手（引用者注・お手伝いさんの意）もございませんでしたし、送り迎えもできず、老人など大変心配いたしますので、そのため、五反田の自宅から徒歩通学できる学校を、ということで、校長のご了解を得て聖心に変えました」

（『週刊読売』昭和三十三年十二月二十一日号）

その年の四月から、美智子さんは港区白金三光町（現・港区白金）の聖心女子学院中等科に進学した。以来十年間、高等科、大学卒業までの全課程を聖心で送ることとなる。

さらに、週刊誌の「家風、家訓というものはありますか」との質問に、冨美はこう答えている。

「そんな堅いものは、何もございません。みなさまが、質素だとか、地味だとかおっしゃいますのは、家風でも何でもなく、必要上からでございます」

（同前）

冨美がいみじくも言う「必要上からでございます」という意味は、同時に、「不必要なことは致しません」ということでもある。

「不必要なことはしない」で、「必要欠くべからざることをきちんとやる」のが正田家の教え、ということだろう。

遠く遡れば、正田家三代目文右衛門は「財は末なり、徳は本なり」と説いて、家訓としている。

正田家の「家訓」は、冨美によって副島家の血脈が加わったことから、「必要上」のことだけを粛々とやる新たな「家風」となった、と理解できる。

話は変わるが、現・東宮妃雅子さんの父・小和田恆《ひさし》は外交官であった。そして、小和田家もまた正田家同様に華族出身などではない。結果的には、東宮妃が二代続けて民間から入内《じゅだい》したことになる。

次の時代の皇后となる女性を育んだ小和田家には、どのような「家風」や「家訓」があるのかを簡単に踏まえておきたい。

繰り返すが、正田家に長く伝わる家訓は「財は末なり、徳は本なり」だった。冨美の手を経て「不必要なことはしない」という、より合理的な習慣となって定着した。冨美はそうは言わないが、〝質素の美学〟が美智子さんの素地となったことは否めないだろう。

その美智子さんが「民間妃」として入内してから三十四年の後、平成五（一九九三）年六月九日、皇太子徳仁《なるひと》親王と小和田恆・優美子夫妻の長女・雅子さんとの結婚の儀が執り行われ、「民間」から嫁ぐ二人目の東宮妃が誕生した。

新しい血統が皇室に入ることに、多くの国民は希望を託し歓迎した。

皇室はますます隆盛と思われるが、将来の皇后となる雅子妃を育んだ家風の基盤や教育方針は、どのようなものだったのか。

小和田家が培ってきた教育方針が、敬宮愛子《としのみやあいこ》内親王へと継承されるがゆえに、期待感や注目度も自然と高くなる。

それでは、雅子さんを慈《いつく》しんだ小和田家の系譜、そして「愛子さま」の何代か前の母方の父祖は、どのような価値観を大切にしてきたのだろうか。

美智子さんが生まれ育った正田家については、すでに見てきたとおりだが、次代の皇室を担う雅子さんの実家・小和田家について、簡略ながら触れておきたい。

小和田家の立身出世

正田家は江戸期に士族から商家となり、その後、独自の価値観を形成してきた。とりわけ、美智子さんの祖父母の代になると、豪奢な出費を忌む禁欲的な教育方針が実を結んだように見受けられる。

その特質は両親の代で、さらに顕著となる。正田、副島《そえじま》両家が職種こそ違っても、ほぼ同質の教育的土壌を持ち、共通点が多いことにも由来するだろう。正田英三郎と副島富美の父祖の歴史が際立って異質であったなら、このような融合は成立せず、別の様相を呈していたかも知れない。

それでは、小和田家の場合を見てみたい。

小和田家は雅子さんの父方である小和田家と、母方の江頭《えがしら》家の二つの血脈が、むしろ対照的な地盤の上で継承されてきたといえる。

雅子さんの父・小和田恆の系譜を遡行すれば、越後村上藩（現・新潟県村上市）の藩士の流れを汲むとされる。

江戸中期、元文五（一七四〇）年以降、村上藩の町同心や下横目《しもよこめ》といった職に小和田家が就いていたことが判明している。ただし、俸禄は石高ではなく、わずかな金銭・穀物を藩から支給されて暮らしていたようだ。

町同心とは下級役人のひとつで、藩によって多少の差はあるものの、与力の下で現代で言えば巡査のような職である。

下横目は文字どおり目付（横目）の補佐役で、情報を集めて同心役に知らせる務めだ。いずれにしても、職務の実質は十手・捕り縄を持ついわゆる「捕り方」である。幕末期の当主・小和田道助は、郡方懸《こおりがたかかり》というやや上級の職に抜擢されるが、それは捕縛術に秀でていたためだった。制剛流《せいごうりゅう》という独自の捕手《とりて》（捕り方、および捕縛術を指す）の極意を体得した小和田道助は、村上藩公認の免許皆伝の腕前として知られたが、それでも俸禄は乏しかった。

村上市郷土資料館館員の説明を聞いてみよう。

「明治元（一八六八）年の村上藩士籍分限で、小和田家は二人扶持二両という年収になっていますね。一人扶持が一日米五合ですから、二人扶持は一日一升。つまり年間で三百六十五升と二両という給料でした。これは、おそらく日本でもっとも貧乏だった幕末の村上藩主内藤家に仕えている藩士の中でも、最低賃金労働者だったと思われます」

道助は町同心として優れた能力がありながらも、生活はかなり苦しかったようだ。

恆の父祖は、道助の弟・兵五郎が立てた分家で、その嫡男・道蔵匡利《ただとし》が跡を継いだとされている。

古史料「村上城下絵図」（村上市郷土資料館発行）を見れば、兵五郎の名は同心組が住む城下の足軽屋敷の一角に確かに見出すことができる。

ところが、兵五郎と道蔵匡利が維新後に相次いで亡くなったため、道蔵匡利の次の世代があいまいなのだ。

現在分かっているのは、どういう出自かは判然としないものの金吉という人物が現れ、税務署勤務をしながら小和田姓を継いだということである。

多くの系図資料を検討しても道蔵匡利と金吉を実線で繋ぐものはなく、点線でしか繫がっていない（『週刊朝日』増刊号〈平成五年三月二十五日号〉ほか）。

いずれにせよ、小和田恆の祖父がこの金吉ということになる。金吉は、高田税務署に勤務していた明治三十（一八九七）年、熊倉竹野と結婚し、長男・毅夫、長女・ミヨシの二児をもうけるが、明治三十三年に早世してしまった。

金吉に先立たれた竹野は苦労して助産婦の資格を取り、女手ひとつで子供を養育した。長男・毅夫は当時としては最高学府といわれる広島高等師範学校を卒業、教員の道を歩む。新潟県立旧制高等女学校の教員、校長を経て、戦後には新潟県立高田高校校長を長らく務め、地元では篤実な教育者として名が残っている。

毅夫は村上藩士の血を引く田村静を妻に迎え、五男三女に恵まれた（長女・節子は夭折）が、子供たちは全員が秀才・才媛揃いだった。恆を含む五人の男子はすべて東京大学を卒業、二人の姉妹も旧制奈良女子高等師範（現・奈良女子大学）、お茶の水女子大学といった名門を卒業している。

この秀才一家の次男（第四子）として生まれたのが、雅子さんの父・恆である。雅子さんからみれば、毅夫が父方の祖父で、金吉が曽祖父ということになる。

雅子さんの曽祖母・竹野と祖父の毅夫母子は、父祖代々が町同心という下級武士ならではの辛酸を嘗めてきた過去を跳ね返そうと、渾身の努力を重ねたものと思われる。

加えて、村上藩は幕末維新では藩論分裂のまま官軍に抗して戦い、悲惨な敗北の重荷を負っていた。こうした先代たちが生きた苦い体験の記憶は、勉学によってしか克服できないと竹野母子は信じて疑わなかった。それは決して非常識な高望みではなかった。そもそも、かつて維新回天を成し遂げた志士たちのほとんどは最下級武士出身だった。

例を引けば、坂本龍馬と交流が深かった岩崎弥太郎は三菱財閥を興す立志伝中の人物だが、土佐藩では小和田道助と同じ下横目である。また、初代内閣総理大臣となる伊藤博文はのちに足軽になるが、生まれは百姓の子だ。

幕末を最下級武士として生きてきた小和田家とて同じだったのである。そして一族は、刻苦勉励の末、毅夫の次世代で努力が奏功し、見事に目標を達成させた。

雅子さんの父・小和田恆は、父の勤務地だった新潟県新発田で生まれ、県立高田高校を経て東京大学教養学部を卒業する。外務省入省後、さらにケンブリッジ大学大学院で学んだ。以後、外務官僚として着実にキャリアを重ね、条約局条約課長、在ソ連大使館公使、条約局長、外務事務次官と上り詰めたあと、平成六（一九九四）年、国連大使に就任する。

長女の雅子さんが皇太子妃となるのが平成五年であるから、小和田家としては重なる慶賀に一家を挙げて沸きかえったことであろう。

恆は平成十一（一九九九）年に外務省を退官するが、コロンビア大学、ニューヨーク大学などで客員教授として国際法を教えたのちに、国際司法裁判所（オランダのハーグに本部を置く）判事、さらに平成二十一（二〇〇九）年から二十四（二〇一二）年まで同所長に選出され、その後は再び同裁判所判事として現在に至っている。昭和七（一九三二）年生まれの恆が、現在の職責を全うするときは八十八歳になっているはずである。

ちなみに美智子皇后の父・正田英三郎は昭和四十八年、七十歳で日清製粉グループ本社の社長を退任し、八年後には会長も退いた。

江戸末期の道助や兵五郎の代まで、十手・捕り縄を持つ捕り方だった小和田家の宿望は、「さらなる上級職」を目指すことであっただろう。学問に秀でた毅夫とその子女の代になって、遂に「最上級職」の域に達したことになる。町同心、すなわち巡査から司法の最上級を目指すなら、検事総長であり、最高裁判所長官であるが、国際司法裁判所所長に至っては世界に冠たる裁判長である。

恆の父・毅夫は新潟県で教育者の道を上り詰めたが、その子供たちへの躾は、文字どおり「仰げば尊し」の歌詞を思い起こせばいいだろう。

「身をたて　名をあげ、やよ　はげめよ」

である。

おそらく雅子さんも恆の娘にふさわしく、いや、それをも超えた刻苦勉励を重ねたに違いない。父の赴任地を転々としながら、ボストンのハイスクールからハーバード大学に入学、さらに東京大学法学部に学士入学（中退）、外務公務員採用I種試験に合格して外務省に入省した。

これ以上の女性キャリア官僚は見当たらないのではないか、と思われるほどの有能ぶりが喝采を浴びたのはまだ記憶に新しい。

その雅子さんが東宮妃に内定したのは、平成五年一月十九日に行われた皇室会議だった。

同年六月九日に予定されている結婚の儀とご成婚パレードを前にした四月十七日、恆と妻・優美子は雅子さんとともに新潟市の菩提寺・泉性寺にある墓に詣で、テレビや新聞で大きく報じられた。

ただし、小和田家の墓は村上市と新潟市に合計三ヵ所に分散されており、各寺の住職でさえ家系を辿るのは難しいと語っている。

墓碑の取り壊しやご遺骨移動の事情も絡み、小和田家代々が泉性寺に祀られているかどうかは不明なのだ。それだけ江戸時代から明治にかけての、小和田家先祖の苦節が偲ばれる事情がありそうだ。

父祖の苦渋に満ちた歴史があればこそ、雅子さんが皇太子妃として入内《じゅだい》し、恆が国連大使に就任したことで、家郷へ錦を飾った一家の誇らしい気持が溢れ出たのはうなずける。

そんな小和田家の高揚感の表れのひとつだろうか、新発田市の歴史を偲ばせる旧新発田藩下屋敷の庭園「清水園」の一角に、一つの木札（高さ百二十センチ、幅五十センチほど）がある。

恆の生誕地から至近距離にあるその木札は、雅子さんのご成婚記念として平成五年十一月に市の職員の手によって建てられたものである。雅子さんの「お印」であるハマナスが側に植えられた木札には、次のような文言が記されている。

雅子妃殿下御父上誕生の地
樹種　ハマナス
寄贈　北蒲原郡聖籠町
平成五年十一月十三日
新発田市皇太子殿下御成婚記念実行委員会

「清水園」を管理する職員に話を聞いてみた。
「何度か、小和田さんご夫妻がお見えになっていますよ。最初は細長い木簡のような札に書いて建てたのですが、奥様から『なんだかお墓みたいね』と言われたので、市のほうであわてて現在の形に作り変えました」

これまで、東宮妃の父親の生誕の地が、わざわざ顕彰される事例はあまりなかっただろう。平成十（一九九八）年十月二十三日のこと、新潟駅では駅長以下総出で皇太子妃の父・小和田恆の出迎えに奔走していた。新発田市の市民会館で、地元の敬和学園大学が主催する小和田国連大使による特別講演会が開かれるためである。

新潟駅では駅長の先導で特別通路を通り、JR東日本新潟支社の正面玄関から用意された車で新発田市へ向かった。駅や道中での警備陣の対応も、地元民によれば「まるで天皇陛下並み」の緊張ぶりであったという。

また、平成二十一年二月に小和田恆が国際司法裁判所所長に就任した夏のことである。恆はオランダから夏休みを兼ねて帰国すると、山形県にある山辺町《やまのべ》を妻とともに訪れた。

天童市に隣接するこの寒村に足を運んだのは、この地出身で日本人初の常設国際司法裁判所（国際司法裁判所の前身）所長となった安達峰一郎（一八六九〜一九三四）の生家を訪ね、同時に山形市で記念講演を行うためだった。

なにしろ皇太子妃の父の来訪とあって、地元での歓迎ぶりはいやが上にも盛り上がった。この日、恆は国際司法の先達の生地に自らの手形と署名を残した。

翌年、安達の生家前には黒御影石の立派な記念碑が建立された。石碑には、

「山辺町来町記念　国際司法裁判所所長　小和田恆」

とあり、中央に実物大の右手形が刻印されている。名前も直筆文字を彫ったものだ。

もちろん、恆が申し出たわけではなく山辺町の役場やロータリークラブの発案で製作されたのであろう。しかし、生誕の地の木札も、来町記念の石碑も本人の許可を得て建てられたものである。

個人の感性はそれぞれ違うものだが、人前で自分の印象を強めるような振る舞いを極力避けて生きた正田英三郎との差異は歴然としている。

一方、ご成婚前に、小和田家の系図を遡って用意しようとしていた宮内庁は、部落解放同盟から思わぬ抗議を受けた。雅子さんの父方、三代前の金吉以前が繫がらず、調査に行き詰まっていたときである。

今の時代、出自で人を云々することは、もとより許されない。だが、一般とは違う立場の歴代の皇太子妃はこれまで厳密な系図が準備されてきた。

「身元調査は差別である」との抗議が、部落解放同盟中央本部の機関誌『部落解放』（平成五年六月号）に掲載された。

抗議文から、一部引用しておこう。

「本年一月六日の『皇太子妃内定』の報道いらい、こうした差別撤廃、人権確立をすすめる立場から看過できない内容の報道がなされています。とくに、小和田雅子さんの『家系図』の掲載や『家柄』賛美などの過剰ともいえる報道内容、そして、『皇太子妃を選ぶにあたっては、皇室専門の興信所員が四代前まで徹底調査』などと、宮内庁自らが公然と身元調査を指示していたことが報道されています」

抗議文は三月十六日付で、宮沢喜一皇室会議議長（内閣総理大臣）、衆議院議長、参議院議長、宮内庁長官ほかにも送付された。個人情報の管理が以前よりはるかに厳しくなっている時代に、宮内庁による「家系調査」は微妙な立場に立たされた。

しかし、家柄や血筋と、家風や伝統は異質のものだ。子供にどのような教育をほどこすかは、それぞれの家の価値観によって異なる。

一方、雅子さんの母方・江頭家の血脈はどういう特質を育んできたのだろうか。

帝国海軍の将星

雅子さんを生んだ小和田家父方の血脈は、下級武士の苦難をバネとした刻苦勉励の努力が報われた家系だった。

小和田恆《ひさし》の父・毅夫以来育まれた社会的地位に付随する価値観は、恆の兄弟や娘・雅子さんによって見事に開花したのである。

しかも、三代にわたる俊英たちほぼ全員が私立ではなく国費でまかなわれる機関で学んでいる、と言えばやや皮肉に聞こえるかも知れないが、これも合理的な思考の範を垂れたものだと解すれば十分納得がゆく。

「手形の石碑」が物語るように、父方は「立身」が個人史のレベルで頂を極めた感があるのに対し、これから見る雅子さんの母・優美子の家系はやや対照的である。

優美子の父方の江頭《えがしら》、母方の山屋の両家ともに、明治以来の海軍提督がキラ星のごとく並ぶ。これは日本でも稀有な一族であろう。

まず優美子の父方から見てみよう。

祖父は江頭安太郎といい、佐賀藩士・江頭嘉蔵の次男である。佐賀中学を卒業後、海軍兵学校へ進む。当時の兵学校は東京・築地にあり、有名な広島県の江田島へ移設されるのは明治二十一（一八八八）年のことである。安太郎は明治十九年に卒業し、やがて海軍中将に上る。

安太郎の妻は古賀喜三郎海軍少佐の娘・米子で、二人の間に生まれたのが長男・隆、次男・博、三男・豊と三人の男子だった。

三男・豊の長女として生まれたのが雅子さんの母・優美子である。

江頭豊は日本興業銀行常務から水俣病で揺れるチッソ株式会社へ再建のため専務として入社し、社長、会長として激務を勤め上げた。

チッソが流した水銀性廃液は重い公害病を引き起こし、その裁判と補償に大きな責任を負う立場となる。豊は公害発生後に入社したので、直接の責任はなかったが、孫娘が皇太子妃として入内するにあたっては、さまざまな世評があったのも事実である。

普通の家庭よりは水俣病の患者に対して、深い理解と同情を寄せたとしても不思議ではない小和田家だが、優美子からも、雅子さんからも、公害の被害者に関心を寄せる言動はなかった。天皇・皇后両陛下は平成二十五（二〇一三）年十月、水俣を訪れて慰霊碑に献花し、患者と懇談され、被害の実態に耳を傾けられている。なお、秋篠宮夫妻はすでに平成十一（一九九九）年に水俣を訪問されている。

すでに述べたように、優美子の曽祖父・江頭嘉蔵は佐賀藩士だった。この点は、正田冨美の父方・副島家が佐賀藩士だったのと奇しくも同じである。

だが、冨美の祖父・哲吾が下級武士で俸禄が少なかったため酒造業を営んで養育費の捻出に励んだのに比し、嘉蔵は下級武士のまま生涯を終えたようである。

江頭安太郎の嫡男・隆の長男として生まれた淳夫《あつお》が、のちの文芸評論家・江藤淳である。優美子と江藤淳は従兄妹というわけだが、江藤は平成十一年七月、雷鳴轟く鎌倉で自裁を遂げている。その江藤淳が残した『一族再会』という一書は、江頭家の栄光と暗渠《あんきょ》を冷徹に見つめた作品と言えるだろう。中で江藤は曽祖父・嘉蔵に関わる部分を解明しようと試みるが、当時の戸籍簿の焼失から生年や没年は究明できない。下級武士で終わった曽祖父が立ち会った幕末佐賀藩士の暗部を覗きながら、江藤はそれから目をそらさずに描き出している。

「私はそのすべてを通覧したわけではないが、弘化二年（一八四五）、元治元年（一八六四）の二種類の佐賀藩 侍着到《さむらいちゃくとう》（引用者注・出勤簿に相当）には、江頭嘉蔵の名は発見できない。

これは多分彼の身分が『侍』ではなくて『手明鑓《てあきやり》』だったからだろうと思われる。手明鑓というのは士分ではあるが侍と徒士（雑兵、足軽クラス）との中間に位する階層で、幕藩体制下にありながらいちはやくサラリーマン化していた佐賀藩独特の武士団である。私はなんとなく嘉蔵を一生うだつのあがらなかった下級サラリーマンのように想い描いてみたい誘惑にかられる。（中略）実力本位の乱世は能力の乏しい人間にとってはつねに苛酷な時代にすぎず、機会はすべての能力者にひとしくやって来るわけではない。嘉蔵にどれほどの能力があったかは、知るすべがない。が、少くとも機会は彼の上を通りすぎて行った」（『一族再会』）

このあと江藤は、日本海軍の将官たちが居並ぶ親族の栄達に高揚感と誇りを覚える。しかし、一族の長・嘉蔵に対して江藤が抱くどうにもやりきれない喪失感が、彼の生涯の最期を再び襲ったように思えるのは考え過ぎであろうか。

「嘉蔵は私のなかにいるのだろうか？　おそらく彼はいるのである。（中略）そういう蒙昧な佐賀の下級武士は、たしかに私の奥深くに棲息している」（同前）

なお、江藤淳は母・廣子と四歳にして死別するが、母の父・宮治民三郎もまた海軍少将だった。

次に、優美子の母方、山屋家を訪ねてみよう。

優美子の父・豊の妻は寿々子といい、実家の山屋家は代々陸奥南部藩の中堅藩士の家系だった。

ただ、寿々子の実家は分家にあたり、俸禄は二人扶持だったというから、俸禄からみれば村上藩の小和田家とほぼ同格といえよう。

明治維新後、分家の当主・山屋勝寿の嫡男・他人《たにん》は、少年時代から利発で、のちに山屋家の理想を託されるに足る十分な資質を備えていた。

上京するや攻玉社に入学し、ここで江頭安太郎と知り合う。攻玉社とは、江戸末期の教育者・近藤真琴によって創立された私塾だが、明治期には海軍兵学校の予備校として発展した有名校だった。

海軍兵学校を明治十九年に江頭安太郎とともに卒業した山屋他人は、日清戦争時には水雷艇長、日露戦争時には大佐に昇進し、巡洋艦「笠置《かさぎ》」艦長となる。

同期の安太郎は兵学校を首席で卒業しており、二人は「お国」の将来を担うべく競い合う友でもあった。

山屋は戦術の考案にも長けており、「山屋戦術」という戦法を編み出した。これは、日本海海戦で東郷平八郎が採用した「丁字（T字）戦法」に大きな影響を及ぼしたと伝えられている。

さらに、明治四十四（一九一一）年には海軍大学校校長就任、大正八（一九一九）年には海軍大将となって、連合艦隊司令長官にまで昇進する。

山屋他人の妻・貞子も海軍少将・丹羽教忠の妹であるが、その二人の間に生まれた五女・寿々子が、やがて安太郎の三男・豊と結婚することになる。ただし、安太郎は中将に昇進した大正二（一九一三）年、四十七歳で早世していた。

おそらく山屋は、刎頸の友であった亡き安太郎の息子に、自分の娘を娶《めあ》わせたものと思われる。

こうしてざっと見渡しただけでも、小和田優美子の二つの家系は、ともに日本海軍の要路に立つ提督たちで占められていることが分かる。これは、極めて特異な家系と言っていいだろう。雅子さんの母方の曽祖父は二人とも海軍提督だったのだ。安太郎も健康を害さなければ間違いなく大将に上がっていたであろう。

優美子は雅子さんと同じ田園調布雙葉高校の出身で、慶應義塾大学仏文科を卒業した。その後、エールフランスに勤務していたころ、小和田恆と結婚することになる。

優美子が外交官として順調なスタートを切っていた小和田恆に嫁ぐことになったのも、海軍関係者が取り持つ縁だという。

このように、江頭家と山屋家は、海軍の中枢を担う立場にあり、小和田恆の代には、さらに官僚の要路を上り詰めた位置に立つのが大きな特徴である。

言い換えれば、小和田家の血脈の中には「それぞれの国家」が棲んでいる、とでも言えようか。

正田家代々の家訓は「財は末なり、徳は本なり」であり、冨美がさらに副島家の教えから「不必要なことはしない」家風を添えた。

人前には必要以上に出ない、業界の重い役職は辞退する、それが正田英三郎《ひでさぶろう》と冨美が子供たちに残した価値観なり家訓だった。

ひるがえって小和田家に伝わる価値観は、より国家の中枢に立って、尽くすことにあると思われる。正田家が社会的な栄誉からは一歩引いた立場を取ろうとするのとは違い、小和田家の基軸には「ここに小和田あり」という矜持が見える。

妻の父祖たちが帝国海軍を支え、自らは日本外交の最先端で戦う「外交戦士」を自負する恆にしてみれば、それも引き継ぐべき価値観であると理解してのことだろう。

父母の歩んだ道程を踏みしめて外務省に入省した雅子さんは、平成五（一九九三）年六月九日に皇太子との結婚の儀が執り行われ、皇統譜に「雅子」と登録された。二十九歳と六ヵ月のときである。

余談だが、このとき小和田家のルーツとされる新潟県村上市では、実は優美子も若いころに皇太子妃候補だったと、もっぱらの評判だった（山本茂『遥かなる村上藩』）。しかし、慶應義塾大学の学生だった優美子の名前が、実際に候補者のリストに載っていたかどうかは不明である。

雅子さんが皇太子徳仁《なるひと》親王妃となった日から遡ること四十六年——昭和二十二（一九四七）年の四月、十二歳の美智子さんは中学一年生になっていた。

この春から祖父母や母のはからいで、地獄のような電車通学から解放され、四谷の雙葉学園から、歩いて通学できる港区白金三光町の聖心女子学院中等科に転校した。

五反田の池田山から歩けば十五分あまり。一帯にはいたるところ空襲を受けた焼け跡がそのまま残っている。聖心女子学院も爆撃を受け建物の半分以上が焼失していたが、応急の校舎を建てて授業だけは再開された。

通学路には焼け落ちた工場跡があり、街角では白衣の傷痍軍人がアコーディオンを弾いていた。

美智子さんは、つい先日までの空襲や疎開生活の一こま一こまを思い出しながら空を見上げて徒歩通学したことだろう。だが、その困難なはずの戦時下の暮らしを振り返るとき、美智子皇后の口から「苦しかった」とか「辛かった」という言葉が発せられることはない。

「――田舎での生活は、時に病気がちだった私をすっかり健康にし、私は蚕を飼ったり、草刈りをしたり、時にはゲンノショーコとカラマツ草を、それぞれ干して四キロずつ供出するという、宿題のノルマにも挑戦しました」

（『橋をかける』）

疎開学童時代のこの逸話は紹介済みだが、何よりも忘れがたい教訓は、父が渡してくれた神話や伝説の物語であったと、繰り返し述べている。

「愛と犠牲という二つのものが、私の中で最も近いものとして、むしろ一つのものとして感じられた、不思議な経験であった」（同前）と、ニューデリーで開かれた国際児童図書評議会のためのビデオによる講演ではっきりと語っているのである。

正田家の教育方針として、そうした「愛と犠牲」の心を幼い時期に教えるという側面も確かにあったであろう。だが、それだけではない美智子さん自身の独特な感性によって、国民学校時代の経験すべてを受容していたように思える。

平成十六（二〇〇四）年の皇后陛下（七十歳の）お誕生日に際し、宮内記者会に寄せられた文書は、その点で極めて印象的である。

「振り返りますと、子ども時代は本当によく戸外で遊び、少女時代というより少年時代に近い日々を過ごしました。小学生生活のほとんどが戦時下で、恐らく私どものクラスが『国民学校』の生徒として入学し卒業した、唯一の学年だったと思います。そのようなことから、還暦の時の回答にも記しましたように、私の中に、戦時と戦後、特に疎開を間にはさむ数年間が、とりわけ深い印象を残しており、その後、年を重ねるごとに、その時々の自分の年齢で、戦時下を過ごした人々はどんなであったろうと考えることが、よくあります」

（平成十六年十月二十日）

「疎開を間にはさむ数年間が、とりわけ深い印象を残しており」という文言には、その時代を懐かしむだけではない、なにかもっと重要な内容を伝えようとする皇后の意志が感じられる。戦争に対する解釈や姿勢をしっかりと形成する要因となったのが、疎開中に流れた時間だったのではないだろうか。

それほど多くの収穫を得た学童疎開ではあったが、聖心へ通うようになってまず困ったのは、英語力の不足だったようだ。疎開世代ならではの共通の悩みでもあった。

聖心はカトリック系の学校だったから、英語は外国人の修道女たちが教えていた。英会話の授業は、すべてが英語だった。

修道女たちの喋る言葉は、美智子さんだけでなく、学童疎開をしていたクラスの皆がまるで分からない。そこで美智子さんの猛勉強が始まった。通学時間がかなり短縮されたため、その時間を予習・復習に回せたのだ。

聖心女子学院の制服は、そのころとしてはひときわ高級で個性的だった。入学当初の中間季節用としては白のブラウスに、深緑のジャンパースカート、その上に通称チッタカカと呼ばれていたボレロ（冬用には千鳥格子のブレザー）を組み合わせたものだ。

服装点検は他校より厳しかったといわれるが、いずれにしても他の公立学校の生徒と比べれば極めてモダンで、目を見張るほどお洒落だった。

何にも増して食糧事情が悪い上に、運動靴も、雪や雨の日の長靴も揃わない生徒が大半だったこの時代、これだけの制服を着用する聖心の女生徒は、家庭的にかなり裕福だったことが分かる。

そんな昭和二十二（一九四七）年四月末、アメリカから一人の著名な神父が来日した。エドワード・ジョゼフ・フラナガンといい、アメリカで不良児童の更生に尽くした人物として有名だった。

招聘したのはマッカーサー元帥である。聖心女子学院ではさっそくフラナガン神父歓迎の準備が始まっていた。

第四章　マッカーサーと聖心女子大学

バイニング夫人

美智子さんが聖心女子学院の中等科へ入って間もなく、マッカーサーに招かれたフラナガン神父が来日した。

フラナガン神父はカトリック教会の聖職者としての活動以外に、アメリカ・ネブラスカ州で「少年の町」という児童の更生施設を作ったことで知られていた。来日の目的は、日本各地で孤児の援助やキリスト教布教への有益な助言をするためである。

マッカーサーの任務の第一は無論「連合国軍最高司令官」だったが、陰の顔は「軍服を着た法王」とまで呼ばれるほど、キリスト教の布教に熱を入れていた。

昭和二十二（一九四七）年五月十七日、神父は神田共立講堂で開催された「フラナガン神父歓迎子供芸能会」に出席した。

この日、聖心女子学院中等科一年の生徒二名が、日本の子供を代表して流暢な英語で歓迎の辞を述べ、日本人形と花束を贈呈している。

四十名足らずのクラスの中から、選ばれて壇上に上がったのは、清水絢子と中西桂子（いずれも旧姓）の二人だった。そこに正田美智子さんの名前はない。

二人はおそらく英語力が抜群だったのだろう。余談になるが、その一人、清水絢子は清水建設社長令嬢で、のちに豊田佐吉の孫・豊田達郎（二代目トヨタ自動車社長）と結婚する。

初等科からの生え抜きではなく、雙葉《ふたば》学園から中等科に入学してきたばかりの美智子さんは、まだ英語力に差があって、代表にはなれなかった。

やがて美智子さんが英語でクラス一番になる日がくるのだが、それはこの先の奮闘努力が実ったのちのことだ。

自身が抜群の語学力を身につけて育った母の冨美は、美智子さんにも英語力をつけるべく帰宅してからの勉強に力を入れさせた。もちろん、美智子さん本人も予習・復習に余念なく、高等科になるころには皆に追いつき、やがて追い抜く。

美智子さんのおおらかでゆとりがあるようにも見受けられる性格の中には、誰にも負けたくないという強い信念も潜んでいた。意地と言い換えてもいいだろう。疎開中のいくつかのシーンを思い返しても、それはうなずける。

そして、いい意味でのこうした「負けず嫌い」の気性は、あるいは母親譲りだったのかも知れない。


昭和二十一（一九四六）年四月、明仁《あきひと》皇太子は、美智子さんより一年早く、東京郊外の小金井に新設された学習院中等科の教室で学び始めていた。

前年八月十五日に「敗戦日記」を書いたあと、日光での疎開生活から解放された皇太子は帰京して赤坂離宮でしばらく過ごした。その間に、ごく簡素な校舎と付属施設が小金井に急造されたのである。

中等科一年には三組全七十三名の生徒が在籍していたが、皇太子のクラスは一年一組で二十名だった。

施設は、誰の目にもみすぼらしく映る東宮用の〝御殿〟と呼ばれる仮住まいと、東宮個人の御学問所（光華殿）、それに学友とともに学ぶ教室、学友たちの寮となる光雲寮（のちに清明寮）などから成っていた。

ニワトリも走り回っている庭を含め、小金井の質素な施設は、御仮寓所《ごかぐうしょ》と呼ばれた。

ここに至るまでにはGHQ（連合国軍最高司令官総司令部）の指導によって「神道指令」（昭和二十年十二月）や「人間宣言」（昭和二十一年元日）などが相次いで発表されていた。このようなGHQの命令を簡潔に言えば、国家神道を廃止させ、天皇を神とする考え方を否定するものだった。

代わって、マッカーサーが積極的に推進したのは、キリスト教の布教である。昭和二十一年四月からの約一年間で、旧約聖書五万千八百十九冊、新約聖書四十三万二千二十一冊をはじめ、無数の関係図書がニューヨークなどから送られてきた。それらはGHQ民間情報教育局（CIE）の指導による聖書頒布運動の波に乗り、全国各地に配布されていったのである。

マッカーサーはまさしく〝軍服を着た法王〟であり、〝福音の紙爆弾〟の落とし主でもあった。

フラナガン神父の来日も、そうした施策の一環だった。

天皇・皇后は賀川豊彦（社会運動家）や植村環（女性牧師）といった世界的に著名なクリスチャンを宮中へ招じ入れ、聖書のご進講や賛美歌指導などに耳を傾けられた。

皇后が内親王たちと揃って賛美歌を歌う澄明な声が皇居の濠を越えて流れてきた、という噓のような話は真実だった。

マッカーサーによる、天皇家にキリスト教を浸透させる作戦を、天皇も皇后も見事なほど受容したことになる。

昭和二十一年の十月二十一日。

学習院中等科一年一組の教室に、背の高い美貌のアメリカ人女性が現れた。

英語の授業を担当するエリザベス・バイニング夫人だった。四十四歳になるバイニング夫人は、二十名の生徒をひとわたり見渡すと、落ち着いた声で自己紹介をした。続いて夫人はアルファベット順に並べ替えた生徒名簿を頭から読み上げ始めた。

最初の生徒は「アダム」と名づけられた。二番目は「ビリー」だ。

なにしろ初めてのことなので、アダムやビリーなどと呼ばれた生徒は随分と戸惑った挙句、ようやくうなずいた。やがて教室の真ん中に座っている皇太子に順番が回ってきた。

「ユア・ネーム・イズ・ジミー」

皇太子は、

「いいえ、私はプリンス・アキヒトです」

「そうです、確かにアキヒトです。けれど、このクラスではあなたの名前はジミーです」

夫人はいったん同意してから、そう言葉を継いだ。

皇太子は、そこで初めて楽しそうに微笑し、クラスのほかの生徒たちもつられて笑ったのだった。

アメリカ人女性を英語の教師にするという案は、実は驚くべきことだが昭和天皇自身の発案だった。

この年の三月末、アメリカから来た教育使節団の一行が宮城へ参内した折のことだ。

団長はニューヨーク州教育総監だったジョージ・ストダード博士だったが、天皇はここで思いがけない言葉を発した。

ストダード博士に向かって、皇太子の家庭教師としてアメリカ人でクリスチャンの女性を紹介してはもらえまいか、と尋ねたのである。

博士は一瞬虚をつかれたが、帰国したら適任者の選択に努力する、と答えた。

帰国した博士は、紆余曲折を経ながらも候補者の選定を進め、やがてエリザベス・バイニング夫人というクエーカー教徒の女性がこの役を引き受けることとなった。イングリッド・バーグマンに似た美貌の夫人は、交通事故で夫を亡くしており、独身だった。

昭和二十一年十月十五日、糠のような秋雨に煙る横浜港の桟橋に、バイニング夫人は降り立ち、間もなく小金井に急造された教室で、英語による授業が始まったのである。

バイニング夫人の役割は三つあった。

もっとも重要なのは皇太子への個人授業で、これが主目的である。

次いで中等科一年一組全体への授業があり、三番目には、皇后から依頼された、内親王たちに英語の個人授業をすることだった。この時期、呉竹寮《くれたけ》で暮らしていた内親王は、孝宮和子内親王（のちに鷹司平通《たかつかさとしみち》夫人）、順宮厚子《よりのみやあつこ》内親王（のちに池田隆政夫人）、清宮貴子《すがのみやたかこ》内親王（のちに島津久永夫人）の三人である。

バイニング夫人の皇太子への個人授業は、一切日本語を使わず、辞典も使わないという徹底したものだった。忍耐と努力を必要としたが、教え方もなかなか見事だったと言われている。皇太子の理解を深めるために時間をかけ、たくさんの絵を用意するなどしたので、堅苦しい授業にはならなかった。

たとえば、「ブリング」と「テイク」の違いが分からないときには動作を伴ってみせ、全身で表現して教えるなど、授業はよく工夫されていた。

やがて扱える語彙が広がり、皇太子の英語力は格段の進歩をみることになる。

だが、皇太子の心の底には「ジミー」というもう一人の人間が、しばらくは住み続けたであろう。まだ、敗戦からわずか一年二ヵ月しか経っていなかった。バイニング夫人は約四年間皇太子に付き添って英語を教え、その間一度だけ、マッカーサーとの面会に陪席し、帰国した。

バイニング夫人が皇太子と美智子さんの結婚の儀にただ一人の外国人として招待され、幄舎《あくしゃ》の中から荘厳な儀式を見守り続けていた光景は先に紹介したとおりだ。

結婚後、皇太子と美智子妃は昭和天皇の病状が重篤となった昭和六十三（一九八八）年までの間、毎年、新年のグリーティング・カードを送り続けたのである。

カードには二人のサインがあり、産着にくるまれた第一子の浩宮《ひろのみや》、浩宮と礼宮《あやのみや》が揃って新東宮御所の庭で遊ぶ姿、もうひとり家族が増え紀宮《のりのみや》清子《さやこ》内親王（現・黒田清子）と五人で賑やかに新年を迎える様子などの写真が毎年添えられていた。

私はアメリカのフィラデルフィア郊外のハバフォード大学にある「クエーカー・コレクション」を訪ねてみた。

皇太子ご夫妻からバイニング夫人に送られた大量のグリーティング・カードと写真が抽斗《ひきだし》の奥深くに保管されており、机の上に並べて見ることができた。バイニング夫人が亡くなったあと寄贈された品々とともに整理されていたのである。

一枚一枚のカードや写真からは、皇太子の家族の近況や夫人の健康を祈る言葉とともに、果てしなく長かった戦後の歳月が立ち上がってきて、しばし、目を奪われたものである。
そして当時、英語教育とキリスト教布教とが、GHQがらみで表裏一体の関係にあった事情も浮かんでくるのだった。

中等科二年生から高等科へ進むにしたがって、美智子さんの英語力は伸びていった。自信がついてきたせいもあって、大学へ進むにあたっては英文科を選んだ。

昭和二十八(一九五三)年の四月のことだ。

「ミッチ、その原書は何なの」

友人たちから美智子さんは「ミッチ」と呼ばれて親しまれていた。重たそうな英語の原書を抱えて大学の門をくぐろうとしたとき、友人からそう尋ねられた。

美智子さんが持っていた本は、丸善から取り寄せたジョン・ゴールズワージー(『林檎の木』などで著名な英国のノーベル文学賞作家)の小説だった。

同級生には、先に挙げた将来トヨタ自動車社長夫人となる清水絢子のほかにも、日産コンツェルンの創業者鮎川義介の長男・弥一(中小企業助成会を発展させたテクノベンチャー株式会社の元社長)に嫁いだ三谷正子などがいて、名だたる才媛の宝庫でもあった。

三谷正子(平成十四年没)は、三谷隆信侍従長の三女だが、上の姉・邦子が三島由紀夫の初恋の相手で、『仮面の告白』に登場する園子のモデルだった。正子は美智子さんとは気心の通じ合う友人だったと言われる。

戦後の学制改革に伴い、昭和二十三(一九四八)年に戦前からの専門学校が改編され、聖心女子大学が創設されて五年が経っていた。

最初の新制大学卒業生を見送った翌春、美智子さんたちの学年が進級してきた。昭和二十五年までは合同卒業式が二回あるため、七回生ということになる。

著名な先輩卒業生には、一回生に緒方貞子（元・国連難民高等弁務官）、紀平悌子《きひらていこ》（元・参議院議員、弟は評論家の佐々淳行）、須賀敦子（作家）、二回生には猪熊葉子（児童文学者）、四回生に曽野綾子（作家）などの名が並ぶ。

そもそも聖心女子大学は、どのようにして誕生したのだろうか。

日本の敗戦と、GHQによる徹底的な教育改革によってキリスト教系大学の新設が図られたことに由来するのだが、その実情は意外に知られていない。国家神道を学校教育から放逐する政策の一方で、国際基督教大学や聖心女子大学、清泉女子大学などキリスト教系大学の設立が図られた。いずれも、GHQの民間情報教育局の「熱心な布教精神」によるものだ。当然、補助金や土地取得などの便宜が図られ、多くの協力者が重要な役割を果たしている。

聖心女子大学の場合には、大学校舎建設の巨費捻出のため、占領時代のわが国を代表するような大物が後援会組織に名を連ねた。さっそく立ち上げられた「建設後援会」の筆頭に掲げられた名誉総裁の名は、ダグラス・マッカーサー元帥その人だった。

聖心の特殊な教育

聖心女子大学校舎の建設という目標は、まさにGHQとわが国にとっての大事業であった。

以下、「建設後援会役員」の名簿から、ごく有力者に限って引いてみても、その事実はすぐにうなずける（『聖心女子学院創立五十年史』）。

名誉総裁　連合国総司令官　マッカーサー元帥
名誉理事　連合国総司令部外交部長　ベルツ・シーボルト
オーストラリア使節団長　パトリック・ショー
カナダ使節団長　ハーバート・ノーマン
名誉会長　内閣総理大臣　吉田　茂
会長　日本銀行総裁　一万田《いちまだ》尚登《ひさと》
副会長　石川一郎（経団連会長）
杉　道助（大阪商工会議所会頭）

GHQと日本政財界のトップが勢揃いし、戦後日本の復興を担うべき面々がずらりと名を連ねている。こうなると国を挙げてのプロジェクトに見える。

加えて、学校建設に留まらず運営全般に助言などを与える評議員組織も立ち上げられた。評議員には、麻生太賀吉（衆議院議員、麻生鉱業社長）、エリザベス・ブリット（聖心女子大学初代学長）、清水康雄（清水建設社長）、田中耕太郎（最高裁判所長官）ほかが選出され、こちらも有力者揃いである。

こうして外部からは大学設立の資金準備が大々的に進められ、内部にあっては校舎建設予定地を選定する作業が急がれていた。聖心女子大学にふさわしい環境であり、しかも土地は広大でなければならず、候補地探しは紆余曲折を経ることになる。昭和二十二（一九四七）年春から夏にかけてのことだった。

『聖心女子学院創立五十年史』から、そのいきさつが垣間見える。

「校地の第一候補に上がったのは港区麻布今井町の三井本家の戦災跡地であった。高台であり、一四〇〇〇坪の広さで土塀を繞《めぐ》らし、マザースや佐藤先生が実地調査をし、世田谷用賀の三井高公氏を訪ねて交渉は相当進み本契約寸前になった。しかし大学を始めても当初に必要な建物が何も残っていないことが難点で惜しかったが断念することになった。この外鮫州の伊達家や中央線沿線の中島飛行機工場や李王家邸なども候補に上がったが、結局最後に現れた渋谷区宮代町の旧久邇宮邸が最適と認められた。しかしこれは既に大映株式会社々長永田雅一氏の所有となっていた。永田雅一氏は戦後の女子教育に関心を寄せ、特に学院の建学の精神を理解し個人的計画を犠牲にして、この旧久邇宮邸を学院に譲渡することになった」

（抄出）

昭和二十二年十月、天皇家と秩父、高松、三笠の直宮三家を除く十一宮家が、皇籍を離脱する事態になった。これはＧＨＱによる新皇室典範の制定に伴い「皇族の財産上その他の特権廃止に関する指令」が発せられたことが背景にある。つまり、想像を超える多額な納税義務が生じたのだ。

先に梨本宮伊都子《いつこ》妃の憤怒に満ちた日記を紹介したが、どの宮家も多かれ少なかれ高額課税に悩まされ、「離脱」に先立って豪邸を手放さざるを得ない緊急事態となっていた。

旧・久邇宮《くにのみや》邸買収に食指を動かしていたのは堤康次郎だったが、永田雅一が先んじて手を打った。

堤康次郎が納税に四苦八苦していた旧皇族・華族の屋敷を次々に買収し、やがて幾多のプリンスホテルを開業、経営に乗り出したのは周知のとおりだ。永田も映画会社「大映」のオーナーであり、駿馬の馬主として、またプロ野球球団経営者として名を馳せた人物である。

その永田は熱心な日蓮宗の信者であったが、実は教育と学校建設に格別の熱情を持っていたとされ、カトリック系大学の建設話にも快く土地を譲った。昭和二十二年十二月三十一日、大映との間で敷地購入契約（二万三千七百八十坪）が結ばれ、旧・久邇宮邸内に順次必要な校舎が建設されたのである。

ここに挙げた大学建設に続いて、戦争末期に爆撃を受けた白金三光町の聖心女子学院復興にも永田雅一以下、錚々《そうそう》たる財界有力者が世話人となって資金調達に奔走した。

すでに列挙した「建設後援会役員」との重複を避ければ、石坂泰三（東芝社長）、服部正次（服部時計店社長）、中西進（中西儀兵衛商店社長）、永野重雄（富士製鉄社長）、藤山愛一郎（大日本製糖社長）、小泉信三（元・慶應義塾塾長）ほかの名が並ぶ。聖心応援団の実力、恐るべしである。

ところで、久邇宮家といえば、良子《ながこ》皇后のご実家である。良子女王が生まれたのは、麻布鳥居坂にある屋敷だったが、やや手狭だった。

やがて皇太子妃内定となるや、父親の久邇宮邦彦《くによし》王はご婚儀に間に合わせるべく大正八（一九一九）年、渋谷の宮代町（現・渋谷区広尾）に大邸宅を構えた。その広大な敷地は皇室から賜ったものと言われている。

新築なった宮代町の宮邸本館（部分的な完成が大正八年、十三年に竣工。現在は「クニハウス」と呼ばれている）の車寄せから、良子女王は宮中に向かったのだった。

久邇宮邸の荘厳な正門はそのまま大学の正門となり、御殿は文化庁の登録有形文化財指定を受け、今に至るまで聖心女子大学構内で保存されている。

それにも増して奇縁なのは、この地から二代続けて皇后が誕生した、ということであろう。

昭和二十八（一九五三）年に大学へ進んだ美智子さんにとって、数年後に自らの身に起こる入内《じゅだい》などという事態は当然ながら想像すべくもなかった。

美智子さんが東宮妃の有力候補に決まりそうだという情報が流れ始めたころ、常磐会を中心にした「学習院対聖心」という対立構造があったのは事実だ。

平民からでもよろしいではないか、という小泉信三（東宮御教育常時参与）や宇佐美毅《うさみたけし》（宮内庁長官）を革新勢力と仮に呼ぶなら、学習院卒でなければ、と主張していた松平信子（秩父宮勢津子《せつこ》妃の母）や柳原白蓮《びゃくれん》（大正天皇の生母・柳原愛子《なるこ》の姪で美貌の歌人）たちは保守派と言えるだろう。良子皇后もその中心にいた一人である。

普通なら、実家の門を学生時代にくぐっていた女性が、縁あって「息子の嫁」に決まったなら歓迎すべきところだと思うのだが、実情はどうやら少し違ったようだ。

当時の聖心女子学院の事情に詳しいある関係者は、次のように語ってくれた。

「良子皇后が美智子妃をお嫌いになったお気持の中には、大事なご実家がアメリカの進駐軍に近いような学校に使われて、いい気はなさらなかった部分があるのではないでしょうか。ご縁とはいえ、分かるような気もします」

賛美歌を高らかに歌い、キリスト教に理解があったはずの皇后にしても、やはり、実家が皇籍離脱に伴って「奪われた」憤懣《ふんまん》は拭い切れなかったのだろうか。

さて、こうして大学が完成して五年経ち、美智子さんは港区白金三光町の高等科を卒業し、渋谷区広尾四丁目にある聖心女子大学英文科へ通い始めた。

昭和二十八年の春だった。

かつての聖心女子大学は三光町本校からのいわゆる〝持ち上がり〟の生徒十名あまりのほかに、関西の小林《おばやし》、富士の裾野（高等科は昭和二十八年から）など姉妹校の高等科から上がってくる生徒を加え、各学年、百名ほどで構成されていた。中でも美智子さんの二十八年進学組の同級生は、すでに紹介したように才媛が多くいた。

学年全体で百数十名以上に増加するのは、大学からの入学者が増えた昭和五十年ごろからの現象で、昭和四十年代までは比較的少なかった。

それだけに、聖心はやや「特殊な」学校と見られており、外部からなかなかその実態はうかがい知れないものがあった。女生徒だけが聖職者とともに学ぶ、という点だけみても、学習院とは大いに違った。

ひとつの典型的な例を挙げて、何が「特殊」なのか説明してみよう。

かつて附属幼稚園（一九七一年に廃止）から聖心で学んだというある卒業生に、〝劇的〟ともいえる特殊な授業の実態を聞いた。美智子さんより何年か後輩だという女性の談話である。

「聖心では初等科から『教え』という授業がありまして、『沈黙』とか『従順』というような観念を教えるのです。いわば修道院の『掟』みたいなものですが、キリスト教の聖書に基づく公共理念の『教え』が毎日ありました。

そのほかに御ミサもしょっちゅうあるし、初等科には週一回、月曜日に『お札《ふだ》』という儀式もあって。まず講堂に集まってお辞儀の仕方を教えます。大きなお辞儀と、中くらいのお辞儀、小さなお辞儀とあって、マザースがカスタネットに似たものを持っていらして、カチッと鳴らされるの。そのカチッが一回だと大きなお辞儀、二回だと小さなお辞儀とか、決まっているわけ。なるべく言葉を使わないで『沈黙』も同時に身につけさせるのです」

そのあと、いよいよ「お札」の儀式が始まるのだという。聖心女子学院の儀式はさらに奥が深いのだと、言葉を続ける。

「全員が白い手袋をはめて整列し、四人ずつ前に進み出て、その『お札』をいただきます。要するにその子が一週間どういう行動をしたかによって『お札』に書いてある文字が違うわけ。一番いいのが『Excellent』で、次が『Very Good』『Good』で、『Fair』をいただくとあまりよくない、ということね。『Fair』の子は、お廊下を走ったとか、私語が多かったとか、つまり重要なのは『沈黙』なんです。

映画の『尼僧物語』にあったけれど、修道院がそうでしょう。しかも、罪を犯しましたと言って自発的に罰を受ける。あれにならった儀式だと思うんです。『従順』だとか『沈黙』を守ることを教えられましたが、美智子さまは中等科からの方ですから、少し遅れてそういう価値観を学ばれたのかも知れません。でもすごくアジャストされて、初等科からの生徒とあまり変わらないようにお見受けしましたね。

雅子さまが宮中のいろいろな儀式になじめないとお思いになるのは、ある意味で分かる気がしますが、美智子さまがなじめたのは、聖心の校風で儀式のようなことをさせられてきたからではないでしょうか」

なかなか示唆に富む洞察である。

聖心は初等科からイギリスの教科書などを使って英語の授業に取り組んでいた。しかも教師にはイギリス系のマザース（修道女）が多かった。

そのため、初等科から上がった同級生と、美智子さんに英語力の差ができたのは止むを得ないことと思われる。疎開先などでは驚かれたものだが、聖心に移ってみればやはり違った、というわけだ。

そこで英語の猛特訓が始まって、大学一年で福祉委員長、二年では学年の自治副会長に選ばれるようになり、さらに大学三、四年生になると全学年自治会長（プレジデント）に選出される（渡邊満子『皇后陛下美智子さま 心のかけ橋』）までになる。

聖心女子大学のプレジデントは、学校のさまざまな集会の議長を務めるが、その議事進行のスピーチはすべて英語である。

学長のマザー・ブリット以下、大勢のマザースと全学生の前でよどみなく、しかも美しい英語が話せるようになった美智子さんだが、実は、それまでに積み重ねられてきた日本語の優れた能力があってのことだった。語るべき内容を持たなければ、英語だけ学んでも空しい。

戦災で亡くなった順四郎叔父の三回忌後に編まれた追悼文集には、中学二年生の美智子さんが書いた哀感に満ちた一文が寄せられており、語感の豊かさがすでに表れている。

また、五反田・池田山のご実家跡地にできた公園の名が、高校時代の美智子さんの詩「ねむの木の子守歌」にちなんだものであることは、最初に紹介した。

さらに大学二年生のとき、美智子さんは家族にも相談せず、ある作文コンクールに応募して、二位に入選したのだった。

そのタイトルは「虫くいのリンゴではない」。美智子さんの溌剌とした若さと同時に、強靭な意志の力を感じさせる題である。

「虫くいのリンゴではない」

美智子さんが大学二年の秋のこと、成人の日に向けた「はたちのねがい」と題する感想文を読売新聞社が募集した。

昭和二十九（一九五四）年十月二十日、美智子さんは満二十歳を迎えていた。コンクールに応募した美智子さんの作品は見事二位に入選し、翌年一月の成人の日の朝、「読売新聞」に掲載された。

ごく普通の女子大生の一人に過ぎなかった美智子さんの名前は、一位になった東京都江東区の工員や、二位に同時入賞した大阪の大学生と並んで新聞の一面中央に発表されている。

第五回成人の日記念感想文　入選者決まる

二位　東京都品川区五反田五の六〇（聖心女子大英文科）　正田美智子

応募作の「虫くいのリンゴではない」は、千五百字ほど掲載されているが（各入選作とも「紙面の都合で一部削除しました」との断りがある）、以下、要点を追いながら抜粋してみよう。

「成人の日を前にして、過去二十年の私の足どりを静かに顧みる時私の脳裏には、ある老人の語られた言葉が強くよみがえって来るのです。『不安な、よりどころのない環境から、貴女達年齢の者に共通した性格が生れて来ている』

世間ではいわゆる『アプレ気質』で通っているこの私達に共通した性格、それは他の多くの人からも聞くことなのですが、私達年齢の者が二種に大別される――つまり感受性の強い小学校五、六年のころを、変転の激しい不安な環境の中に過ごした結果、ある者は極端に空想界へと逃避し、他はあまりにも現実を見つめすぎる傾向が強いというのです。（中略）

『この世界はリンゴの実のようだ』とハーディーの書いたテスはいっています。『虫のついた実とついていない実と……』そして、自分は虫食いのリンゴの中に生れついたのだといっています。

この二、三年、私達の経て来たさまざまな体験を思い返して見るごとに、私はとかく自分もテス同様、虫食いの世界に生れて来たのだと投げやりな気持で考えがちでした。（中略）

私の〝はたちのねがい〟――それは私達年齢の人々が過去の生活から暗い未来を予想するのを止め、未来に明るい夢を託して生きる事です。（中略）

戦争と戦後の混乱を背景に過ごした私達の生活は、確かに恵まれたものではありませんでした。しかし、それはすでに過去のものであり、私達の努力次第で明日は昨日に拘束されたものではなくなるはずです。成人の日を迎える今日、私はこう言いたいのです。『むしばまれたリンゴは私達の世界ではない。私達がその中に住んでいたのは単にある一つの〝期間〟であったに過ぎないのだ』――と」

（「読売新聞」昭和三十年一月十五日）

全体の半分に満たない引用ではあるが、二十歳らしいみずみずしさに溢れた感性と、前向きに生きる強い願いが込められていることに高い評点がついたのはうなずける。

ちなみに応募総数は四千百八十五編に達し、石坂洋次郎（作家）、亀井勝一郎（評論家）、山室民子（評論家）といった選考委員によって決定されたものだった。

美智子さんが引いたトーマス・ハーディは十九世紀後半のイギリスの著名な小説家だが、どの作品にも強い運命論的な影が宿っているのが特徴とされる。

彼の小説『ダーバビル家のテス』（邦題『テス』）の中で、ヒロインのテスは奉公先の青年アレックにレイプされて妊娠し、生んだ子供を埋葬する。そして、美智子さんが引用したように「自分は虫食いのリンゴの中に生れついた」と考えるようになる――。美智子さんが原書で読んだと思われる原作の紹介をもう少し付け加えておこう。

テスはやがて牧師の息子クレアと恋に落ちるのだが、お互いに暗い過去の経験を告白するうち、クレアは失望してブラジルへ去る。そこへ再びアレックが現れたため、テスは彼に身を任せるのだが、不誠実なアレックは故郷へ帰ってしまう。思い詰めたテスはアレックを殺害し、テスも死刑になる、という物語である。

ハーディは敬虔なクリスチャンであり、聖心女子大学英文科に学ぶ美智子さんが原書で読み、多感な年齢相応の読後感を得たことは想像に難くない。

それにしても、この時期、美智子さんはなぜ、これほど重い宿命を背負ったヒロインの登場する小説を選んで読んだのか、と思わずにはいられない。

快活にさえ見えた疎開生活の中に、そうした運命に似た環境を考えさせられる別の感受性が潜んでいて、過酷な時間をくぐり抜けながら二十歳を迎えた胸の内には、多分に内省的な側面が育まれていたようだ。

けれど美智子さんは、テスに自分の世代特有の不安を重ねつつも、彼女のように投げやりな生き方は捨て、未来に明るい夢を託して生きたい、と主張する。

「それはすでに過去のものであり、私達の努力次第で明日は昨日に拘束されたものではなくなるはずです」と。

文章表現力に長けていたばかりでなく、美智子さんは多面的な才能に溢れていたとの多くの友人の証言がある。親しい仲間とピクニックを楽しむ一方で、テニスやグリークラブ（合唱）などの部活やお料理教室と、何をやっても人並み以上の腕前を披露する明朗活発で社交的な女子学生だった。

だから、新聞に発表されたようなトーマス・ハーディの運命論が胸にひっかかっていたと知って友人や家族は驚いたかもしれない。

このころから、美智子さんは以前にも増して優秀な成績を修めるようになった。

聖心女子大学には、優秀な学生を讃える「オナー（Honor）」制度というのがあった。全科目平均九十点以上の学生をオナースチューデントと呼んで、学期末には学長室前に名前が貼り出される。美智子さんは二年生の後半から四年生にかけて毎年リストに載っていた。

学長のマザー・ブリットや友人から「将来は学者さんがいいわね」と言われたのはこの時期である。

だが、母・冨美は、やはりふさわしいお相手との幸せな結婚を望んでいた。

「美智子は、できれば学者か外交官に嫁がせたい」

冨美の言葉は前にも紹介したが、正田家は実際に学者一族といってもよかった。

父・英三郎《ひでさぶろう》は実業家だが、英三郎の兄・建次郎は理学博士で大阪大学総長、弟・篤五郎も理学博士で東大教授、妹・勅子の夫、水島三一郎もまた理学博士で東大教授といった按配である。

学者の持つ雰囲気は、美智子さんの親族が集まれば幼いころからなじみの深いものだった。

同時に語学が堪能になるにつれ、美智子さん自身の進む方向や結婚の相手として、外交官という職種も選択肢に上がってきていたようだ。

そんなときの「はたちのねがい」の入賞は、思わぬ反響を呼びもした。「新聞をみて貴女のすばらしさに感服しました」などと手紙に自分の写真や履歴書を同封し、求婚してくる男性がいたのだ。

また、聖心のバザー、母や友人と行く音楽会、観劇会などでもひときわ容姿が目立つ美智子さんに好意を抱き、プロポーズしてくる男性も少なくなかった。

美智子さんの全身から社交的で潑剌とした魅力《オーラ》が発散されているので、つい同世代の男性の目を惹きつけるのだろう。だが、本人にはまだ結婚の意思など微塵もなかった。

美智子さんが節度を心得た社交性を育む恰好の場となったのは〝竹山パーティ〟という「音楽教養パーティ」への参加だったとも言われている。

それは東京都中野区野方に住む竹山謙三郎という建築学者が青年男女のために自邸を開放して、毎月一回催す音楽と講座の会員制サロンだった。

主宰者の竹山と美智子さんの母・冨美とが古くからの知り合いだった関係で、美智子さんは聖心の高等科一年生のころから参加するようになっていた。毎回二十名ほどの参加人数で、時には兄の巌も加わっていた。

紅茶やケーキを前にして座談に花を咲かせ、それが終わると音楽を聴き、最後は竹山が選んだ曲で社交ダンスを楽しんでお開きというコースだった。美智子さんはそもそも竹山にダンスを習い始めていたのだが、たちまちひととおりのステップをマスターして、ジルバもやってのけるほどになり周囲を驚かせた。

主宰者の竹山は、第一回のパーティから通っている美智子さんが皇太子妃に決まった日、次のような感想を新聞に寄せている。

「美智子さんを最初に知ってからもう足掛け八年になる。聖心高女の一年を終ったばかりで、ようやくのびかかった髪を二つに分けて後でとめていた。

ほんとうにそのころからの美智子さんの成長は目覚しかった。いつだったかあまり何から何までそろっているので『ミッチーは優等生過ぎるのが欠点だ』といっておこられたこともある。けれども彼女には決してオゴリがなかった。お茶のたびに真先に台所へとんでゆくのは相変らず彼女だったし、新しい会員が独りでいるとそばへいって話し相手となるのも彼女だった。

そのころから美智子さんには随分縁談があった。彼女に話のあるほどの人はとくにすぐれた男性ばかりで、私たちもお頼まれするたびに彼女に伝えてはみた。しかしどれもある程度以上には進まないでしまったのである。

要するに彼女の持つ人間としての広い幅と、あまりにととのった条件がその対象の選定をむずかしくしたのである。私はときどき彼女にいったことだが『このうえは美智子さん自身がだれかを好きになるほかはない。あなたにはそういうことができるだろうか』と。これに対して彼女は『私は結婚まで進むたしかな見通しがないときには、何歩も手前で立ちどまるのが女の側の責任だと思っていました。それでいままで少し気を張りすぎていたのかもしれません』といっていた」

（「毎日新聞」昭和三十三年十一月二十七日夕刊／抄出）

美智子さんの両親も竹山謙三郎もそろそろ適当なお相手をと考え始めていたこの時期、本人はようやく「固い殻」からわずかな一歩を踏み出す心境を吐露し始めたばかりだった。

ちなみに、竹山謙三郎は建築が専門の工学博士だが、兄に学者で『ビルマの竪琴』を書いた竹山道雄がいる。クラシック音楽を愛する弟に、若い男女のためのサロンを開くのを勧めたのは兄の案だったと言われている。

昭和三十二（一九五七）年三月十五日、美智子さんは聖心女子大学を首席で卒業した。卒業論文には、かねてより愛読していたジョン・ゴールズワージーの『フォーサイト家物語』を扱ったという。

聖心では、卒業生のために下級生が歌を作詞・作曲して門出を祝福する慣例があったが、この日は、これとは別に美智子さんに英語の詩も贈られている。

　謙譲にしてすべてにこころやさしくたれしもの胸に感銘をあたえた。彼女はただテニス・コートだけの女王ではなく、大学精神を体現する指導者でもあった。

贈る下級生が目撃したものは、テニスコートの女王たる美智子さんと、建学精神を貫いた姿勢であった。そのテニスコートの女王の姿は、大学のクラブ活動だけでなく、父親の日清製粉の会社のコートでもしばしば見受けられた。テニスウェアは白か紺と決まっていたが、父や兄のコーチを受けながらコートを走り回る美智子さんは、はじけるほどに健康で美しかった。

白いブラウスの襟元が印象的で、腕も脚も若さに溢れて輝き、弾んでいる。傍目にはそのころ流行の言葉だった「アプレゲール」（奔放な戦後派）を体現しているように見えたかも知れない。「虫くいのリンゴではない」と毅然として主張する美智子さんが、軽井沢の夏休みに迎える運命の日まで、あとわずかだった。

小泉信三の密命

昭和二十四（一九四九）年二月、東宮御教育常時参与という少々いかめしい肩書の役職に小泉信三が就任した。

皇太子（継宮《つぐのみや》明仁親王）は前年の十二月に十五歳となり、四月からは小金井の校舎で高等科一年に進学するという時期にあたる。

これまでもすでに小泉信三は、昭和二十一年四月から東宮御教育参与という立場にあった。宮内大臣・松平慶民《よしたみ》から遣わされた東宮侍従兼東宮傅育官《ふいくかん》・角倉《すみくら》志朗に懇願されての就任だった。「常時」が付くのを小泉が承諾したのは、のちに宮内庁長官となる田島道治《みちじ》や、三井財閥の総帥だった池田成彬《しげあき》から口説かれた上での成り行きである。小泉がこの時期に何人かの参与の中から、特別に「常時参与」という要職を要請された背景には、それなりの理由があった。あと三年もすれば皇太子は立太子の礼を迎える。将来のためには、早いと思われるかも知れないが「東宮妃選定」を視野に入れなければならない年齢になっていた。

小泉はその密命を帯びての就任だった。

昭和二十四年の四月といえば、美智子さんは十四歳、聖心女子学院中等科の三年生に進んだばかりの春である。

英語の上達に励んでいた反面、厳しかった校則に反して、たまには廊下をクラスメートと一緒に走ったりするお茶目な面もあった、と級友たちの回顧談にはある。

二本に編んだ髪を宙に躍らせ、廊下の隅まで笑い転げながら走ると、見えない曲がり角の先に監督のシスターが立っている。そういうときは急ブレーキを掛けて、口元も固く引き結んで一瞬立ち止まり、悠々と歩いてやり過ごすのだという。

先にある後輩の談話で紹介したように、なによりも「沈黙」と「従順」が「掟」のような学校である。笑い声をあげながら廊下を走るなどというのは、もし見とがめられればもっとも厳しい〝反省会〟を受けなければならない行為だった。少女時代を謳歌していた美智子さんは、ただのガリ勉の点取り虫ではなかった、という逸話なのだが、これをみてもまだまだ「結婚」などという話題が美智子さんの頭の中にあろうはずもないことが分かる。

美智子さんにとってはまだ夢のように遠い先にある「結婚」という二文字だが、皇太子の身辺では早くも準備が開始されていたのである。

慶應義塾塾長だった小泉信三は、昭和二十年五月の空襲で芝区三田綱町（現・港区三田二丁目）の自宅が焼夷弾の直撃を受け、全身にひどい火傷を負っていた。

次女・妙の回想録『父 小泉信三を語る』によれば、小泉は防空頭巾が嫌いで鉄カブトをかぶっていたため特に顔が火に曝されてしまった、という。

全身に重度の火傷を負い、一時は危篤に陥ったものの一命を取り留め終戦の年を越した。

塾長宅が焼失したため慶應では、かねてより縁の深かった実業家・名取和作（時事新報社長、富士電機製造株式会社〈現・富士電機〉初代社長）の邸宅を借り受け、塾長の役宅に充てた。

名取邸は芝区三田一丁目にある豪壮な洋館で、名取は「福澤諭吉先生への恩返しの一部だ、存分に使ってくれ」と言って家を明け渡した。名取が引き継いだ「時事新報」とは、そもそも福澤諭吉が起《た》ち上げた日刊紙である。

池田成彬は慶応三（一八六七）年生まれ、名取和作は明治五（一八七二）年生まれで、小泉信三が明治二十一（一八八八）年生まれと世代こそ違うが、それぞれ福澤諭吉門下の逸材と謳われた男たちだった。

やがて、名取の三男・洋之助（写真家で編集者）一家が上海から引き揚げて来たが、彼もまた借家住まいで済ませたので、小泉は麻布広尾町に自宅を新築するまでの五年間ほどを名取邸に厄介になった。

小泉のところに、同じく慶應卒の医者・武見太郎がやってきたのは、昭和二十二年一月三十日のことである。ダブルの背広の内ポケットから一通の封書を差し出した武見は、

「吉田総理から預かって参りました」

と言って、慇懃に頭を下げた。

封を切ると「田中耕太郎文相の後任の文部大臣に就いて欲しい」と、墨痕も鮮やかに書かれている。

武見は当時、銀座で診療所を開いていたが、のちに日本医師会会長となり、世に「喧嘩太郎」

の異名をとった人物である。吉田と武見は、吉田の亡くなった妻・雪子（牧野伸顕《のぶあき》の長女）の妹・利武子（牧野の次女）が武見夫人の母、という姻戚関係にあった。

武見は吉田の陰の秘書のようにして走り回っていたのである。

第一次吉田内閣の改造（同年一月三十一日）に伴って強力な文相を据えたいと吉田が考えていたところ、武見から「福澤先生の門下で塾長を務めていた小泉信三さんが、今月で塾長をお辞めになりますが、いかがでしょうか」と進言を受けた。小泉が強烈なマルクス経済学批判を展開していることは、吉田も先刻承知である。

吉田からの手紙を読み終えた小泉は、武見にこう伝えた。

「私は皇室のお陰で成長した男です。皇室の恩顧に報いることなら、自分の体のことは捨ててもお引き受けします。しかし、文部大臣にはなる気はありません。せっかくですが、その旨を吉田君にお伝え下さい」

（塩田潮『昭和をつくった明治人』〈上〉）

この返答を受けた吉田首相から松平宮相に話が回り、小泉の東宮御教育（常時）参与就任へとつながったのだった。

吉田茂の亡き妻・雪子は熱心なクリスチャンだった。小泉の姉・千もクリスチャンである。小泉も思うところあって、昭和二十七（一九五二）年四月、初孫だった長女・加代の娘が二歳で病死した直後に洗礼を受けた。クリスチャンネームはナタナエルである。

皇室側の条件に適う人物として、小泉に白羽の矢を立てたのはほかならぬ昭和天皇だった、と言われている。

小泉が東宮御教育（常時）参与となって、初めて皇太子に「御目通り」したのは、昭和二十二年四月二十七日のことだったと、小泉家に残されている家庭日記「食卓の人々」にはある。

宮内省（同年五月から宮内府、二十四年六月から宮内庁）差し回しの自動車で、小金井まで悪路を一時間半かけて辿り着いた小泉は、穂積重遠《ほづみしげとお》東宮大夫《だいぶ》から初めて皇太子に紹介された。この日の日記は特に長いので、要点のみかいつまんで紹介しよう。

「穂積さんが、『これは小泉先生です。最近まで慶應大学の総長をしていらした方でございます』とご紹介申し上げると、殿下ははっきりしたお声で『どうぞ、よろしく』とおっしゃる。その後に『身体をお大事に』とおっしゃって下さった。僕の顔をご覧になって『痛そうだ』とでもご同情下さったのであろう。それから廊下をへだてた別の間で、茶菓を賜った。食卓で初めてよく殿下のお顔を見上げたが、失礼な申しようであるが、実に好少年である。十四歳の少年としてご身長はまず普通であるが、お顔色と肉付きとが実にお宜《よろ》しい。お目は大きくないが、黒目がちで、何か興味をお感じになった時に、生き生きとかゞやく。また、それは後でお歩きになる時見上げたのであるが、大きく手を振ってお歩きになると、お尻の肉がぷりぷり動く」

（『父 小泉信三を語る』）

これが皇太子との初対面の印象である。自身はテニスをこよなく愛好し、慶應義塾の庭球部長を務め、さらには慶大野球部の部長・主将も兼務してきた大のスポーツ好きである。皇太子を初めて見る目が、体つきや目の輝きに向けられていた点はかなり興味深い。

この日は、小金井で採れたばかりの筍を頂戴し自宅へ帰ったが、小泉もさすがにやや興奮が抑えきれなかったのであろう。集まっていた親類を前に「少々調子に乗って、こと細かに吾等の皇太子殿下のご近況を物語った」と最後に記している。

急ごしらえだった小金井の東宮御仮寓所は、昭和二十五年二月にようやく引き払われ、渋谷区常磐松町に「御在所」（東宮仮御所）が移された。皇太子が美智子妃を迎えて新婚時代を過ごすことになる、元・東伏見宮邸を改造した旧式の洋館である。

小泉は少なくとも毎週火曜日と金曜日の二時間、常盤松仮御所へ通い、皇太子と福澤諭吉の『帝室論』『尊王論』や幸田露伴の『運命』、それにハロルド・ニコルソンの分厚い原書『ジョージ五世伝』などを一緒に読んだ、と「食卓の人々」には記されている。

正確には二人が交互にテキストを音読した、というべきだろう。小泉によれば、福澤や露伴の文章がいかにも格調高く、音読に適していたからだという。

この間、小泉は自分が仮御所を訪ねるだけではなく、皇太子を自宅へしばしば招待しているが、次女・妙の回想録にはお迎えする際の家族一同の光景が活写されている。なるべく民間の実情に触れて欲しい、普通の（といっても小泉家はやや別格だが）家庭を見て何かを感じ取って欲しい、というのが小泉の描く「新しい皇室像」だったことが分かる。

そんな一日を妙の回想録から見てみよう。


「昭和二十四年五月二十八日は皇太子殿下を、初めてうちにお迎え申し上げた日です。父はご経験のため殿下を民間の家にもお呼びしなければいけないと申しました。普通にお呼びすればいいのだから、特別なことをしなくてよいと言うのですが、当日になると父が気弱になって、トイレを見に行って『ちゃんとタオルはあるか』と言い出したので、皆が心配になりました。

父がまず母をご紹介したら『今日はありがとう』とおっしゃって、母はたちまち感涙にむせびました。

カレーがお好きと伺っていたので、ビフテキとカレーをお出ししたら、カレーを三度おかわりなさった。

名取邸への御成はその一回だけでしたが、のちに広尾に移ってからは随分たびたびお出でになりました」

（同前／抄出）

昭和二十六年十二月で皇太子は満十八歳を迎えるので、慣例なら立太子の礼と成年式が行われるはずだったが、皇太后（貞明皇后）が崩御されたため、式は翌二十七年十一月に持ち越された。

その間にも宮内庁長官の田島道治《みちじ》は「東宮妃選考」に動いていた。

昭和二十五年九月二日の田島の日記に「東宮妃サガスコト」の文字が記されていた事実は、すでに述べたとおりである。

「毎日新聞」に藤樫準二というベテラン宮内庁記者がいた。藤樫は本格的な東宮妃選考準備が始まったのは、昭和二十六年ころからだ、とその著書に記している。

「皇太子さまが満十八歳（二十六年）の成年にお達しのころから、ポツポツとお妃選考準備にかかり『皇族または特定華族』という古いしきたりも尊重し、黒木東宮侍従の手で約九百家の全華族を対象に、コツコツと候補者リストが作られた」（『天皇とともに五十年』）

昭和二十三年から宮内府そして宮内庁長官を務めてきた田島は、立太子の礼の指揮が一段落した昭和二十八年十二月、老齢をもって辞任する。その四ヵ月前、二十八年八月二十四日の日記にも東宮妃の文字が現れ、選考が内部で密かに進行していたことが分かる。

「松平信子訪問。〔中略〕吉田書簡（小泉手紙ニヨル）ニヨリ東宮妃ノコトイロイロ。北白川、徳川義寛《よしひろ》、島津忠承、島津久大《ひさなが》 etc.」（加藤恭子『昭和天皇と美智子妃 その危機に』）

具体的な華族の名前が複数挙げられているが、関係者が動いたのはまず北白川家だった。日記にある「北白川」とは、故・北白川宮永久《ながひさ》王の長女、北白川肇子《はつこ》を指していた。

やがて、大手メディアがこの線で動き始め、極めて有力な候補として北白川肇子の名が急浮上した。皇太子妃は旧皇族か華族の中から選ばれるものだと、誰もが思っていた時代だった。

皇太子妃選考の舞台裏

田島道治の日記に、皇太子妃候補として記された北白川肇子《はつこ》は、昭和十四年生まれ。皇太子より六歳年下である。肇子の母・祥子《さちこ》は良子皇后付の女官で（昭和四十四年から平成元年まで女官長、平成二十七年一月死去）、母子揃っての美貌ぶりが評判だった。他の候補者を一歩リードしていた観がある。

昭和二十八年八月の田島日記にその名が登場したとき、肇子はまだ十三歳と若い。

ところが、実は北白川家は密かに「悲劇の宮家」と呼ばれていた。

その例を挙げれば、まず明治二十八（一八九五）年、二代目当主の北白川宮能久《よしひさ》王が台湾に出征した際、マラリアに罹《かか》り異国で客死する。

そこで、第三王子成久《なるひさ》王が宮家の当主となったのだが、大正十二（一九二三）年に外遊先のフランスで自ら運転していた自動車で交通事故を起こし、急逝してしまう。

そのため長男の永久王が十三歳で北白川家を継いだものの、昭和十五（一九四〇）年九月に内蒙古で航空機事故に巻き込まれ即死してしまった。

その前年に生まれていたのが、肇子というわけだが、結局、当主が代々外国で亡くなるという悲運の家系だということで、いったん候補から外された。

さらに、肇子が中学生のとき小林多喜二の『蟹工船』の感想文を書いたことが判明し、破談になったという説も囁《ささや》かれた。

余談ながら、肇子はのちに島津忠広と結婚し、幸せな家庭を築く。その娘、島津彩子は学習院を卒業しており、祖母、母に劣らぬ才媛で、ある時期、現在の皇太子のお妃候補として浮上していた。ところが二十五歳で、皇太子の御学友で善福寺の副住職だった麻布真海と結婚してしまった。

時の皇太子妃の候補になっても、その女性が早々と他家に嫁入りしたり、あるいは本人の資質や意思以外の理由でリストから消えるといったケースは多々あった。

昭和三十（一九五五）年に入って、ようやく本格的なお妃選びが始められた。

宇佐美毅宮内庁長官は特別に「選考委員会」という組織を設けたわけではない。長官の補佐となる諮問会議を随時極秘裏に招集していたようだ。

メンバーは、宇佐美毅宮内庁長官を筆頭に三谷隆信《みたにたかのぶ》侍従長、瓜生順良《うりゅうのぶよし》宮内庁次長、鈴木菊男東宮大夫（昭和三十二年十一月就任）、黒木従達《つぐさだ》東宮侍従ら、外部から小泉信三、田島道治前長官、そして松平信子が初期には参加していた。

小泉はこうした会議に呼ばれる日以外は、もっぱら常盤松東宮仮御所へ通って皇太子のお相手を務めていたようだ。

常盤松東宮仮御所は主に二階が皇太子の居住スペースとなっており、小泉と過ごすのは二階の「ピアノの間」と呼ばれている客間だった。ピアノがあるというだけで、別に音楽室ではない。内舎人《うどねり》たちが便宜上そう呼び習わしていただけだ。

両陛下がお成りのときも、外国の使臣を引見するときもこの部屋が使われた。奥まで窓から陽が届く明るい二十畳ほどの部屋には、大きな安楽椅子とソファが置かれている。二人はここで向き合って本や新聞を読み、話し合ったりするのが常だった。

そんな一日、皇太子が小泉邸に招待された。

皇太子と小泉の趣味が重なった関係もあるのだろう、テニスの加茂公成《こうせい》（デビスカップなどで活躍した選手）や学習院のテニス仲間などが一緒に呼ばれたりしている。

その「お成り」の模様を、再び小泉の次女・妙の回想録から見てみよう。

「殿下の御成は、六時にご到着、お発ちのご予定は九時がお決まりのようでした。せっかくお友達と楽しくしてらっしゃるのですからごゆっくりなされるとよいと思いますと、侍従さん方のおはからいで三十分くらいはお延ばしになれる。

もう何度もいらした後のこと、お手が汚れて『フィンガーボールをお願いします』と言われたのですが、うちにはフィンガーボールがないので困ってしまいました。お絞りをお出しすれば何でもないのに、母があわてて塗りのお椀みたいな物に水を入れてお出ししました。後で大笑いでした。

お食事には、『はち巻岡田』に出張してもらったこと、『野田岩』の鰻をとった時もございました。昭和天皇の侍従長を勤められた入江（相政）様を（引用者注・野田岩に）ご案内したところ、お気に召し、陛下にお話しになる。陛下は行幸のお道筋で飯倉をお通りの時に、入江様に野田岩の場所をお尋ねになられたとか」

（『父 小泉信三を語る』／抄出）

「特別に構わんでよい」などと小泉は家の者に言うが、なかなか現実にはそうもいかない様子が目に浮かぶ。鰻の「野田岩」は戦災からいち早く復興して小さいながら店を再開しており、小泉は贔屓《ひいき》にしていたようだ。また、昭和天皇は鰻をことのほか好まれたという。

昭和三十（一九五五）年九月二十日、瓜生宮内庁次長は、宮内記者会との定例会見で東宮妃問題に言及した。

「新憲法で定められた『婚姻の自由』を尊重し、できるだけ広い範囲から選ぶ方針です」

次長の発言は、選考準備がある程度は進んでいることを匂わせると同時に、旧華族には必ずしもこだわらない、と解釈された。

さらに瓜生次長は、翌三十一年の国会答弁で、次のように一歩踏み込んだ趣旨を述べている

（藤樫準二『天皇とともに五十年』）。

「良家の子女をも選考の対象にしたい」

「婚姻の自由」や「良家の子女」と言われると、マスコミはますます範囲を絞れなくなり、各社は四方八方に手を回さざるを得なくなった。

昭和三十年と言えば、その年明けに美智子さんが「成人の日」の作文コンクールで二位に入賞した年である。

同じころ、イギリス人のハロルド・ニコルソンが著した『ジョージ五世伝』を小泉は皇太子のために教材に選んでいた。ジョージ五世のおかれた数奇な運命や、困難を乗り越えた結婚への道程などを一行一行追いながら、懇切な注解を加えた。興味深く読んでいた皇太子が、ふと本から離れて自分の結婚観について語り出すことも度々あった、と小泉は言う。

「当時心理学に興味を持ち始められた殿下は、しきりに、私の未だ知らない術語を使って、結婚観女性観をお述べになったこともある。そのあるものを独善的であるとしてご批判したこともあったが、概して殿下のお考えは堅実で周到で、お年よりも老成の風があったといって好いと思う。

そういう折りの或るときであった。私は殿下がいわれたお言葉を、よく憶えている。それはこういう意味のものであった。

自分は生まれからも、環境からも、世間の事情に迂《うと》く、人に対する思いやりの足りない心配がある。どうしても人情に通じて、そういう深い思いやりのある人に助けてもらわなければならぬ」

（『文藝春秋』昭和三十四年一月号）


この小泉の原稿は婚約発表の記者会見直後に書かれたものと考えられるので、皇太子が「深い思いやりのある人に助けてもらわなければならぬ」と語ったのは、昭和三十年から三十二年の間のことになる。

そのころ、瓜生次長は「できるだけ広い範囲から選ぶ方針」だと会見で述べている。

そう見てくると、旧華族には候補者がまるでいなくなったかのように感じるが、必ずしもそうではなかった。

次長の会見談話は記者団を混乱させる狙いも多分に含まれていたと思われ、本命の候補はやはり旧華族から、という選考委員の方針に基本的な変化はなかった。

ただ、先に例に引いた北白川肇子のほかにも有力華族のお嬢さんはいたものの、決定打とはならず、いわば両天秤での選考が進められていた。

各マスコミが本命と思って追いかけていた旧華族のお嬢さんは、最終的に二名に絞られた。

北白川肇子のほかに、T侯爵家のお嬢さんが残っていた。

ただし、T侯爵家のお嬢さんはまだ高校三年生だったので、各社とも直接接触するのは困難だった。

学校の正門周辺をカメラマンなどがうろうろするうちに、彼女の両親が娘の縁談を急ぎ、電光石火で財閥の長男との婚約をまとめてしまった。

瓜生次長ではないが、なにしろ新憲法下での皇太子の結婚は初めての事例だった。戦前までは旧皇室典範に基づいて制定された皇室親族令などに厳密な規定があった。規定によれば「后氏選考の範囲」、つまり妃の条件は皇族もしくは特に定められた華族の家系の女子でなければならなかった。

「特に定められた華族」とは、特定華族とも言い、五摂家、清華家、および徳川宗家、徳川御三家ほか大大名の公侯爵家などを指す。

五摂家とは近衛、九条、二条、一条、鷹司で、いずれも藤原北家の流れである。清華家とは五摂家に次ぐ格式があり太政大臣にまでなれる家柄で、久我《こが》、三条、西園寺、徳大寺、花山院、大《おお》炊《い》御《み》門《かど》、菊亭（今出《いまで》川《がわ》）、広幡、醍醐の九家をいう。

五摂家、清華家以外の公侯爵家とは、ほぼ大大名だった家系（および特に維新に功があった家）で、岩倉家、島津家、毛利家、徳川御三家、浅野家、黒田家、鍋島家、木戸家、細川家、大久保家などおよそ二十数家はあろうか。こうした「特定華族」以外の伯爵、子爵、男爵まで数えれば九百家に近い、というわけだ。

しかし、戦後は新憲法制定があって戦前の慣例は廃止された。そのため、皇太子妃選定の制限は消滅したのだが、逆に基準がなくなり混乱を招いていた。そこで、まずは「特定華族」の中からリストアップする作業が開始された。

だが、宮内庁が妃候補として密かに狙いを定めるや、旧皇族、旧華族の令嬢方は、ことごとく婚約や結婚を急ぎ、姿を消した。また、わざと夜遊びをして不品行を印象づけるお嬢さんまでいたという。

自由を謳歌していた旧皇族、旧華族の若いお嬢さんには、再び窮屈な世界に戻る気などもはやなかったのだろう。特に両親にしてみれば、戦後の「斜陽」時代をくぐり抜け、ようやく育て上げた娘に今さら苦労させる理由など見当たらなかった。

お妃選びの報道合戦が熱を帯び始めた昭和三十二年夏のことである。

この年の三月十五日、正田美智子さんは聖心女子大学英文科を卒業していた。

皇太子は学習院大学政治経済学部政治学科に進んだのだが、途中から聴講生となった。大学二年のとき天皇陛下の名代として、エリザベス女王の戴冠式に参列し、続いて欧米を歴訪した。そのために出席日数が不足した結果の措置だが、昭和三十一年三月をもって終了となっていた。

このころ世間では「孤独の人」が流行語になっていた。

これは、皇太子が学習院の聴講生を終了するのとほぼ時を同じくして、昭和三十一年四月に藤島泰輔によって発表された小説の題名である。藤島は、皇太子の学習院中等科からのご学友の一人だが、一学年上で昭和三十年三月に学習院大学を卒業して新聞記者生活を送りながら、皇太子をモデルとした『孤独の人』を発表したのだった。

このモデル小説は大いに世上を騒がせ、映画化もされた。小説の中で、「孤独」な高校生の皇太子を学習院の寮から脱出させ、電車に乗って銀座に連れ出す場面などが話題となった。

確かにこれまで「孤独」であったかも知れないが、しかし、皇太子自身がこの小説を受容したとはとても思えない。「孤独」な立場をパロディにしたような作品に、むしろ強い反発を覚えたのではないだろうか。

この本が出版された翌年の昭和三十二年夏、軽井沢へ避暑に出掛けた皇太子は、せめてもの気晴らしに思いっきりテニスを楽しむ予定を組んでいた。

軽井沢で「孤独」な皇太子を待っていたのは、思いもよらぬ白熱したテニス・マッチだった。

軽井沢のひと夏

皇太子が軽井沢を避暑地として利用するようになったのは、バイニング夫人の影響があったからだ。

昭和二十四（一九四九）年八月、宮内庁はバイニング夫人の避暑用として軽井沢の三井別荘を借り受け、提供した。その夏、英語のレッスンを兼ねて皇太子がバイニング夫人の別荘を訪ねたのが、そもそもの始まりである。学習の合間に皇太子は浅間高原や鬼押出を散策し、夏の軽井沢をことのほか気に入った様子だった。

軽井沢は昭和初期から外国人宣教師や華族、政財界の実力者、大学教授や作家などの別荘地として人気があったが、戦後もいち早くミッション系の学校の施設が出来たり、占領軍の高級将校はじめ外国人客が避暑に訪れて、独特のハイソサエティな雰囲気を醸し出していた。

バイニング夫人が帰国した後も、皇太子は毎年のように千ヶ滝のプリンスホテルに滞在した。

千ヶ滝のプリンスホテルは元・朝香宮家の別邸である。西武グループの総帥・堤康次郎が、宮家の別邸を片端から買い取り、「プリンス」の名を冠してホテルを開業したことはよく知られている。千ヶ滝もその一つだった。

夏は避暑地でのテニスを楽しみにしていた皇太子には、このホテルは恰好の場だったと言える。テニスコートがあるのはもちろん、敷地が広いわりに部屋数がそれほど多くなく、静かな環境が休養には最適だった。そのため、昭和三十九（一九六四）年以降は夏季は皇室専用とされ、一般客を受け付けなくなり、現在では閉鎖されている。

昭和三十二年八月十八、十九の両日、美智子さんが会員の旧軽井沢にある旧道テニスクラブのコートで恒例の「懇親トーナメント」が行われ、皇太子も出場した。

別荘の住人たちが運営するというユニークなコートで、美智子さんは少女時代からこのトーナメントに参加している顔なじみだった。

千ヶ滝のコートがホームの皇太子でも気軽に参加できるような雰囲気が、運営する人々によって醸成されていたのだろう。

豪華で贅沢なコートというより、むしろ地味な造りだ。通りすがりの住民や避暑客が金網越しに観戦できるという気軽な雰囲気が漂っていた。

人の運命とは、計り知れないほど数奇であると証明するのに、これくらい恰好の材料はなかなかない。

美智子さんは、アメリカ人で十三歳のボビー・ドイル少年とミックスを組んで出場し、すでに初日を勝ち上がっている。

一方の皇太子は、早大生の石塚研二青年と組んで、こちらも初日を通過していた。互いに初顔同士でペアを組むのだが、「懇親トーナメント」ではこれをABCDトーナメントと呼び、実力が均等になるように敢えて男女、年齢、職業などを無視してダブルスを組む方式が採られる。A、B、C、Dの各クラスを、AとD、BとCがくじ引きでパートナーとなるよう混在させ、ハンディを調整する親善試合なのだ。

皇太子が出場するということもあって、観客席はかなり熱気を帯びていたが、美智子さんは極めて冷静だった。

二日目は互いに準々決勝の四回戦まで勝ち上がって、皇太子組と美智子さん組が偶然対戦することになった。そこで初めて皇太子は、対戦相手の氏名を知ることになる。

この日、小泉信三もコートの観客席にいた。テニス好きの小泉は、あくまでも皇太子の出来栄えを観戦するのが目的だった。

一般の人々に交じって、皇太子が晴れ晴れとした表情でテニスに興じる場面こそ、小泉が理想として望んでいた姿であったに違いない。コート上の皇太子を見つめながら満足げに身を乗り出し、隣席の知人や家族と談笑していた。

皇太子が軽井沢に立ち寄るようになってから、どんな形であれ、小泉も必ず同行している。特に夏季のご進講をするわけではなかったが、それでも『ジョージ五世伝』と福澤諭吉の著作は携行していた。

宿泊は星野温泉か万平ホテルが多く、旧軽井沢の通称「銀座通り」から一歩入っただけのこのコートまではさほど遠くない。友人たちと気軽にコートに立てるのも小泉を喜ばせた。

たとえば、義塾の先輩で三菱財閥の実力者・加藤武男、最高裁判所長官でかつ親族でもある田中耕太郎、学習院院長の安倍能成、作家の野上弥生子などと避暑先でテニスに興じたあとの談笑を楽しみにしていた。この日は安倍能成と会う約束があって、どうしても試合の途中で席を立たなければならなかった。

センターコートに四人が現れると拍手や歓声が鳴りやまず、主審がおごそかに声を掛けた。

「クワイエット・プリーズ」

双方とも誰がどのくらいの腕前なのかを探りながら、第一セットは皇太子組のサーブから始まった。

エンドライン一杯に立って、美智子さんは確かな動きで、正確な球を返し続けた。

第一セットが6―4で皇太子組、第二セットが7―5で美智子さん組と試合は進んだ。

皇太子は中等科二年のころから石井小一郎《こいちろう》コーチ（昭和二年、毎日テニス選手権シングルス優勝）についてテニスの練習を開始し、基礎はしっかりできていた。ストロークはフォア、バックともに安定しており、スマッシュで決めるという派手さはないものの、仲間内でも上クラスに属する腕前だ。

小泉はその実力を承知しており、女性や少年相手に苦杯をなめるとは考えてもみなかった。ただ、その若い女性の落ち着きぶりからみて「どこかの若奥様かな」と感じていたという。

白熱してきたところだったが、小泉は席を立った。普段から「試合というものは最後の一球まで見届けなければいけない」と、小泉は家族にも口うるさく言っていたという。それほど観戦マナーに厳しい小泉が、どうしても安倍能成と打ち合わせがあるからとの理由で退席したのは、今から思えば皇太子妃選考の相談があったのではないかとも思われる。観戦していた妻・とみと娘の妙も、しかたなく「殿下がお勝ちになると思い」（『父 小泉信三を語る』）、会場をあとにした。小泉一家は、皇太子の対戦相手がまだ幼さが残る少年と女性なので、まず問題なく勝てるだろうと踏んでいたようだ。

皇太子組のサーブで始まった第三セットは、美智子さんが少年をサポートすると同時にコートを広く使って粘り強く球を返し続けた。

懸命に皇太子組も拾っては返したが、サイドライン一杯に打ち込んでくる美智子さんの球が一角を崩した。美智子さんのテニスは普段はおとなしい地味目な打ち方だが、今日は堅実なだけではなく、強気にコーナーを攻めるフォアハンドが有効だった。

その結果、第三セットは6―1と美智子さん組が圧勝し、皇太子組はサービスゲームを落として敗北となったのである。

四人は汗を拭きながら走り寄って、終了の握手を交わした。

しぶとく打ち返す初対面の女性との握手が、皇太子の心にことのほか深く刻み込まれることになろうとは、まだ誰にも分からない。

夕刻、安倍の別荘から宿に帰り着いた小泉は、皇太子のゲームの結果を聞くと「ほおっ……」と言って考え込んだ。

「ところで、相手の女性はどこの方かね」

妻と娘から、若い女性の名前が「正田美智子さんという」のだと聞かされた。

「そうか、正田さんのお孫さんか」と小泉が呟き、あらためて驚いたのは、美智子さんの祖父・

正田貞一郎のことを見知っていたからである。

美智子さんの祖父・貞一郎は、かつて慶應に在学していた息子の順四郎（昭和二十年五月の空襲で死亡）を連れて小泉家へ挨拶に訪れたことがあったのだ。

「（正田）翁が公共の精神に富む実業家であることは、私はすでに知っていた」（『ジョオジ五世伝と帝室論』）という小泉が、その孫娘か、と記憶に留めたのはこのときからである。

「天は人の上に人を造らず、人の下に人を造らず」とは、福澤諭吉の有名な箴言《しんげん》だが、このとき小泉は恩師の名言をもう一つ付け加えて、軽井沢のホテルで唸っていた。

「進まざる者は必ず退き、退かざる者は必ず進む」

予想外に果敢に戦い、しかも結果を出した「正田さんのお孫さん」の強靭さに感じ入っての言葉だろうか。

娘の妙はそのときの模様を次のように語っている。


「皇太子様がテニスをなさると聞くと、大勢見物が来るので、相手は緊張して硬くなる。見物大勢が殿下には普通のことでいらっしゃるけど、相手は大抵いつもより下手になっちゃうんです。それなのに美智子様は全然硬くもならず、挽回してお勝ちになった。ただならず落ち着いていらっしゃった。殿下がその時、『打っても打っても返されてしまった』とおっしゃっていたそうです」

（『父 小泉信三を語る』）

この奇蹟的な組み合わせは、実は小泉によってあらかじめ密かに仕組まれていた、という噂が後日出回った。いわゆる「整えられた結婚」説につながるものだが、もちろん組み合わせは偶然の結果以外のなにものでもない。

それぞれに三回戦を勝ち抜き、まったく無作為に二組が準々決勝に進出した。その出会いの確率を計算した関係者によれば、六十四分の一の遭遇だったという。だいたい、小泉が仕掛けたのであれば、試合の途中で退席することはあり得ない。

小走りに駆け寄って皇太子と握手をした美智子さんが「ありがとうございました」と笑顔で会釈をすると、皇太子は晴れやかに「おめでとう」と返した。

タオルで汗を拭いながら、Vネックの濃紺のサマーセーターを上から羽織る姿を、皇太子がにこやかに見ている写真が残されている。「ツーショット」の最初の一枚である。

勝っても驕らず、かといってへりくだり過ぎもしない態度の勝者に、満員の観客は感嘆し、爽やかな負けっぷりを示した皇太子にも大きな拍手が鳴りやまなかった。

試合後の美智子さんは、旧軽井沢にある不二屋でアイスクリームをみんなと食べると、テニスルックのまま、いつものようにオンボロ自転車に乗って別荘へ帰って行った。

当時、正田家一族の別荘は軽井沢に二つあって、一つは離山《はなれやま》の麓にある祖父・正田貞一郎のもの。疎開中に一時美智子さん一家が使っていた木造洋館である。もう一つは英三郎《ひでさぶろう》が建てた別荘で、こちらは踏切を越えた南軽井沢にあった。

なぜオンボロ自転車かといえば、ペダルを漕ぐとキイキイと音を立てるからだ。テニス仲間からはよく笑われたが、美智子さんは笑い返すだけで一向に気にしない。

そんなテニスを介した友人の一人、聖心女子大学時代の一級先輩・松本多美子は、次のように美智子さんの大学時代の腕前を紹介している。

「よくテニスにも人柄が出るといわれますが、妃殿下のテニスは一口にいって地味で堅実なテニスです。精神的な揺れが少ないのでピンチに強く、パートナーとしてこんなに信頼できる方はありませんでした。鋭いウイニングショットは持たれませんが、パートナーに絶好の球が来るまで、それは辛抱強くロブでつないでくださるのです。学生時代の妃殿下のテニスのご成績ですが、昭和三十年の春ご一緒に組んだ関東学生選手権複が第二位、同年秋、学生も社会人も含むトーナメントで優勝、昭和三十年度関東学生ランキング第四位、ランキング第四位の年は、オールジャパンの出場資格もおありでしたので、一度でも参加していらしたらと残念に思っています」（『皇太子殿下　皇太子妃殿下　御結婚二十年』／抄出）

美智子さんのテニスの実力が並みのものではなかったことがこれでも十分にうかがえる。そこにもう一つ、コート上での美智子さんの格別に優雅で華麗な姿が、皇太子を惹きつけた要因だったことを付け加えたい。

昭和三十二年八月の懇親トーナメントでの純白のブラウスはノースリーブだった。スコートから伸びるしなやかな脚もひときわ目を惹いたであろう。

明治以来、皇室でもテニスはロイヤルスポーツとしてブームとなった。良子皇后はじめ皇族方がゴルフと並んでテニスをされる写真は数多い。皇室はいち早く貴族文化の象徴としてテニスを取り入れてきたからだ。

だが、美智子さんのテニスルックやプロポーションに匹敵する映像は、これまでの皇室では見ることのなかったものだ。身長百六十二センチ、体重五十二キロ、バスト八十七センチ、ウエスト六十一センチ、ヒップ九十二センチと均整のとれた近代的肢体（『週刊サンケイ』昭和三十三年十二月十四日号）とメディアも報じた。皇太子が初めて健康的な官能美を電流のように感じたとしても無理はない。

ひと夏のテニスが、皇太子の生涯を決定づける出会いとなったことだけは確かだった。

テニスが結ぶ恋

昭和三十二（一九五七）年八月、軽井沢のテニス・トーナメントで皇太子組が女子大を出たばかりのお嬢さん組に逆転負けを喫した。東宮職内はその話題でしばらくの間、持ち切りだった。

そんな中、黒木従達東宮侍従や浜尾実東宮傅育官（昭和三十六年から東宮侍従）たちは、

「殿下が負けて悔しがられるのは分かるとしても、その割にはニコニコして朝からお顔も明るくなったような気がする」

と、みな一様に首を傾げていた。観客席にいた浜尾は、一人、気になる婦人がいたことを思い出す。

第三セットの途中から、浜尾は焦り始めて大声を上げ、皇太子に声援を送ったものだ。

「殿下！　ダメじゃないの、もっとしっかりしてッ。打ち返して」

すると、すぐ下の段にいた上品な婦人が、浜尾の方を振り返りながら申し訳なさそうに頭を何度も下げて、詫びる仕草をするのだ。

浜尾が「殿下、しっかり!」とやると、またお詫びのお返しがくる。ついに勝敗が決すると、その婦人は浜尾の側まで来て、皇太子さまに失礼しました、と深謝したのである。浜尾はその上品な婦人が殿下に勝った女性の母親だと知ったが、皇太子にはもちろん黙っていた。

この試合から一週間後、前から入っていたスケジュールだったが、皇太子と美智子さんはまた顔を合わせている。

千ヶ滝プリンスのコートでダブルス戦が組まれていて、二人の対戦はなかったものの、美智子さん組は清宮貴子内親王の組と対戦し、見事に勝った。皇太子は友人たちと観覧席で妹宮の応援を楽しみながらも、目はどうしても美智子さんの姿を追い、どちらを応援しているのか分からない。試合後、二人は清宮を間に挟んで顔を合わせ、お互いに「先日はありがとう」と声を掛け合った。

皇族を相手に試合をしても、手加減を加えるようなことはせず堂々としたフェアプレーに徹するところが、皇太子にはことのほか嬉しく感じられた。

それから二ヵ月後、十月二十七日の日曜日、皇太子と美智子さんは東京・調布市飛田給《とびたきゅう》にある日本郵船のテニスコートで再会する。

それには皇太子の密かな仕掛けがあった。

十月に入ると皇太子は一計を案じ、軽井沢で一緒だったテニス仲間と相談して、日本郵船のコートを借りることにした。

しかも、学習院の後輩・織田和雄に正田家への使者を頼み、美智子さんを招待したのである。住所などは軽井沢会のクラブ・メンバー表を見ればすぐに調べられた。

こうした計画を皇太子が独自に考えたとは思えないフシもあるので、黒木東宮侍従にはこの段階で内々の相談をしていたのかも知れない。

皇太子の使者となった織田は、日本人初の五輪ゴールド・メダリスト、三段跳びの織田幹雄の息子だっただけに、頼まれるやいなや、飛ぶようにして五反田の正田家を訪ね、無事吉報をもらってきた。

当日、十月二十七日は八月の軽井沢仲間の親善試合といった意味から、トーナメントとはせずに、皇太子は美智子さんとペアを組んでダブルスでゲームを楽しんだ。

青空に恵まれた秋晴れのこの日、皇太子はカメラを持参した。美智子さんを被写体にして何枚かシャッターを切っている。美智子さんばかりを撮るのはまずいと思ったのか、カムフラージュのためにテニスコートや周囲の風景もついでに撮りながら、合間に〝本命〟にレンズを向けていた。

それからしばらくして、東宮仮御所で東宮職職員による絵画、書、写真などの展覧会が開かれた。ごく内輪な催しだが、皇太子も飛田給での写真を伸ばしてこの会場にさりげなく出品した。三枚のスナップ写真は、いずれもにこやかな美智子さんの横顔ばかりだった。

皇室担当のめざとい新聞記者の一人が、ふとこの女性のスナップに目を留め、黒木東宮侍従に問い質した。

「この写真の方は、誰ですか。皇太子のガールフレンドじゃないんですか」

黒木は手を振りながら、無関心を装って答えた。

「そんなことはありません。ショーダさんといって、テニス仲間のお一人ですよ」

ショーダさんと聞いた記者は「荘田」とでも書くのかと思ったが、そのまま聞き流したという。

実際、この時期、宮内庁における〝選考委員会〟ともいえる東宮御教育参与会の動きは、まだ旧皇族や旧華族を軸に進められていた。田島道治の日記にはT、O、などのイニシャルが頻繁に見られるが（加藤恭子『田島道治』）、いずれも不首尾に終わっている。

ここで皇太子が積極的な行動に出た。

これも黒木東宮侍従の「入れ知恵」ではないかと思われるが、展覧会場に掲げられていたパネル写真一枚を、再び織田の手を借りて正田家に届けたのだ。

昭和三十二年十一月のことと考えられるが、皇太子の気持が密やかながら美智子さんに傾いていたことはこれでうかがえる。だが、美智子さんがどのような気持で写真を受け取ったかを推し量るのはまだ難しい。皇太子からのプレゼントをお断りするというわけにはいかないからだ。

母の冨美はこのころ、娘の相手には外交官か学者でも、とやはり考えていたであろう。ただ、学者の家庭はやり繰りが大変だということもよく承知していた。正田一族に学者が多いことは誇りであると同時に経済面の苦労もあるのだと、冨美はかつて語っている。

「家族の中に学者が多いということは、お金は溜まりませんよ。ことに主人の両親が、学問をする者を生活面で煩わせてはいけないといっておりましたから、うちの者はなにかにつけて、いろんなことを我慢するようにならされていたと思う。子どもたちもそれを見て知っておりますから」

（『女性セブン』昭和四十六年二月十七日・二十四日合併号）

正田貞一郎・きぬ夫妻には、事業を継いだ英三郎以外の、学者の道に進んだ息子たちに対し、特別な気配りがあったようだ。その分、英三郎一家の家計のやり繰りはそんなに気楽なものではありませんよ、と冨美は言っているのだ。

美智子さんが通った竹山パーティには若い外交官もいて、中には果敢にプロポーズしてくる青年もあり、チャンスはあったように冨美は竹山から聞いていた。だが本人に質すと、「結婚するには、まだ早いわよ」といつも笑って済ませるのである。

皇太子が写真を届けさせてからおよそ三ヵ月が経った。昭和三十三年二月、皇太子は思い切った行動に出ている。

ノンフィクション作家の塩田潮は、

「『妃候補の一人として正田美智子さんも加えて欲しい』と皇太子が自ら小泉信三に頼み込んだ」と書いている（『昭和をつくった明治人』）が、それは、当時の田島道治の動向とほぼ符合する。田島は三月上旬になって、宇佐美毅宮内庁長官とともに小泉邸を訪れた。三人で皇太子妃問題を詰めるためである。

「殿下のご意向をお汲みして、それでは正田さんも候補に加えることにしたらどうでしょう」

この席で小泉はそう提案し（同前）、宇佐美も田島も異論はなかったという。

だが、この月の田島日記に「正田美智子」の名前はまだ出てこない。むしろ、「Kを思い切り、Hを調べる」ことになったなどと書いている（加藤恭子『田島道治』）。KもHも「平民」とは考えられない。

皇太子はこの年の二月に南麻布にある東京ローンテニスクラブに入会しているが、五月には美智子さんも追うように入会した。これを偶然とする説もあるが、それにしてはあまりに出来過ぎなので、おそらく小泉あたりが秘策をさずけた可能性は考えられる。

四月十二日の田島日記には、

「Shoda Soyejima　調ベヨクバ賛成イフ」（同前）

とあり、正田家、副島家の家系調査をして、問題がなければ賛成する、という意味の記述が唐突に出てくる。ここまでの日記に「正田」の名前は出てこないものの、内々に小泉、宇佐美、田島の間では通じていたと考えていいだろう。

そのころから黒木東宮侍従が頻繁に小泉邸を訪れ、ヒソヒソ話をしているのを家族は見ていた。

ある日、小泉の妻・とみが黒木と夫がいる客間の隣室で片づけをしていると、いきなり戸が開いて、小泉が覗いたというのである。

「あれは絶対私を調べたのよ」と、とみが言ったと、娘の妙は書いている（『父 小泉信三を語る』）。それほどこのころには話が煮詰まりつつあり、小泉が家族にまで神経を尖らせていたという証であろう。

五月から、二人は東京ローンテニスクラブでしばしば「一会員同士」としてテニスを楽しむようになる。「上流階級」の男女会員に交じってしまえば、特に二人が目立つリスクもなかった。

東京ローンテニスクラブの歴史は長い。創立は明治三十三（一九〇〇）年、現在の国会議事堂の敷地内にコートが作られた。昭和天皇が誕生される前年のことだ。昭和十五（一九四〇）年から南麻布に移転し、名誉会員には多くの皇族が名を連ね、旧華族、各国外交官や一流企業の経営者などが所属していた。

テニスを通じてお互いを素直に観察して頂こう、という小泉の作戦は見事に的中しつつあった。二人の様子をうかがっていた小泉は宇佐美と相談の上、七月に葉山御用邸に天皇を訪ねることで一致した。

そんな中、カムフラージュのために四、五人の友人を常に交ぜていたにもかかわらず、マスコミも「どうもテニスが怪しいぞ」と感づき始める。

五月中旬になって正田家に乗り込んだ記者もあったが、応対に出た冨美に「とても身分が違いまして……」と、まるで問題にされなかったと、元毎日新聞記者の藤樫準二は『天皇とともに五十年』に書いている。

そうしたマスコミの目をかいくぐって七月二十三日、東宮大夫を伴った宇佐美長官と小泉信三は、揃って葉山の御用邸で天皇と皇后に拝謁した。両陛下にさまざまな角度から妃候補を検討してきたこれまでの経緯を説明し、最後に「正田美智子が最適」との報告をしている。

この葉山での状況は、「天皇からは同意を与える意向が示されたが、皇后は黙ったままだった」とする見解がこれまで一般的だった。

平成二十六（二〇一四）年九月、宮内庁が公開した『昭和天皇実録』によれば、

「皇太子妃選考の説明を皇后と共にお聞きになる」

と記されているが、詳しい説明はない。

またこの翌日、新聞協会加盟各社は報道協定を結び、「皇太子妃選考の正式発表までの自主的報道規制を決定」した。

逆に言えば、葉山での両陛下への報告は、それだけ微妙な内容だった、と言えそうだ。

このままでは進展は難しいと考えた小泉は、宇佐美にもうひと押しを頼んだ。八月に那須の御用邸で拝謁し、両陛下の正式なご了解を頂いて欲しい、というのだ。

八月に入ると天皇・皇后は例年どおり那須の御用邸に行幸啓される。

終戦記念日の八月十五日は、両陛下とも散策などのお出ましを控えられ、御用邸内で静かに過ごされることを宇佐美は心得ていた。

藤樫記者は「宇佐美長官が単独で那須御用邸にまかりいで、両陛下に正田家に対し内交渉開始のご内許を得た」(『天皇とともに五十年』)としているが、この記述は『昭和天皇実録』によって証明された。

『実録』には、

「八月十五日　午後、この日参邸の宮内庁長官宇佐美毅の拝謁を皇后と共に受けられ、皇太子と正田美智子との結婚の話を進めることをお許しになる」

と記されている。『昭和天皇実録』に「正田美智子」の名が初めて登場するのがこの件《くだり》である。

知らせを聞いた小泉は翌十六日、さっそく軽井沢の正田家別荘を訪ねた。

第五章　浩宮誕生でも広がる「嫁・姑」問題

ご懐妊の兆候

正田家の別荘を訪ねた小泉信三は、ある程度の勝算を予測していたものと思われる。

だが、正田家は「身分が違うから」の一点張りで、小泉の説得を幾重にも丁重に断ったのだった。

皇太子は、実はこの夏休みも軽井沢で美智子さんとテニスを楽しむ計画を立てていた。しかし、正田家は夏休みを早く切り上げて帰京、美智子さんをまるで避難させるかのように、あわただしく旅立たせた。

その背景には「身分が違う」という問題だけでなく、マスコミの激しい取材攻勢から逃げることと、いったん冷静になって考える時間を美智子さんに与える、という正田家の方針があった。

美智子さんの旅がブリュッセルでの聖心卒業生国際会議への出席を経て、欧州各地やアメリカを巡る長旅となったのは、すでに述べたとおりである。

「お断りする以外に選ぶ道はありません」

「自分はその任に堪えるとは思えない」

美智子さんの手紙が海外から留守宅に届いていた。

それでも、皇太子は乾坤一擲《けんこんいってき》、電話攻勢に出て、帰国した美智子さんへの説得を諦めなかった。

黒木従達《つぐさだ》東宮侍従や友人たちの応援もあった。

「僕は家庭を持つまでは絶対に死んではいけないと思っています」

皇太子の強い決意に美智子さんの心が動き、遂に「美智子はおっしゃるとおりにいたします」という返事を皇太子が聞いたのが、昭和三十三（一九五八）年十一月八日の晩とされている。

こうして十一月二十七日午前の皇室会議の結論を受け、同日午後の婚約発表記者会見に臨んだのだった。

ようやく苦労が実ったとき、関係者は満面に笑みを浮かべていた。

宇佐美毅《うさみみたけし》は宮内庁長官の椅子にいる人物だからいわば内側だが、小泉と田島道治《みちじ》は十年近くにわたって、皇太子妃選定に尽力してきた外部協力者（田島は昭和二十八年に宮内庁長官退任）だった。苦労が報われたと感じたことだろう。

田島は十一月二十九日、感謝を告げに小泉邸を訪れた。小泉は上機嫌で迎え、「俺は大石内蔵助をウチの中で演じていたようなもので、くたびれたよ」と言って妻と顔を見合わせて大笑いしたという。

十二月三日になると、田島は六本木の料亭「はん居」に入江相政《すけまさ》侍従を招待している。上方舞の舞踊家・武原はんが経営する料亭である。

『入江相政日記』にも、「武原はんの家。田島さんの招宴。この間からの慰労の意味であらう。なか〳〵おいしかつた」とある。ねぎらいとともに、今後のこともよろしく、との願いも込められていただろう。

こうした婚約を祝う気持に、国民の多くが共感して、それが「ミッチー・ブーム」となって広がっていった時代であった。

だが、すべてが祝いごとを述べる声ばかりだったとは限らない。

「無思想人」を自称する大宅壮一は「ミッチー・ブーム」を俗悪視していた一人だった。婚約記者会見直後の世相を、次のようにバッサリ斬り捨てる。

「天皇制の戦後最大のデモンストレーションだ。こんどのことは、だれがなんといっても演出だと思う。二十四歳の娘の優等生ぶりなぞ、やがてなんの役にも立たなくなる」

（『週刊新潮』昭和三十三年十二月十五日号）

皇太子をモデルに、ベストセラー『孤独の人』を書いた「ご学友」の藤島泰輔も、皇太子と距離を置く一人としてこう述べる。

「さかんに書き立てられているように、電話で話しただけで果して愛が成り立つかどうかは別にして、今後皇室に入って大へんだろうという心配が多いですが、ぼくは絶対に同情しない。同情するにはあたらないと思っています。正田さんが不適格だというのではなく、結局彼女は自ら承諾し、決意したからです。――この上はただ自分の選び決定した困難な道を、どこまでも、オモテをあげて突き進まれることを願うだけです」

（『週刊新潮』同前／抄出）

婚約発表記者会見の翌朝、「読売新聞」（昭和三十三年十一月二十八日）は「学友が語る〝お二人〟」という座談会を掲載している。七人に及ぶ座談会の司会役を務めた作家の曽野綾子は、出席者の藤島泰輔にこう切り出している。

曽野　藤島さんはあの小説（注・孤独の人）の題をかえなければなりませんね。（笑声）

藤島　とにかく見直したね、宮内庁を。この上は正田さんが皇室に入ったのでなくその逆だというような解釈でいきたい。

藤島は「孤独」に関しては多少の軌道修正を見せつつ、こうなったらむしろ強い正田さんであって欲しい、という趣旨の発言をつけ加えた。

藤島　殿下がどれくらい古い社会と正田さんとの間のカベになれるかということでうまく行くか、行かないかはきまると思います。

藤島が懸念したように「古い社会」側からの美智子さんや母・冨美への風当たりは予想以上に強かった。

先に述べたが、美智子妃がまだ「妃」となる前に、皇太子にはじけるような健康美を見せてテニスを楽しんでいたような姿は、旧時代の皇室にはなかったものだ。

それ故であろうか、ある種の怨嗟、学習院出ならそんな恰好はしない、アプレの町場の娘だからといった声が、結婚後にも聞こえよがしに上がっていたのである。

新婚生活が始まって三ヵ月が過ぎ、最初の夏が訪れたある朝だった。

常盤松東宮仮御所で美智子妃は初めて体調の異変に気付いた。どうも胸がつかえ、食欲もわかない。そこへ嘔吐感も加わったため急ぎ東宮職員に相談し、専門医の診察を受けられるよう手配がなされた。

入江侍従の耳には早くもこの情報が届いていた。

「七月八日（水）快晴

東宮妃のことにつきいろ〳〵論議する。一日も早く小林教授をお召しになることが先決と主張する」

（『入江相政日記』）

「小林教授」とは、東京大学医学部産婦人科の小林隆教授のことである。

だが、この段階で外部から産婦人科医を呼ぶのはマスコミ対策上、好ましくないと東宮職は判断、まずは佐藤久東宮侍医長の診察を内々に受けることとなった。

佐藤は昭和三年以来、東宮侍医として仕え、昭和三十年からは東宮侍医長に任命されていた老練の医師である。小林教授の名前が真っ先に入江の口から出たことは、すでに「おめでたの兆候あり」という判断が関係者の間にはあったと受け取れる。

東宮職は当面の皇太子・同妃の公務スケジュールの変更や、それによって起こるであろうマスコミ対策に追われた。さしあたっては、七月十三日に松方コレクションの名画展を清宮《すがのみや》と三人で見に行く予定が公表されていたが、ご体調を考慮すると欠席はやむなしとされた。さらにその先には日光へ、八月に入ると京都、滋賀への旅行が予定されていた。

清宮は皇太子・美智子妃のご成婚直前の三月、島津久永氏との婚約を発表し（結婚は昭和三十五年三月十日）、「私の選んだ人を見てください」という流行語を生んで話題の渦中にあった。スタイルが良く、上品な容姿と明るい笑顔が好感を誘う新しいタイプの内親王だった。

その清宮と美智子妃という国民的スターが十三日にはお揃いでお出ましというので、マスコミには絶好の取材チャンスと思われていた。だがこの日、美智子妃だけが「風邪のための微熱」を理由に欠席したことから、マスコミが「もしかして」と一斉に色めき立ったのである。

七月十五日午前十一時、騒ぎを静めるため黒木東宮侍従が異例の記者会見を行った。当日の新聞各紙は夕刊で大きく第一報を掲載した。概略、次のような発表だった。

「皇太子ご夫妻は来る二十日から二十二日まで日光へ、来月七日から十日まで京都、滋賀へ旅行されることになっていたが、美智子さまは最近おからだに異徴があるので十四日東宮侍医が相談の結果、大事をとって旅行の中止が望ましいという結論に達し、同日宮内庁はこの旨を葉山で静養中の両陛下に申上げた」
（「朝日新聞」昭和三十四年七月十五日夕刊）

マスコミは「おからだに異徴があるので」との見解を、「〝おめでた〟の模様」との見出しで報じた。

黒木東宮侍従は、「まだはっきりご妊娠とは断定できず、こんご確兆があれば正式に発表する」として、今回の会見が略式のものであることを付け加えたのだった。

それにしても、当時の宮内庁は、「異徴」だの「確兆」だの、聞きなれない言い回しをよく考えついたものだと感心する。そんな中で佐藤東宮侍医長は、新聞に次のような一歩踏み込んだコメントを発表した。

「(十三日の松方コレクションをご覧になる件の中止は)東宮職ではおかぜ気味のため取止めと発表したが、これはご妊娠にともなう発熱と拝される。妃殿下はご結婚以来いちどかぜをひかれただけでご健康である」

(「朝日新聞」同前)

もし美智子妃にお子さんが誕生すれば、戦後初の皇孫ということになる。かつては皇室親族令にのっとって、諸儀式には細かな規定があったのだが、皇室典範が改正された戦後はまだ前例がなかった。

宮内庁も、記者会見はじめもろもろの進行には苦慮したようだ。

たとえば、ご懐妊の発表は戦前なら侍医の診察で妊娠確定後三ヵ月以降に行われていたが、今日ではマスコミの「報道の自由」のたてまえ上、そうもいかない。隠せば皇太子妃選定騒動の二の舞になりかねない。そこで今回は早めに記者会見を設定した。天皇・皇后への報告も、発表直前というあわただしさで東宮職は切り抜けた。

八月十七日付で小林隆東大教授が皇太子妃専任産科医として正式に任命され、柏木登美乃・東大附属病院産婦人科婦長が教授に付き添うこととなった。佐藤東宮侍医長が後年書き残した回想録には、

「昭和三十四年八月二十日、妃殿下のご出産に大任をお引き受けした小林博士は、柏木助産婦を同道してくわしい拝診を願った」（『浩宮さま』）

とあり、このあたりで正式な「ご懐妊」という診断が出たことが分かる。

追いかけるように記者会見が行われ、「佐藤、小林両教授の診断の結果、ご妊娠四ヵ月と確定した。経過は極めて順調である」との発表があった。

ただし一つ大きな問題があった。

昭和天皇の場合には節子《さだこ》東宮妃（貞明皇后）が東宮御所内御産所で出産され、今上天皇（明仁《あきひと》皇太子）の場合は良子《ながこ》皇后が宮城内の産殿に入って出産されている。

今回は東宮妃ご本人の希望とともに医師団の判断から病院出産と決められたが、どの病院にするかが問題だった。

近代的な設備の面だけからいえば慶應病院や聖路加、日赤産院といった民間の病院が挙げられ、医師団の関係からは東大病院も考えられた。だが、警備や報道対策が重視された結果であろうか、最終的には宮内庁病院で出産する運びとなった。

宮内庁病院と言っても、もとは古びた三階建ての倉庫だった建物を改造して病室、診療室に充てたものだ。風通しも悪く、うす暗い。宮内庁職員でさえ利用を敬遠すると言われていた病院である。

小林教授や黒木侍従たちは、せめて快適な環境づくりを、と最新式の医療設備だけは整えるよう奮闘し、限りある皇室予算をフル活用した。その結果、分娩台が最新式のものとなり、陽当たりのよい静養室や新生児室などがしつらえられた。さらにペンキを塗り替えるなどして、どうやら倉庫には見えない、病院としての最低限の条件を満たす産室が出来上がった。あとは、ご出産予定日と言われる翌年三月初めを待つだけとなったのである。

徳仁親王誕生

まだ予定日より一週間も早い二月二十二日の深夜、正確には二十三日午前零時四十分ごろだった。

静まり返っていた宮内庁病院の一角が、にわかにあわただしくなり、各所に灯りがともった。東宮職から「妃殿下がご入院される」との急報が入ったのである。

二月二十二日の午前、午後二回にわたる小林教授の診察の際には、まだ何の気配もなく「予定日は三月一日前後」との診たてを発表したばかりだった。

だがその晩十一時過ぎ、今までとは違う兆候と痛みが美智子妃を襲った。

電話で呼ばれて駆けつけた小林教授も驚いた様子だったが、即刻入院が決められた。美智子妃は直ちに女官の介添えで和服に着替え、柏木婦長とともに玄関前に用意された自動車に向かった。

それが深夜の一時半ごろである。小林教授を先頭に、鈴木東宮大夫《だいぶ》、黒木東宮侍従、牧野純子《すみこ》東宮女官長らが後続の車に分乗して、一行は急ぎ宮内庁病院へ入った。

背広に着替えた皇太子は、御所で知らせを待つのが慣わしなので、二人は玄関先で会釈をして別れたのである。

車が病院へ着くと、不思議なもので、さっきまでの陣痛がやや遠のき、まだもう少し時間が掛かるような感じがして、妃殿下は周囲の人々に気を遣ったという。

病院玄関で用意された担架に乗り移り、静養室に落ち着いたのが、午前二時を回ったころだった。やがて、一報を聞いた母・冨美も駆けつけたが、病院前は報道陣でごったがえし始めていた。テレビ局と新聞各社が色めき立つ中、皇宮警察の警官たちは関係者以外の立ち入りを食い止めようと懸命になって動き回っている。

入江相政侍従も寝込みを起こされた。「珍しく安眠してゐたらQRの人におこされる。妃殿下が御入院になつたとのこと」と二月二十三日付の日記には記されている。

「QR」とは文化放送のことだが、侍従長（このときは三谷隆信）はもとより侍従職は、みな予想外の早い入院に一瞬驚かされたようである。どんな時間であれ、侍従職は皇后や東宮妃ご出産に際しては万端の準備を整えて待機するのが宮内庁の古い慣わしとなっていた。

良子皇后の明仁皇太子ご出産を例にとれば、予定日が近づくと、宮内省の要職にある者に対しては遠出などの禁足令が発せられていた模様が『牧野伸顕日記』からうかがえる。

「是までの例により、兼而《かねて》宮内大臣の内報もあり、御産気御催しの節は参殿、同大臣と共に伺候致すべき予定なりしに付、近日は特に遠出を差扣《さしひか》へ、急報に備へ居りたるところ、本日暁天五時半頃即時出頭すべく皇后職より電話あり」（昭和八年十二月二十三日）

良子皇后の出産も予定日は十二月二十八日とされていたところ、やはり陣痛が早く来たため関係者があわてたことが分かる。このときの牧野は内大臣に任ぜられていた。この長男に嫁した牧野純子が東宮女官長として、今度は美智子妃に付き添っていたわけである。

振り返ってみれば、良子皇后は四人の皇女を出産し、流産も一度あった。皇太子を身籠ったのはいわば六度目の懐妊だっただけに、すべての人々が抱く〝期待感〟は、極めて大きかった。日嗣《ひつぎ》の御子・皇太子誕生の朝は、サイレンが二回響き渡った。女児が生まれたときは一回、男児なら二回と定められていたのだ。朝もやをついて人々は二重橋前に押し寄せ、「ばんざい、ばんざーい」と歓喜の声を上げた。この人波は夕刻まで続いた。

美智子妃の場合は、戦後になって初めてのご出産だけに、宮内庁はすべて「前例」を見ながらの対応となった。

この年の歌会に、美智子妃は出席できなかったが、お歌はまず講師《こうじ》の坊城俊厚《ぼうじょうとしあつ》によって読み上げられた。昭和三十五（一九六〇）年のお題は「光」である。初めての出産を控えた新年に、生まれ来るわが子への願いを込めたような歌だった。

光たらふ春を心に持ちてよりいのちふふめる土になじみ来《き》

「光たらふ春」とは、出産予定の三月の意である。「いのちふふめる土」は母なる大地を指すのだろうか。母となる日を待ち望む気持を強く謳い上げたものと解される。

いま、光の春は近づき、美智子妃は母となる瞬間を待っていた。

そのまま静養室のベッドで時間は過ぎたが、陣痛は規則的に来るものの分娩室に入るまでには至らない。小林教授たち東大産婦人科教室のスタッフは、やや焦りながらも待機するしかなかった。

仮御所で報せを待つ皇太子に、容態はどうかと尋ねられた戸田東宮侍従も「経過はご順調で、お変わりございません」としか答えられない。

やがて陣痛の間隔が短くなって、痛みが切迫してきた午後三時五十分、分娩室に移られた。午後四時十五分、大きな産声が室内に響き渡った。分娩室の向かい側にある控えの間でじっとこのときを待っていた冨美や黒木東宮侍従たちにも、分娩室の元気な泣き声が伝わってきた。

間もなく宮内庁の課長から、

「皇太子妃殿下は、本日午後四時十五分、宮内庁病院でご出産、親王がご誕生になりました。御母子ともにお健やかであります」

との発表があり、同時に控室にいた瓜生順良《うりゅうのぶよし》宮内庁次長から宇佐美毅長官に報告、同長官が天皇・皇后両陛下にお喜びを伝えるという手筈がまずとられた。

その報せを聞いた天皇は「あ、そうか、よかった」と思わず大きな声をあげ、傍らの皇后に「良宮《ながみや》、男の子だよ」と嬉しそうに話し掛けたという。

なかなか男児に恵まれなかった天皇は、かつて側室を置くことを勧められ、「人道にもとる行為はしたくない」と毅然として断ったという逸話の持ち主だ。それだけに感慨深いものがあったのだろう。

また、深夜から病院に詰めていた鈴木菊男東宮大夫も、東宮仮御所で一報を待っている皇太子に急いで電話を入れた。宮内庁病院と皇居、東宮仮御所を往復する関係者や記者の数もどっと増え、夕刻とともに吉報があわただしく駆け巡ったのである。

小林教授が発表した内容を要約すると、

「お子さまは標準より少し小さい二五四〇グラムだが、母子ともにお元気だ。万全を期すため、お子さまは保育器に入れることを考えている。妃殿下のご退院は順調にいって二、三週間後になろう」

（「朝日新聞」昭和三十五年二月二十四日）

鈴木東宮大夫からの電話を仮御所で受けたのは、戸田東宮侍従である。戸田は受話器の横で待っていた皇太子に「親王さまが無事お生まれになったとのことです。おめでとうございます」と伝えたが、自らの目が潤んでくるのを抑えきれなかった。

皇太子もほぼ同じ心境だったと思われる。急ぎお見舞いの支度を始め、花束を用意すると、報道陣が待ち構える宮内庁病院玄関前に降り立った。真っ先に小林教授にねぎらいの言葉を掛け、案内に従って足早に静養室へ入った。まだ深い眠りから覚めない妃殿下の側に花束を置き、隣のベッドに寝かされている、羽二重の産着に包まれた小さな命に目をやった。

「僕は家庭を持つまでは絶対に死んではいけないと思っています」と一年半ほど前に電話で話した証が、いま現実感を伴って眼前に横たわっているのだ。

三十分近く、眠っている二人を見守っていただろうか、やがて皇太子は足音を忍ばせるように退室し、皇居へ向かった。

翌朝の新聞各紙は、こぞってこのニュースを大きく伝え、祝福した。男児であったことに、国民もまた胸を撫で下ろすような安堵と喜びを感じていた。

最近公開された『昭和天皇実録』では、親王出産に至る経緯について、多くのスペースを割いて述べている。「新しい皇室」を象徴する慶事として、またとない機会であると捉えての判断だったのだろう。その一端を引いておこう。


「二月二十三日　この日午後四時十五分、皇太子妃が宮内庁病院において親王を出産する。天皇は、御産所参候の宮内庁次長瓜生順良より宮内庁長官・侍従を経て、直ちに皇后と共に報告を受けられる。ついで皇后と共にお慶びのお言葉を、侍従松平潔を通じて東宮職に伝えさせられる。ついで皇孫及び皇太子妃との対面を終えて参殿した皇太子と御対面になる」

「二十四日　皇孫誕生につき、拝謁の間において、宮内庁長官以下総代の拝賀を、ついで正仁親王、貴子内親王始め皇族・元皇族等の拝賀を皇后・皇太子と共にお受けになる」

「二十五日　午前、宮内庁病院に皇后と共にお出ましになり、二階御休所において皇太子と御対面になる。それより白衣をお召しになり御静養室に皇太子妃を見舞われ、ついで皇孫と初めて御対面になる」

「二十九日　皇孫誕生七日目にあたり――午前十一時、命名の儀を行われる。皇孫は、名を徳仁《なるひと》と命ぜられ、浩宮《ひろのみや》と称される。なお、親王名及び称号は宮内庁長官より選定を依頼された東京大学名誉教授宇野哲人・東京文理科大学名誉教授諸橋轍次が数種類ずつ選んだ中から、皇后・皇太子・同妃と相談の上、御決定となる」

（抄出）

長い引用になったが、それでも全体から言えば何分の一かに過ぎないほど、親王誕生に関しては詳細な記録が残されている。

保育器に入っていた時期はあったものの、その後の経過は順調で、当初小林教授が予定した二、三週の中間、十九日目に当たる三月十二日の退院と決まった（昭和三十五年は閏年《うるうどし》）。

この朝、小さなトラブルが美智子妃と女官の間に起こったと言われている。

病院の前ではカメラの放列が予想されるので、美智子妃は髪も整えお化粧もきちんとして退院したいと女官に伝えた。長い入院生活で、やつれたような表情を人前に曝したくはなかったからだ。

ところが、その旨を関係者に尋ねるように指示したところ、「その必要もないし、前例がない」と断られたといって、女官が帰って来たのである。

女官が誰と交渉して断られたのかは判然としないが、宮中内部に依然として反感を抱くグループがいたことだけは確かだった。

実際、「まあ、しっかりと親王さまをお産みになって、ソツのないお姫さまですこと」というような皮肉を込めた声が内部から上がったと、その後、マスコミが報じている。

「ソツがない」と言われても、計画して男児が産めるわけではない。

美容師を呼びたいという強い希望はようやくかなえられ、ひととおりのヘアメイクを終え着物に着替えた。真っ赤な顔をして目を閉じている浩宮は、羽二重のおくるみに包まれていた。足元に気を付けながら迎えの自動車に乗る美智子妃に、浩宮を抱いた牧野女官長が続く。

拍手が鳴りやまない病院の玄関前を離れ、カメラマンや記者が待機する位置に車は差し掛かった。女官長から浩宮を受け取って抱いていた美智子妃は、カメラマンに顔がよく見えるよう自動車の窓を降ろした。

母宮となったにこやかな表情の美智子妃と浩宮の顔が写っている写真が、翌朝の新聞紙面を飾った。親王は生後十八日ながら、目鼻立ちがくっきりした好男子だとすぐ分かる写真である。東宮妃も輝くような美しさを放っている。

だが、隣に写っている牧野女官長の表情はことのほか険しい。大切な日嗣の御子を寒風にさらすとは、と思ったのだろうか。これまでの慣習にそぐわない対応だと立腹してのことか。

いずれにしても、この退院写真が物議をかもし、美智子妃への非難めいた声が上がる原因となった。いばらの道はさらに新しい局面を迎える。

退院写真への風当たり

宮内庁病院を出られたところで撮られたこの写真が新聞に掲載されるや、宮中守旧派と言われる人々から、非難めいた声が上がった。松平信子や牧野純子を中心とした旧華族夫人たちを刺激し、辛辣な反応が示されたのだ。

何よりも牧野は現場にいた当事者であり、自動車の中でとっさに険しい目を東宮妃に向けた写真が残されているのが、如実にコトの真相を物語っている。

宮中の長い慣習では、皇子が生まれても誕生後五十日経って宮中三殿への参拝が終わらないと、写真は公開されなかった。

しかも、公開は宮内庁（省）側が写した写真に限られていた。

そうした慣例に照らし合わせれば、型破りだったことには違いない。結果的に、写真をおおっぴらに撮らせる、という行為そのものが下品で皇室の尊厳を損なうとか、風邪でも引かれたらどうするのかといった指摘につながり、果ては、マスコミに媚を売っているかのように捉えられたのである。

東宮女官長がいるにもかかわらず、ご自分で抱かれていた、という非難もその一つだった。

また、平安時代から皇室内では后妃は自分の子に自分の乳を与えることはせず、乳人《めのと》と呼ばれる乳母を雇い入れて育ててきた。それを可能な限り母乳で育てようと試みたのは、実は良子皇后だった。

よほど体調を崩したとき以外には母乳で六人もの皇子女を育て上げた皇后だが、制度としての乳人を廃止したわけではなかった。さらに、授乳は日中に限られ、夜は乳人に任せた。

ところが、美智子妃は始めから乳人制度そのものを廃止し、母乳だけで完璧に育てると宣言し、制度改革に踏み込んだ。

それだけではなく、間もなく完成する新しい東宮御所には、妃殿下自身が料理をして皇太子やいずれ生まれてくる子供たちのお弁当も作りたい、という強い希望から専用キッチンが用意された。これまで皇太子妃が台所に立つという例はなかった。

そういう「改革」が、守旧派にはいちいち皇室の伝統を壊すものと受け取られていたようだ。

だが退院写真に関しては、あれは美智子妃の発意で窓が開けられたのではなく、単に誤解だった、ということが後年になって明らかになる。

たとえば、当時現場にいた宮内庁担当記者たちからは、あれはわれわれ取材陣が浩宮の写真を撮りやすいように、宮内庁に申し入れてやってもらったものだ、という証言が残されている。

実はこのとき、黒木侍従と記者クラブの間に押し問答があった。美智子妃から退院の際に、フラッシュだけは焚かないでもらえないかという要望が黒木にあった。しかし、車内なのでそれは無理だと記者クラブに却下されてしまう。それを聞いた美智子妃がふたたび頼み、記者クラブが出した代案が車の窓を開けることだったのである。強い光の衝撃から浩宮を守ろうとする美智子妃の堅い決意だった（元侍従次長・八木貞二『文藝春秋』平成十四年三月号）。

雑音も多少聞こえる中ながら、生後間もない浩宮を交えた親子三人の新生活は順調に滑り出した。何よりも、工事中だった赤坂御用地内の新東宮御所が昭和三十五（一九六〇）年四月に竣工したことは、美智子妃にとって心休まることであったろう。

ご一家の引っ越しは、六月十八日午前十一時と決まった。

思えば婚約中から皇太子と二人で新居設計の夢を語り合い、子供が生まれたら部屋はどこにしよう、好きな手料理を作って差し上げるにはああもしたい、こうもしたいと設計の変更も再三に及んだものだった。設計は東京工業大学の谷口吉郎教授で、地下一階、地上二階、およそ千百七十坪の鉄筋コンクリート造りである。

常磐松の御所ではとても無理だったが、新築にあたっては公的な執務を行う公室棟と私的な私室棟を区分し、なるべく公私混同を避けたいというのが二人の一致した意見だった。

出来上がった新御所の私室棟は、さらに表私室と奥私室に分かれており、その点では希望はかなり叶えられた。

この御所が建てられた場所は、かつて貞明皇后の御座所であった大宮御所の跡地である。

東宮御所の変遷について付け加えれば、昭和六十四（一九八九）年一月に昭和天皇が崩御し、明仁皇太子が践祚《せんそ》され天皇となられたが、御座所はしばらくそのまま東宮御所を使われたので、呼称が「赤坂御所」と変わった。

平成五（一九九三）年、徳仁皇太子と小和田雅子さんの結婚にあたって皇居内の吹上御苑内に新築された御所に天皇・皇后と紀宮清子《のりのみやさやこ》内親王が転居された。その後に、赤坂御所が皇太子徳仁親王と雅子妃の東宮御所となったのである。

新築なったばかりの東宮御所は、やがて浩宮がよちよち歩きを始めたとき怪我などしないようにと、子供部屋をスポンジシート張りにし、落書きも簡単に消せるようビニールを壁に張るなど、さまざまな工夫が凝らされていた。

親子同居、なるべく他人の手に子供を委ねない、さらに居間の隣に小さなキッチンを設ける、こうした積み重ねによって一層家庭的な味わいを出すことができるようになった。「お清所《きよどころ》」と呼ばれるこの調理室は、やがて将来、子供たちのお弁当作りに役立つことになる。大膳課の厨房ではない、小さな台所こそが皇太子夫妻の希望の象徴であった。

それは、皇太子にとっても、孤独に耐えた過去から決別し、「家庭」を持つ意味を実感できる改革につながったように思われる。

新居に落ち着いた美智子妃は、若い母親としての心情を込めた歌を二首詠まれている。

含《ふふ》む乳《ち》の真白《ましろ》きにごり溢れいづ子の紅《くれなゐ》の唇生きて

あづかれる宝にも似てあるときは吾子《わこ》ながらかひな畏《おそ》れつつ抱《いだ》く

前の一首は「真白き」と「紅」という鮮やかな色彩を振り分け、乳を口に含む親王の生命感と若い母親としての喜びを謳い上げたもの。

後の歌には、わが子ながらいずれの日にか皇太子となり、やがて天皇になる。そう考えると、宝物のように腕全体で「畏れつつ抱」いてしまうという率直な心が詠まれている。いずれも秀歌と形容するにふさわしい歌であるが、特筆すべきはやはり民間出身の妃殿下だからこそ詠めた歌だという点だろう。

これらの歌を通して、皇室が新しい夜明けを迎えたことを実感した人は多かった。

かつて、皇太子は三歳になると慣例に従い、両親のもとから離された。昭和十二（一九三七）年三月、赤坂御用地内の東宮仮御所で傅育官《ふいくかん》の手で育てられることになった。昭和天皇も良子皇后も、この決まりを覆そうと何度も「手元において育てたい」と周囲に訴えたが叶わなかった。これだけ広い宮城に皇太子が住む場所がないのかと天皇が嘆いたと伝えられる。両陛下の喪失感は強く、皇太子もまた家庭の団欒への憧憬の念は消し難かった。

いま、皇太子は家庭の団欒を取り返し、孤独の人ではなくなっていた。

美智子妃も日一日と順調に育つ浩宮の育児に没頭することで、一部旧世代からの非難にも耐えることができ、皇太子に尽くすこともまた喜びであるように見受けられていた。

浩宮が誕生して七ヵ月が経ったころである。

昭和三十五年九月二十二日から十月七日にかけて、皇太子夫妻はアメリカ合衆国を訪問することになった。

新たな東宮御所に越して間もない六月は、いわゆる安保闘争が頂点に達したときである。

美智子さんが婚約をお受けするかどうかを決める親族会議の席で、もっとも懸念されたことの一つに、「天皇制反対」を叫ぶ反体制グループなどがもし政変を起こしたらどうなるのか、という不安感があった。イラク国王のファイサル二世以下、皇太子や王女たちがクーデターで殺害されるという事件も記憶に生々しい。

学生や労働者のデモが国会議事堂を取り巻いた安保闘争の日々は、あの箱根の会議での不安を甦らせるに十分だった。

その中で岸内閣は安保条約改定の強行採決に踏み切り、安保闘争がようやく沈静化する時期が訪れた。だが六月十九日に予定されていたアイゼンハワー米大統領の訪日は、混乱のため実現をみなかった。

そもそも大統領訪日は安保条約の批准と直接の関係はなく、日米修好通商条約百周年を記念して招待が決められていた。したがって、皇太子夫妻の訪米も大統領訪日に対する答礼の意味が込められ、早くから計画されていたものだ。結果は皇太子夫妻による一方的な親善訪問となってしまったために、微妙な苦労が双方の外交関係者にはあったとされる。

浩宮を残しての長旅に際し、美智子妃は育児に関するメモを侍従、女官に託して出発した。そのほんの一部を紹介しよう。

「一日一回ぐらいはしっかり抱いてあげてください」

「自由に廊下を遊びまわっているときには、入ってはいけない部屋や、危険な階段に通ずるドアは、忘れずに閉めておいてください」

「おそうめんをいただいたあと、口のまわりは、ぬれたガーゼでよくふいてあげてください」

「ひとり遊びは続けさせてください。遊んでいるときは多くの人でとりかこまないように」

「お食事のときは、ご本はあげないように」

「悪いことをしたら、時には厳しく『ナルちゃん、止めなさい』と叱ってください」

（佐藤久『浩宮さま』ほか）


これが一般に「ナルちゃん憲法」と呼ばれたメモで、「憲法」と名付けたのは美智子妃自身である。絶対に守ってもらいたい決まりごとという意味を込めて付けられたのだと言われている。

留守をあずかる侍従、女官、侍医、看護婦たちの育児法は当然ながら、それぞれ違いがある。その基本を統一したいと考えてのことだった。

事実、まだ若い母親だった美智子妃が、この時期に浩宮を置いて海外旅行に出るという決定そのものが、かなりの覚悟を必要とした。

訪米を前にした記者会見（九月十九日）の内容から、それは十分にうかがえる。

「やはり難しいと思うこと、辛いと思うこともいろいろありました。いつになったら慣れたといえるのか見当もつきません。（中略）時には八方ふさがりのような気持ちになることもありますが、妥協というのではなくて、自分を伸ばしていく角度は見つかると思います。やっと安定した家庭生活のメドがついたようです」

（浜尾実『皇后 美智子さま』）

美智子妃にしては、これまで見せたことのない沈んだ気持や絶望感を露《あら》わにし、それでも改めて自らを奮い立たせようとする決意を最後に示した談話だった。

九月二十七日夜、ホワイトハウスにおいて大統領夫妻主催による公式晩餐会が開かれ、両国の修好百周年を祝う挨拶がアイゼンハワー大統領からあり、皇太子による答礼の英語のスピーチも素晴らしかったと、朝海《あさかい》浩一郎駐米大使は本省宛の電報で伝えている。

だが、ワシントンを発ってニューヨークに着いてから、美智子妃のスケジュールをめぐって小さな変更があったことは、実はあまり表沙汰になっていない。

外交史料館に保存されている当時の報告書を見ると、以下のような記述が目にとまる。

「（イ）Manhattan College of the Sacred Heartは、宗教的性格に鑑み、妃殿下が公的に御視察になる女子大学としては不適当と判断されるので、同校御視察は見合わせたい。

（ロ）しかし、妃殿下には聖心学園《ママ》同窓生のパーティに出席されるご意向があるので、十月一日、妃殿下のために同窓パーティが開催されるようお手配ありたい。（ただし本行事は日程表には記載しないこととする）」

（抄出）

これは出発前に外務省幹部から、ニューヨークの田中三男総領事宛に送られた電文である。美智子妃は現地での同窓会に出席して、歓談の時間を持ちたいという強い希望を示した。記録によればプライベート・ランチには同窓生の日本婦人六、七名が参加したとある。ほかにも出席者がいて五十名ほどの催しだった。

その後の同窓会は学生も含めて千名が集まる盛会となった。美智子妃はようやく旅の疲れや、日本での「八方ふさがり」の日々も一瞬忘れて、楽しいひとときを過ごした。

この極秘電からは、「皇室外交」に宗教性を持ち込まない、ということに外務省が想像以上に神経過敏だったことが分かる。過剰な「政教分離」精神を発揮して、海外の同窓生と会う時間まで認めようとしない外務省に美智子妃が抵抗した一幕があったようだ。

「吾子」と詠むカベ

結婚して初めての海外旅行から戻った美智子妃を待っていたのは、浩宮の元気な泣き声だった。旅の疲れも、出発前に感じていた「八方ふさがりのような気持ち」さえも、美智子妃にとっては一瞬にして吹き飛ばしてくれるほど力強い声に聞こえたろう。未来への希望を再び取り戻す生命力がそこにはあった。

アメリカ訪問前、美智子妃は東宮侍従の浜尾実を呼んで、特に留守の間のことを頼んで出発している。

越してきてまだ四ヵ月に満たない新御所である。乳児を置いていくについては、細々としたところ配りが望まれた。

「浜尾さん、ナルちゃんをよろしくお願いしますよ」

浜尾実は昭和二十六（一九五一）年一月、東宮傅育官を拝命し、皇太子に仕えてきた若手の東宮職である。大正十四（一九二五）年生まれなので、皇太子と八歳しか違わない。歳の離れたほかの東宮職よりも感覚が近いように思われ、皇太子夫妻の子育ての良き相談相手となっていた。

浜尾の祖父・浜尾新《あらた》は東京帝国大学総長を務めたあと、当時の東宮殿下（昭和天皇）のための東宮御学問所副総裁、東宮大夫などの役を果たした人物である。

東京大学工学部を卒業し、東洋化学のサラリーマンになったばかりの浜尾が、ある日突然東宮侍従を拝命した裏にはそういう事情がある。

常盤松東宮仮御所へ浜尾が勤め始めたとき、皇太子はまだ学習院の高等科に在学中だった。東宮職はみな文化系の職員ばかりだったこともあって、若い理系の人材を皇太子の勉強相手にと考えたのは時の宮内庁長官・田島道治である。田島は昭和二十八年に宇佐美毅を後継指名して退官するが、自らの宮内府長官就任と同時に侍従長には三谷隆信を充てていた。また、東宮御教育常時参与には小泉信三を充てて、強力なクリスチャンの布陣を構築した。

こうした陣容の下で東宮妃選考が開始されたのは、ここまで見てきたとおりである。

浜尾もまた戦後すぐに洗礼を受けた、熱心なクリスチャンであった。

彼の先輩東宮職で、義宮《よしのみや》に侍従として仕えていた村井長正もまた戦前からの熱心なクリスチャンである。要するに、宮内庁トップから東宮職の隅々にまで、目に見えない強固なクリスチャン人脈があったと見ていいだろう。

浜尾は、昭和三十六年の五月上旬、幼い親王の養育に専念せよとの内命を受ける。やがて礼宮が誕生すると、二人の親王の養育に当たった。

男のお子さまの心身の成長を見守るのは男性の方が適切だからとのご判断で、両殿下から正式にご下命があった、と浜尾は述べている（『浩宮さまの人間教育』）。

浩宮から目を離さず、さらに皇太子夫妻と宮中との間の細かな調整役に徹するのが浜尾の責務である。

その結果、皇太子夫妻と宮中関係者の間に起こるさまざまな軋轢をどうしても目の当たりにする立場ともなった。デリケートな問題も耳に入る。

彼はそのころ二つのケースを気にしていた。

一つは、美智子妃の、女官長をはじめとする女官たちとの接し方である。特に皇太子妃選考過程から深い遺恨をもつ松平信子の指名による牧野純子東宮女官長との軋轢は、浩宮退院写真問題以来、一層悪化しているように思われた。

この点について、浜尾は次のように述べている。

「女官長をはじめとする女官たちとどう接してゆかれるか――ご結婚後の美智子さまにとって、これは大きな課題だったに違いない。いや、むしろ、重圧を伴う壁となって、美智子さまの前にあったのではないか。私自身、美智子さまが本当に心を開いて女官たちと話をされているご様子を、拝見した記憶がない」（『皇后　美智子さま』）

もう一点、両陛下との関係という大きな問題があった。皇后とのかかわりが気重なものだったことは折々触れてきたが、浜尾はここでは天皇との間にも疎通を欠くケースがあったと述べている。

結婚後しばらくは、義宮（昭和三十九年九月、津軽華子と結婚し常陸宮家を創設）と清宮（昭和三十五年三月、島津久永と結婚し皇籍を離脱）を含めた親子六人で食事をする習慣が週に一回はあり、その後も両親陛下がお住まいの吹上御所に週一回は参内《さんだい》するのが慣わしとなっていた。

だが、美智子妃にはそれが苦痛のようになっていた、という。

「——ご家族6人で、お食事を共にされることが慣例となっていた。われわれ侍従は、それを『定例ご参内』と呼んでいた。

ご参内は、私の記憶では毎週水曜日の夜。その日、陛下（引用者注・明仁皇太子）と美智子さまは、吹上御所に出向かれ、ご両親陛下をはじめとするご家族と水入らずの時間を過ごされるわけだ。しかし、ご結婚からそれほど時を置かないうちに、美智子さまは一度ならずこの『定例ご参内』を休まれている。皇太后さま（引用者注・良子皇后）がご異論をお持ちだったという経緯もあったろう。また、そうした『空気』が、少なからず美智子さまに伝わっていただろうことも、想像に難くない。

理由は、

『ちょっと風邪気味なので……』

などといったものが多かったように記憶している。

温厚で知られた昭和天皇が、

『来たくないなら、今後いっさい来なくともよい』

そうお怒りになったと、誰かがためにしたのだろうか、そんな噂が流されたのも、ちょうどこのころだった」（同前、抄出）

昭和天皇が本当にそのような発言をされたのかどうか、実際のところは分からない。噂が活字になった場合は、読む方も注意が必要なのだ。

それにしても、婚約直前まで家族とともに案じていたさまざまな問題が、やはり現実となって立ち現れたとしたら、美智子妃は愕然としたに違いない。実家には言えず、自分一人の胸に納めておかなければならないとも考えただろう。

わずかに母・冨美にそれとなく電話で話せたとしても、必要以上の心配はかけたくない。ましてや、皇太子にはできるだけ明るい顔を見せていたい——宮中の誰もが、自分を刺すような視線で見ている気になることさえあったろう。

波乱に満ちた昭和三十五年という年がようやく終わろうとしていた。戦後日本の一つのエポックともいえる年として記憶される年だった。

浩宮が無事に誕生したあと、安保闘争が激化したのもこの春先からである。皇室の土台さえ揺るがしかねないような状況が沸き起こった夏が終わった。

皇太子夫妻の訪米が大成功をおさめ、激動の政治の季節が鎮静化に向かいつつあった直後のこと、社会に波紋を呼ぶ、皇室を巻き込む一つの事件が起きた。

『楢山節考』で有名になった作家・深沢七郎がこの年の『中央公論』十二月号（十一月十日発売）に発表した『風流夢譚』という小説が事件の発端だった。

内容が皇室を露骨に侮辱していると受け取られるものだっただけに、宮内庁はじめ各方面からの抗議が殺到、版元は謝罪したものの事態はなかなか鎮静化しなかった。入江侍従は十二月一日の日記で、中央公論社と作者が謝罪に訪れた旨、新聞記者から聞いた、と記している。

結局、翌三十六年二月一日夜になって版元の社長宅に右翼の少年が侵入し、家族と家政婦に死傷者が出るという事件が発生するに至った。

犯人の少年は翌日逮捕されたものの、皇室記事や言論の自由をめぐって大きな問題を投げかける事件となった。

騒然としたまま新年を迎えた年だが、歌会始は例年どおり雅な名残をとどめながら開催された。この年のお題は「若」と決められていた。

美智子妃は浩宮のすこやかな成長を詠み込むべく、年末からお歌の作成に取り組んでいた。かねてから東宮妃の和歌の進講役には、歌人の五島《ごとう》美代子が当たっていた。歌壇では「母の歌人」とも言われるほど、母と子を謳い上げる第一人者といわれてきた女流歌人である。

その五島から暮れも押し詰まったころ、入江侍従に電話が掛かってきた。

妃殿下が、浩宮を「吾子《わこ》」と詠んでもよろしいかどうかお悩みだというのである。

その日の『入江相政日記』には次のように記されている。

「十二月三十日（金）快晴
五島美代子さんから電話、『わこ』『子』と（浩宮さんのことを）おつしやつていゝかとの質問、皇后さまの御諒解もとりつける」

実に難儀なことになったものである。

わが子といえども皇孫殿下である以上、将来は天皇の立場に立つ子だ。「吾子」などと勝手に美智子妃が歌うことは許されないのかもしれない。それを懸念して、あらかじめ五島・入江を通じて良子皇后にお伺いを立てたといういきさつがあったのだ。

皇后は「よろしいのではないか」と、ひんやり入江に答えたようだ。昭和三十六年の歌会始の美智子妃のお歌には、かくして「吾子」が無事詠み込まれた。


若菜つみし香にそむわが手さし伸べぬ空にあぎとひ吾子《わこ》はすこやか

実は先に紹介したように、浩宮誕生時にすでに「吾子」は一度詠み込まれている。「畏《おそ》れつつ抱《いだ》く」と、その複雑な心境を織り交ぜながら詠んだ一首である。

新年の歌会始のお歌として公表するケースとは違う私的な作歌なので、おそらくこのときには皇后の許可を得ずに詠んだのだ。だが、ここにきて改めてお伺いを立てたということは、察するに誰か、たとえば女官長の目にでも先の歌が触れたのではないだろうか。

「親王をお生みになったからといって、昔なら吾子などとは失礼でとても言えなかったものをねえ」

というような声が、年かさの女官たちから上がったのを耳にして、美智子妃は敢えてお伺い申し上げたのではないか。なにしろかつて皇室に側室制度が堂々とまかりとおっていた時代には、たとえ天子さまのお子を生《な》しても側室などは女でも人間でもなく、単に「お腹《はら》」と呼ばれていた世界である。

そうした旧弊がまだ残滓として宮中に漂っていたことを、美智子妃は改めて思い知らされるのである。


さらに、良かれと思って改善した新生活がマスコミによって喧伝され、それがブーメランのようにわが身に降りかかってくる場合もあった。

たとえば、新御所に小さな台所を設けて、皇太子のために自ら料理をすること、乳人制を廃止して母乳を飲ませる役目の女性を宮中に入れるのを止めたこと、親子同居を初めて実現したことなど、先に述べた「改革」が画期的な「宮中改革」として報道されてしまったことが挙げられる。あたかも、美智子妃でなくては出来ない改革である、といったニュアンスをもって報じられた記事がアダになった。

だが、こうした「改革」への意欲は、正確に言えば美智子妃に始まったことばかりではなかった。

美智子妃と皇太子の結婚から遡ることおよそ六十年前、明治三十四（一九〇一）年四月、明治天皇に初の皇孫が誕生した。のちの昭和天皇である。

当時の節子《さだこ》東宮妃、やがて大正天皇の后となる貞明皇后は、女官の手を借りずに自分の手で育てたいと考えた。大正末期になると、大正天皇の病気の進行具合から皇太子（昭和天皇）が摂政になったため、かなり進取の精神に富んだ貞明皇后も自らの考えを敢えて抑え、皇太子を立てるのを第一にしてきた、と言われている。

良子皇后もそのことをよく承知していたはずで、加えて戦中、戦後の苦難の時代を天皇とともに歩んできた経験がある。自分の考えをすべて自由に表明することは避け、抑制的な生活に徹したように見受けられた。

もちろん、美智子妃は自ら「改革」などという言葉は一度も発していない。むしろ、目立たないよう、内々にやっていた「改善」が写真などの公開によって悪意をもって迎えられたきらいがあった、ということだ。

「目立たないように」は、そもそも正田家の家訓ともいえるのだから、冨美とのたまの電話のやりとりの際にも重ねて言われていたのではないだろうか。

それにしても、この問題は決して表面的で単純なものではなく、かなり根が深い現象のように思われた。

次に紹介する座談会はほんの一例に過ぎないが、宮中の女官たちだけが皇太子夫妻と乖離していただけでなく、いわゆる親皇室といわれる〝時の文化人〟からも批判の声が上がっていたからだ。

『流動』（昭和四十六年十月号）という雑誌に掲載された「皇太子『明仁親王』」と題した座談会で、出席者は皇太子夫妻へのかなり辛辣な注文をあからさまに論じている。

村松剛（評論家）、黛敏郎（作曲家）、藤島泰輔（作家）、中村菊男（慶應大学教授・政治学者）といった著名人たちの発言を、その趣旨を損なわない範囲で抄出したい。

藤島　皇太子さんは少し普通の人になろうという努力が過ぎるんじゃないかという気がするんです。

黛　いまの皇太子殿下はできる限り一流の人だけの影響を受けられて、つまりいまの天皇陛下がそうであったような、人間として最高無比みたいな方になっていただきたいと思う。

村松　国が滅びて王家が存続する例は、世界史上なかったんじゃないかと思う。日本はいろんな条件に幸いされて、天皇家および天皇制は保たれた。ただ、その敗戦の衝撃が長い眼でみると現在の陛下のあとになって出てくる危険性はある。

藤島　村松さんがおっしゃったことに関連するのですが終戦後天皇制だけが存続し、貴族制度はなくなってしまった。つまり戦争前だと選び抜かれた貴族の子弟が、いまの天皇が皇太子だったころその周辺にいて、きびしいこともずいぶん言っただろうと思うんですけれども、そういう環境が全くなくなってしまった。ですから皇室民主化というようなことばがあると、皇太子さんはそれに踊らされてしまう。

中村　王兆銘が天皇にお目にかかったときに「われ日本にそむくことあっても天皇にはそむかない」といったということです。天皇にはそういう個人的魅力があるわけですね。そういう意味の人徳がいまの皇太子に期待できるかどうか。

黛　一介の市民と同じように海岸に出て貝がらを拾ったり奥さんと一緒にスケート場に出か

けて、ころんだ写真を出されたりというような民衆の人気を博する方向に関心を向けるべきではない。
藤島　私は三島さんにやや近い見方で、だいぶ小泉先生が独走なさった感じはもっています。
村松　あのとき問題になったのは、製粉会社の社長の娘がお妃になったという話じゃなくて、おこし入れする娘のほうが宮廷を開放するみたいな感じがあったことでしょう。
藤島　もうこれからは下駄屋の娘でも皇太子妃になれるという錯覚みたいなものをジャーナリズムが与えた。美智子さんは、庶民の代表というか、皇室を民主化するのは、自分だというような妙な意気ごみがあったらしくて、最近聞いて驚いたのは、週刊誌の記者を集めた皇太子夫妻の記者会見で、最前列の記者がたばこをくわえたら、美智子さんがマッチをすってつけたっていう。（笑）
黛　それではホステスだ。
中村　しかし皇太子人気のなかには、一般庶民に美智子さんのイメージが与える親近感があることは事実ですね。容姿端麗とか、美貌であるとか、そういうことと関連してですが、だから常に週刊誌の種になるんじゃないですか。

昭和四十六（一九七一）年時点で、ご成婚以来の皇太子夫妻を評したものだが、全体に流れる調子は貴族制度崩壊が皇室の大衆化をもたらしたものだとしつつ、美智子妃を半ば笑いものにするような口調が目立つ。
余談だが、私が確認したところ、美智子妃が皇太子を含めて、誰か他の人の煙草にわざわざ火をつけてあげたことなど一度もなかったという。

昭和三十四年から三十六年にかけて、美智子妃はかくも厳しい周囲の視線を浴びる中で子育てに邁進し、前進しようと試みていた。

第六章　「聖書事件」から流産への悲劇

「聖書事件」

子育てをはじめ、多様な公務に意欲を見せていた美智子妃だが、それをも挫けさせるような事件が次々と美智子妃に降りかかる。

まず、昭和三十六（一九六一）年の春から夏にかけて起こった「聖書事件」とも「宮中キリスト教事件」とも呼ばれる出来事である。

発端は皇太子の弟宮・義宮正仁《よしのみやまさひと》親王のお妃選考の過程で始まった。この時点で皇位継承順位第三位（浩宮《ひろのみや》が第二位）だった義宮について、先に少し触れておかねばならない。

義宮は昭和十年十一月二十八日の誕生だが、学習院初等科入学後間もなく左足に小児麻痺を発症し、しばらく闘病生活を送っている。年齢は皇太子の二つ下、美智子妃の一つ下なのでほぼ同じような戦中、戦後を肉体的なハンディを克服しつつ過ごした。

戦後しばらくしてかなり恢復され、昭和三十三年三月には学習院大学理学部を卒業、魚類の細胞生理学（魚の腫瘍）の研究に専念する日々を送っていた。

当時、国民は義宮に「火星ちゃん」という愛称を奉った。挙措や顔つきがどこか想像画の火星人に似ているところからついたものだが、親しみがこめられたニックネームである。

昭和三十六年春、義宮は二十五歳で、そろそろ結婚相手を決めなければならない年齢に差し掛かっていた。兄宮には美智子さんという美貌の花嫁が決まり、結婚して親王も誕生している。残る弟宮のお相手には、兄弟仲がうまくいくような女性を見つけたい、というのが周囲の共通した考えであった。

ところが、今度こそ旧皇族・華族から選ぶべし、とする考えと、美智子妃が気兼ねのいらないような〝平民〟からの方が望ましい、とする両陣営の激しい争いがまたもや繰り広げられた。

当時の住まい、義宮御殿は皇居内の宮殿裏にあり、結婚後は改築された渋谷区常磐松町の旧東宮仮御所が常陸宮御殿となる予定だった。

そのころ、東宮職義宮付の中心にはクリスチャンの村井長正と先輩格の東園基文《ひがしぞのもとふみ》がいた。東園はもっぱら結婚相手のリスト作りに専念。その間、村井は義宮に聖書を読み教え、キリスト教の奥義を語る時間を密かにもっていたとされる。内村鑑三の教え子である東大教授・矢内原忠雄が村井のキリスト教の師だった。その教義がまた義宮に伝わる。

いつしか義宮はキリスト教に傾倒し、村井とは信仰を通じて祈りや告白の時間などを共有するようにまでなっていた。この時期、キリスト教信仰と義宮妃選考問題が同時進行しており、その過程で問題の事件が発生したのだ。村井侍従と懇意だった共同通信社の記者・橋本明が村井とのやりとりを書き残している。長くなるので趣旨を外さない範囲でかいつまんで引きたい。橋本は皇太子とは学習院初等科以来の同級生でもある。

ときは昭和三十六年十月六日の午後三時から五時十分まで、義宮御殿での会話だ。


村井　困ったというのは宗教問題なんですがね。

村井は核心から話を始めた。

——義宮のキリスト教ですか。発端は、どのようにして。

村井　今年の春だった。ここの義宮さまが不用意な発言をされてからのこと。

——奥ですか。

村井は頷いた。

村井　義宮が「キリスト教を信仰している」と言われた。そのために東宮妃がてひどい立場に追いつめられて。兄弟の宮の対立が激化するし、ことば尻を摑まえて陛下を焚き付ける者が出るし。

——義宮はなんとおっしゃったんですか。

村井「私は美智子妃もキリスト教に深い理解があるので、尊敬している」というふうに。

——それが、どうして問題になるのだろう。

村井　東宮妃も皇室に入られた以上、あらゆる面でなじまなければならなかった。ただでさえ大変な苦労なのだ。それが、義宮の発言で、両陛下は東宮妃が謀反するかのように受け取られた。許し難い態度と決めつけられた。皇太子が、同妃を猛烈に苦しめることになった弟の不用意さに立腹しないはずはない。事実、大変な確執となった。

——それはまずい。たしか選考の大方針として義宮妃は東宮妃とウマの合う人。兄弟仲を緊密にする必要を強調していたと思うが。

村井　ご文庫（両陛下のお住まい）で団欒があった。陛下が「義坊ちゃん、そろそろ結婚する年頃だけれども、どういう女性をお嫁にほしいの」と問われた。宮さまは「お姉さまみたいな女性がいい」と答えた。さらに陛下が「お姉さまのような人とはどういう女性なの」と重ねてお訊ねになった。殿下は「共に聖書を読める人」と確信をこめて説明した。そして月に一回、矢内原忠雄家から「嘉信」（引用者注・矢内原のキリスト教の個人雑誌）が送られてくると一冊を参内されてきたお姉さまに渡し、二人が同時に読んでいるとニコニコとおっしゃった。

――配慮が足らない。東宮妃はそれでどういう目にあったのですか。

村井　両陛下に呼び付けられて、散々痛めつけられた。そして、ついに屈服させられた。「私はもう一切、キリストについては言わない。義宮が言われたことは事実でした」と告白された。

（『美智子さまの恋文』）


橋本明の記述は義宮側近中の側近といえる村井侍従から直接聞いた談話だけに、もし真実ならば宮中に衝撃的な亀裂が走ったのも十分理解できる内容だ。

たとえ聖書を間に挟んでの時間にせよ、義宮御殿の一室で新婚の「兄嫁」と時間をともにした、ということになる。義宮にとっては至福のひとときであったろうが、両陛下からすれば東宮妃も「不用意」と受け止められかねない。この噂は村井が言うように「ことば尻を摑まえて陛下を焚き付ける者が出」たために、たちまち大げさな表現をもって関係者やマスコミに広がった。ただし、橋本が当事者の言葉によって前掲書を上梓したのは、事件から四十数年も経った平成十九（二〇〇七）年のことである。

この騒ぎが巷間に広まったのは、一部週刊誌や総合雑誌などによるところが大きい。噂を故意に拡大したのは、義宮に民間妃が嫁ぐことだけは是が非でも食い止めたい、とする勢力だったことは間違いないと言われている。

それにしても、「伝言ゲーム」のような広がりは、事実の究明を困難にするほどの魔力に満ちた恐ろしいものだった。燎原の火とはまさにこのことである。

事件の核心は、天皇が東宮妃に激しい怒りをぶつけ、東宮妃がひれ伏した、という点に絞られていった。この「噂」は活字媒体によってさまざまな尾ひれがつけられ、拡散した。以下、先鞭をつけた活字の一端を紹介しておこう。

まずは、先に引いた村松剛や黛敏郎たち文化人座談会の続きの部分からの引用である。

中村　常陸宮が洗礼を受けられたというのはほんとうですか。
藤島　それはうそです。ただ、その危険性があったことは確かです。（中略）たまたま常陸宮さんが両陛下と食事をされたときに、美智子さんがはいってきてくれたおかげで、私はキリスト教の話ができるようになって非常にうれしいというようなことを（中略）つるっと言っちゃったらしいんです。そうしたら天皇陛下は激怒されて、そこに美智子さんをお呼びつけになって、二度とふたたび皇室の中でキリスト教の話をしないでくれと言われた。
黛　そういう天皇にはほんとに長く生きていただきたいですね。（『流動』昭和四十六年十月号）

続いて『文藝春秋』誌上に河村信彦という「ジャーナリスト」が、次のような衝撃的なレポートを書いた。

「『お姉さまとキリスト教のお話ができて楽しい。いろいろ教えられた』

何気なく義宮がもらした一言が、恐らく美智子妃に反感を持っていた人たちを通してだろう、天皇の耳に入った。
天皇の怒りはすさまじかった。すぐに美智子妃が御所に呼ばれた。天皇家は神道を守っていかねばならぬ立場である。そのぐらいの事は当然、心得ているはずだ。それがキリスト教に心酔するとは何事か。周りにいた女官や侍従が震え上るほどの激しいお怒りだった。
美智子妃は絨毯の上にひれ伏して謝ったが、天皇のお怒りは容易に静まらなかったという」

（『文藝春秋』昭和六十二年一月号）

こうして流布された情報のほとんどが、一次資料なしの伝聞ばかりだった。噂話が騒動を大きくしたという実情は、この時点では国民にはまったく分からない。この後さらに、単行本が追い撃ちをかける。

「三十七年《〔ママ〕》の秋か冬に持ち上がった『聖書事件』は、美智子妃の繊細な神経をひどく傷つけたようだ。毎週一回、東宮ご一家が両陛下を訪問しての団欒にも、美智子妃は欠席をつづけた」

（河原敏明『美智子皇后』）

事件の真相に関してはのちに詳細を述べるが、結論から言えば実際に天皇が叱責したこともなければ、ましてや美智子妃が土下座まがいの謝罪をした事実もないことがやがて判明する。
にもかかわらず、美智子妃があたかも「土下座をして詫びたという噂があった」と書くことで、騒動を一層煽る結果を招いたのだった。


「皇居に呼び出された美智子さまにとっては、文字どおり寝耳に水の出来事だった。

『陛下に土下座して詫びたが、陛下はお許しにならなかった』

と、一部の人たちはそんな噂さえしたが、もちろん、そんな事実はない」


（渡辺みどり『美智子皇后の「いのちの旅」』）


「確かに、キリスト教系の聖心女子大を卒業なさった美智子さまは、キリスト教にも造詣が深かったことは疑いもない。そんな背景を利用する人がいたということだろうか。

いずれにせよ、

『それを知った昭和天皇は、激しく美智子さまをお叱りになった。美智子さまは、土下座をされてお詫びなさったそうだ』

そんな〝神話〟が誕生した」


（浜尾実『皇后　美智子さま』）


美智子妃の弁護をしているかのように装いつつも、情報の出典も明示しないままこのように書けば、噂はかえって拡散するばかりではないだろうか。

橋本明は発端を書いた一人だが、一応、村井侍従の口から出た言葉をもとにしており、しかも「土下座」をしたなどとは言っていない。

騒動は宮中に留まらず、メディアに漏れた。

昭和三十六年八月十一日、入江相政《すけまさ》侍従は宇佐美毅《うさみたけし》長官から呼ばれて相談を受ける。困惑ぶりを表すその日の入江日記である。

「長官が来てくれとのことで九時四十分から十一時十分まで一時間半の長さになる。最近の奥のをかしな空気、東宮様と妃殿下に対すること、両妃殿下のこと、義宮さまのこと。全く弱ることばかり。くだらなさに腹が立つがそんなこと話し合ふ」

「両妃殿下」とは、秩父、高松宮両妃を指すものと思われるが、このあたりからも陛下への働きかけがあったという意味に受け取れなくもない。

義宮のお妃探し騒動

同時進行中のお妃探しの方はどうなったのだろう。

着任するときから天皇に「義宮を頼む」と言われていたという東園侍従は、「これは」と思うお嬢さん探しに奔走していた。

義宮の背が百六十・二センチと低目なので、お相手はできればヒールを履いても二、三センチ低くなる女性が望まれたが、中・高校生時代にこれはと思うお嬢さんをチェックしていると、たちまち百六十センチを超えてしまったりする。

旧皇族・旧華族にこだわるのは止めるとしても、一代で財をなした実業家は避けたい。

義宮には学習院高等科二年生のころ好意を寄せていた女性がいた。安田財閥の家系につながる小野洋子である。小野洋子は二歳年長で、学習院大学に進んでいたが、義宮のお相手とはならずさっさと結婚し、のちにジョン・レノン夫人として名を馳せることとなる。

いずれにせよ紆余曲折を経ながら、東宮妃と気心が知れるようになる候補者何人かが絞られていった。

橋本明の『美智子さまの恋文』には、学者からの候補として原子物理学者・菊池正士《せいし》家の四人のお嬢さんのうちの克子が想定された、とある。四人は男爵だった東京帝大総長・菊池大麓の孫娘に当たっていた。

さらに財界からの候補として、味の素の三代目総帥、鈴木三郎助《さぶろうすけ》の孫・睦子が有力候補に浮上してきた。父親の鈴木恭二は同社の副社長を務めている。

ところが例によって、学習院の同窓会である常磐会からの反発がここへきて再び強まった。

もう一つ、九州出身の華族、特に南部の雄藩島津家を中心としてできた親睦団体錦江会《きんこうかい》からの反対意見も聞こえてきて、事態は複雑な様相を呈することになる。錦江会を後押ししているのは、どうやら高松宮妃あたりだとも言う。

一方、「美智子妃になじみやすい民間妃で、かつ皇室にさらに新しい血を」と考える主要メンバーは、直接妃殿下選考に関わっている三人だった。宇佐美宮内庁長官、瓜生順良《うりゅうのぶよし》宮内庁次長、そして現場を任されている東園侍従である。

先の鈴木睦子のほかにも東園からは聖心女子大学出身の後輩女性（美智子妃の妹・恵美子の同級生）も有力候補に挙がっていたのだが、そこへ起きたのが「聖書事件」というわけである。

事態は逆転した。錦江会が強く推す土佐山内家のお嬢さん山内完子（元侯爵山内豊秋長女）、さらに島津慶子（元公爵・日赤社長島津忠承《ただつぐ》の三女）、久邇《くに》典子（良子《ながこ》皇后の実家・元皇族久邇朝融《あさあきら》の五女）、徳川博子（元侯爵徳川義知の次女）など元華族がずらりと勢揃いした。

だが、それぞれ「血が近すぎる」などの問題もあって決定打とはならず、最後に木戸幸一（元内大臣）の孫・木戸松子が有力視されるようになった。だが、木戸家では「うちは新華族ですから」といって辞退したとされる。

高松宮妃や錦江会の巻き返しに加えてもうひと方、舞台に現れた〝やや過激な著名人〟の発言を紹介しておこう。

「前の美智子妃の例もあることだし、宮内庁も今度は慎重に考えなきゃあね」と前置きして語るのは柳原白蓮である。

「先日も〝味の素〟の副社長のお嬢さんが候補にあがった時、名前はいえないが、ある男が宮内庁に押しかけてるんだよ。宇佐美（宮内庁長官）に会いたいと申し込んだのだが、その男の剣幕に驚いたのか、姿を出さずにね、代理の者が出てきたんだ。それで〝前は粉屋で今度は味の素か、もしそんなことでもした時には、天皇陛下の前で、腹かっ切ってみせる〟といって出てきたそうだ。そのあとで、その男が私ンとこに来て話してたんだが、宮内庁は今度は懲りてるだろうよ。当然だよね」

（『週刊新潮』昭和三十七年十一月十九日号／抄出）

どうも剣呑な話になってきたが、義宮のお妃には何が何でも旧華族出身で、という白蓮の見幕だけは揺るぎないようだ。白蓮は主張を補強するかのように、続けて自らが推すお妃候補の名前を列挙し、さらに気焔をあげる。

「加賀の前田侯のお嬢さん（前田綾子さん）や、高知の山内侯のお嬢さん（山内完子さん）、二条さんとこのお嬢さん（二条昌子さん）などが候補にあがったらしいが、どうなったかな。二条さんなどは、五摂家のひとりだし、いいんじゃないかな。

前の美智子妃の時は、学習院の常磐会が話をつぶそうとしたんだが、結局、ダメになってね。皇后さまはお泣きになったというし、今度の義宮さまのお妃だけは、もっと筋の通った決め方をしてもらいたいね。

いつだったか美智子妃の王冠のかむり方が間違ってるんで、高松宮妃が直して差し上げたんです。すると、すぐそのあとでまた、自分の思うようにかむり直したんで、高松宮妃が、〝もう教えて差し上げない〟とおこっておられたという話や、女官たちが御所言葉を使うと、〝私のいるところでは、分かりもしないそんな言葉など使わないで下さい〟と、きつくシカられたという話もあるよ」（同前）

「聖書事件」から三年後の昭和三十九（一九六四）年二月二十一日、「朝日新聞」が一面トップで義宮のお見合いをスクープした。

お相手の名はこれまで噂に上っていなかった旧弘前藩主・津軽義孝（伯爵）の四女・華子さん（昭和十五年生まれ）だった。義宮とは五歳違いで、やや幼さが残る宮にはちょうどいいお相手と思われた。義宮のところに、たまたま学習院高等科時代まで同級生だった「朝日新聞」の記者が訪ねてきた。そこで義宮が「実は今日、見合いをするんだよ」とうっかり喋ってしまったのがスクープとなったのだ。

「記者としてではなく友人として来た」という話だったので、義宮が心を許して喋った、という事実が判明し、後日、記者の倫理を問われた一例とも言われている。

いずれにせよ、実際に一週間後の二月二十八日、皇室会議が開かれ婚約が内定した。

北の果て津軽平野の主とはいえ、義孝の父は尾張徳川家の分家に当たり、華子さんの伯父はのちに侍従長を務めることになる徳川義寛という名家である。

前年末、最後になって急浮上し、写真を見た義宮がすぐに気に入った。実際に小柄でさっぱりした性格の津軽華子さんは、年齢差や身長、性格などからみてすべての条件に合致していた。そして何よりも、皇太子夫妻との仲が申し分ないほど良好になっていくのだった。

天皇の叱責はなかった

ところで「聖書事件」なるものの真相が明らかになるには、かなりの時間を要した。

「天皇の叱責」と「東宮妃の土下座謝罪」などという、昭和史に残るような大問題が表だって否定されたのは、実に事件から十八年後の昭和五十四年のことになる。

この年は皇太子・同妃のご成婚二十年に当たり、さまざまな記念行事が催され、その一環として『皇太子殿下 皇太子妃殿下 御結婚二十年』と題する写文集が中日新聞社から出版された。

すでに退任していた事件当時の鈴木菊男東宮大夫《だいぶ》が、件《くだん》の事件を初めて活字でさりげなく否定した。

以下は、同写文集に寄稿された鈴木元東宮大夫の言葉である。

「それにつけても、もう十数年も前のことになろうか。『陛下が妃殿下のことで激怒なさり、即刻呼びつけてお叱り云々』の噂が流され、その後何年にもわたりいくつかの紙面に取り上げられたことに関し一言したい。事実のないこの記事は、他の事とは違い、陛下の御名を引き合いに出してあったため、妃殿下には十余年もの間随分お悲しい思いをなさらねばならなかった。私の退任後、またしてもその記事の引用が行われたが、それがこの度は陛下のお目にとまったのであろう。後日、侍従職を通じ、『このようなことは、事実がないばかりでなく、心に思ったことさえなかった』と深いおいたわりに満ちたお言伝てが東宮職に届けられたと聞く。

このようなことも含め、お心を痛められることも多かったであろう中で、妃殿下は（略）」

（同写文集収録「東宮御所の二十年」）

この寄稿文は昭和五十四年四月に寄せられたもので、ここに至って初めて明かされた真相である。このときまで、実際には十八年間、宮内庁関係者は誰一人この件について語ってこなかったのだ。

東宮大夫という立場は、国家公務員法で規定された特別職であり、宮内庁にあって長官、侍従長に次ぐものだ。ほかには式部官長と侍従次長だけが特別職に当たる。侍従や女官長、女官、東宮侍従長、東宮女官長、侍医などは国家公務員法ではなく、人事院規則で規定されている職種である。

ついでながら、祭祀などに関わる掌典職（掌典長、掌典、巫女に当たる内掌典など）は、現行憲法では天皇家の私的行為とされるため私的使用人、つまり内廷の職員なのだ。

職員の構成をこうして見れば、東宮大夫はかなり重責だということが分かる。在任中は発言を控えざるを得なかった事情もあっただろうが、それにしても十八年は長い。ただ、この騒動は、美智子妃側が否定したくても「天皇がそう叱責した」という話だから、周囲も天皇に確認しなければ分からない。そうするには遠慮があるはずで、有効な手段を持ち得なかった、という側面があったのは確かだろう。

宮内庁はしばしば間違った報道に関して、疑問を呈したり、訂正を要求したりするが、この件ではそうした理由があったにせよ、なぜかだんまりを決め込んだ。

こうしたことは、事件の背景に何か別なものが潜んでいたのではないかという、あらぬ疑念まで生みかねない。

鈴木東宮大夫の一文にある「私の退任後、またしてもその記事の引用が行われた」という個所は、昭和五十二年十二月に刊行された暁教育図書刊行の『昭和日本史 別巻 皇室の半世紀』を指す。

以下に鈴木が指摘する個所を紹介しよう。「天皇と日本人、激動の昭和史」と題した鼎談が同書で行われ、そこでの発言が昭和天皇の目にとまったため公式に否定がなされたというものだ。

出席者は、神島二郎（立教大学教授）、荒垣秀雄（評論家）、菊地昌典（東京大学助教授）だが、問題の発言は神島二郎が翻訳書の内容紹介をする形で行われている。

神島　バーガミニ（引用者注・デビッド・バーガミニはアメリカのジャーナリストで、昭和天皇の戦争責任を極端に追及したことによりアメリカ国内でも異端視された）の『天皇の陰謀』の中にあるんだけど、美智子さんは聖心女子大学を出ているから、天皇一家が集まっているところで、つい聖心の話をしたんですって。聖心はカトリックでしょう。天皇が「うちは神道なんだから、キリスト教の話は遠慮するように」といったというんだね。ぼくは、ありそうなことだと思うね。

荒垣　バイニング夫人という人が学習院に来ていたでしょう。その時、「皆さんは将来何になる？」って、小学生（引用者注・実際は中学生）に質問をした。皇太子のところへ来たら、「私は天皇になる」といったんだね。憲法に職業選択の自由があっても、皇太子には職業選択の自由はない。

神島　イギリスの、シンプソン事件のエドワード八世のような例は、日本ではありえない。正田美智子さんと結婚すれば、皇太子を外される。

荒垣　英国のシンプソン事件の場合は、彼女の離婚歴が根本の問題です。

菊地　天皇に対して、人間的にどうかなという気持ちはありますね。天皇自身が責任をとらなかったということで、日本の戦争責任というものは、基本的なところでずいぶんいい加減に処理されてきたということがあると思います。

（抄出）

このような鼎談が天皇の目にとまり、侍従職が呼ばれたと鈴木は書いた。昭和五十三（一九七八）年三月十一日の入江日記にそれに相当する個所が見つかる。

入江は、昭和三十六年八月の時点でも、「最近の奥のをかしな空気」「くだらなさに腹が立つ」と記していた。

「三月十一日
今日はいつもより早く八時五十分に出るので入浴は一回。直接宮殿。間もなく山戸大使参内、打合。九時半より十時半迄。丁度うまく時間もまとまる。あと茶菓。大使も忙しいとみえて早々退出。そのあと安嶋大夫と面談、例の妃殿下のクリスチヤン問題についてよく話す」

鈴木東宮大夫の後任・安嶋弥《ひさし》と入江が「聖書事件」について鳩首会談をもった。天皇からの「お言伝て」があったのは、この日の直前のことであろうか。

だが、入江は事件の真相にはまったく触れていない。依然として真相は闇の中である。ましてや、入江日記は平成に入ってから刊行が始まった史料である。

昭和五十四年の鈴木の寄稿から、さらに三十五年の歳月が過ぎた平成二十六（二〇一四）年に、宮内庁が公表し閲覧が始まる『昭和天皇実録』の中で、初めて「聖書事件」の真相に関わる記述が現れたのだ。

『実録』を編纂した宮内庁書陵部が指摘したのが、先に鈴木大夫が述べた『昭和日本史 別巻 皇室の半世紀』の一件である。

つまり、平成二十六年になってようやく、宮内庁が出版社に正式に抗議したことを公表し、鈴木大夫の発言を追認したのである。

『実録』によれば、昭和三十六年八月当時、皇太子夫妻が那須の御用邸に滞在中の両陛下を訪ね、再三にわたり親子会談をもった様子がうかがえる。

ご機嫌伺い、という名目で那須を訪ねた皇太子と美智子妃は、天皇にしっかりと説明を繰り返したのではないかと思われる。

入江侍従が宇佐美長官に呼ばれ、聖書問題をめぐる「事件」の相談を受けたのが昭和三十六年八月十一日午前のことだ。その直後、皇太子夫妻は那須に天皇・皇后を訪ね、面談している。以下、『昭和天皇実録』に記された面談の記録を見てみよう。

「八月十二日　皇后・皇太子・同妃及び本日参邸の鷹司和子・東久邇文子・同秀彦・同真彦・同優子と御昼餐を御会食になる」

「八月十七日　午前、御散策にお出掛けの際、御用邸玄関前において、皇太子・同妃・徳仁親王と御対面になる。午後、島津貴子参邸につき、皇后と共に御対面になる。ついで皇太子・同妃も交えて御夕餐を御会食になる」

天皇と皇太子夫妻の会食は、親族との一連の対面の流れの中でさりげなく行われたように見受けられる。十二日は前もって予定に組まれていた会食かも知れない。

だが、十七日の〝玄関前〟での徳仁親王を交えた「御対面」というのは、予定外の演出だったように思われる。十二日の『実録』には親王の名前は記されていない。天皇家が大勢集まった席では話しにくい内容を十七日に説明するため、改めて那須に参邸したのではないだろうか。一歳半になる愛らしいナルちゃんを挟んでの会話は、おそらく弾んだに違いない。

さらに推測すれば、このあたりで噂になっていた問題は氷解したと見ていいのではないだろうか。

次に、『実録』の昭和五十三年三月十一日の項で「入江・安嶋東宮大夫面談」、並びに昭和五十四年の鈴木東宮大夫の寄稿のもととなった『昭和日本史 別巻 皇室の半世紀』の一件を、『実録』が裏づけている点だ。

「三月十一日　この日、侍従長入江相政は東宮大夫安嶋弥と面談し、皇太子妃の『クリスチャン問題』について話をする。このことについては、昭和三十年代後半頃、正仁親王がキリスト教に興味を持ったのは皇太子妃の影響であると聞かれた天皇が同妃に対し皇室においてキリスト教の話はしないようにと叱責された、と言う噂が立てられ、以後雑誌で何度も取り上げられた。さらに五十二年十二月、皇室関係の図書〔『昭和日本史 別巻 皇室の半世紀』昭和五十二年十二月刊行〕の中で同様の内容が掲載されたため、これを御覧になった天皇は、その後わざわざ侍従を通じて『このようなことは、事実がないばかりでなく、心に思ったことさえなかった』とのお言葉を伝えるよう命じられ、この深いおいたわりに満ちたお言伝てが東宮職に届けられた。また宮内庁から出版元への申し入れにより、同書の改訂版において当該記事が削除される」

改めて言うまでもなく、昭和天皇と皇后は皇太子妃が入内《じゅだい》する十年以上前、つまり終戦直後から、キリスト教への理解には格別のものがあったとされる。天皇は戦後のご巡幸先などでも、教会があればつと立ち寄り、またマッカーサーが招聘したローマ教皇ピオ十二世の特使・スペルマン枢機卿を二回にわたって招いている。スペルマン枢機卿の役割は、天皇をキリスト教に改宗させることだったといわれるが、天皇が改宗に踏み切ることはなかった。

昭和二十三年八月二十四日、オーストラリアの記者を引見した際、記者の質問に答えて次のように態度を明確にしている。

「キリスト教帰依については、外来宗教については敬意を払っているが、自分は自分自身の宗教を体していった方が良いと思う旨をお答えになる」（『昭和天皇実録』）

昭和天皇はキリスト教に並々ならぬ敬意を払っていると述べつつも、自分は神道を守っていくと改めて述べた瞬間である。

確かに、外部からは天皇が改宗されるのではないか、という観測が強まっていた時期でもあった。

皇后はその時代、皇居の中で内親王たちとともに美声も高らかに、賛美歌を毎週決まった日に歌っていた。

神道はキリスト教も仏教も含め、極めて寛大で融通無碍《むげ》なものであることを天皇自身が率先して示してきたことは明らかだった。

したがって、「うちは神道なんだから、キリスト教の話は遠慮するように」などという発言が天皇の口から出るとは、間違っても考えられない話ではないだろうか。

ましてや「美智子さまは、土下座をされてお詫びなさったそうだ」といった噂に至っては、昭和天皇に対しても極めて非礼な流言飛語に過ぎないという事実がようやく明白になったのである。

「小山いと子事件」

婚約記者会見からご成婚パレード、そして一年後には親王誕生と、慶事に国民が沸いたのは事実だった。ミッチー・ブームと呼ばれる盛り上がりも衰えることはなかった。

だが、見てきたように宮中の美智子妃周辺では、そのブームへの意趣返しとも思える難儀な出来事が続発していた。

那須の御用邸で両陛下とうちとけた時間が持て、美智子妃もようやく育児に専念できたと思えたころ、もう一つ妃を悩ませる事件が起きた。

昭和三十八年三月十一日、宮内庁は月刊誌『平凡』に連載中の小山いと子作による実名小説「美智子さま」の掲載中止並びに単行本化中止を、発行元の平凡出版株式会社（現・マガジンハウス）に対して申し入れた。

この小説は昭和三十六年一月号から連載されており、すでに二年余が経過していた。なぜ、このときになって宮内庁が抗議に踏み切ったのだろうか。

考えられるのは、二月二十三日に発売された『週刊平凡・臨時増刊』（二月二十八日号）にこれまでの連載が一挙掲載され、それが美智子妃の目にとまったからではないか、ということだ。

宮内記者会の記者によるある座談会では、次のような見方が紹介されている。

同増刊号の巻頭部分には「浩宮さまの3年間」というグラビア特集が付いており、それを見ようと手にした女官から東宮妃に渡ったところ、妃殿下が小山いと子の小説の問題部分を読んで驚愕したのではないか――（『週刊読売』昭和三十八年三月三十一日号）。

当該雑誌の発売日は、ちょうど浩宮三歳の誕生日に当たっていたのである。

言論弾圧と騒がれても困る宮内庁は逡巡しつつも、あまりに私生活侵害がひどいと判断し、抗議に踏み切ったものだと「宮廷記者」たちは語っている。

宮内庁が指摘した問題個所は、次のような点にあった。

1、興味本位の実名小説で、私生活に対する侵害と思われること。

2、事実と小説の間があいまいで、国民に誤解されるおそれのあること。

3、事実に相違することも部分的にあること。

小山いと子は昭和二十五（一九五〇）年に直木賞を受賞しているベテラン作家で、昭和三十年から三十一年にかけては雑誌『主婦の友』で「皇后さま」を連載した経歴がある。皇室関係の特殊な取材源をこうした経験から得たものと思われ、問題になった「美智子さま」の連載にも内部関係者でないと分かり得ないような部分が何ヵ所も登場している。

連載もそろそろ終盤に差し掛かったと思われるこの時期に、敢えて宮内庁が「掲載中止」申し入れの挙に出たのには、やはりそれなりのわけがあった。

雑誌『平凡』連載からここで引用するのは、「私生活に対する侵害」の拡散になりかねないので詳細は差し控えるが、大きな問題は三ヵ所ほど指摘できる。

まず、昭和三十七（一九六二）年十一月号。

ご成婚パレードが終わったあと、東宮仮御所へ着いた皇太子と美智子妃が「三箇夜餅の儀」を終え、初夜を迎えるシーンが必要以上にくどく長い。具体的な内容があるわけではないが、私生活を覗き見するかのような記述は皇太子夫妻にしてみれば耐え難い内容と言えよう。

第二は、翌月の昭和三十七年十二月号。

伊勢神宮参拝の夜、伝統にのっとった「御潔斎」という儀式が巫女の手で行われるシーン。みそぎのため、巫女に全身を清められるという件《くだり》（参考のため敢えて一部分のみ引用すれば、「巫女はまるで赤ん坊を扱うように、全身残すところなく手を入れて洗い流すのである」といった描写が続く）があるのだが、ここも不必要な記述が多く、加えて、祭主や潔斎方法に誤った記述が見られた。

第三は、抗議の直前、昭和三十八年二月号。

美智子妃は懐妊の兆候が見え始めたある日、五反田の実家《さと》に短時間帰った。そこで、母・富美から身体の変化について問われるシーンがあるのだが、ここにも必要以上に露骨な描写と解釈されかねない部分がある。

三月十二日、宮内庁の抗議を報じた「朝日新聞」に小山はコメントを寄せた。内容はおおむね次のようなものである。

「戦争中雲の上に皇室を押しあげて国民には知らせず、また戦争直後は皇室の暴露的な記事ばかり出た。そういう傾向を好ましくないと思い、皇室と国民とを親密にすべきだとの立場から、もっとほんとうのことを知らせるべきだと思いました。好ましくない個所があるなら、指摘して下されればお答えもしますが、私は筆をまげて書いたつもりは全くありません」

宮内庁の抗議の翌日、平凡出版は速かなる連載中止を決め、昭和三十八年五月号の浩宮誕生シーンをもって連載は打ち切られた。小山いと子は、「最初はご結婚式までのつもりでしたが、(中略)読者の要望があまりに多いので、浩宮さまご誕生までにいたしました。(中略)伊勢神宮御奉告の項で、祭主の描写及び御潔斎方法などに調査がゆきとどかず、関係者にご迷惑をおかけしたことをお詫びいたします」と、末尾に謝罪文を付けて終わった。

この事件は、先に起きた深沢七郎の『風流夢譚』事件と並んで、「メディアと皇室報道のあり方」や「言論の自由」について、世上に問題を投げかける騒動となった。

以上が「小山いと子事件」の概要だが、いわゆる有識者はどう見たか、小山のコメントが載った「朝日新聞」三月十二日の紙面から拾ってみよう(抄出)。

日本文芸家協会丹羽文雄理事長の話

問題は小山さんの創作態度にしぼられると思う。私個人の考えでは、宮内庁の態度を言論弾圧とキメつけるには、疑問があるように思う。

評論家・臼井吉見の話

ひとはだれでも自分の生活を根ほり葉ほり雑誌などに紹介された場合、たとえそれがよく書かれていても愉快に思わぬものだ。プライバシーは尊重してほしい、という宮内庁の申入れはもっともな要求ではないか。

小泉信三の話

個人の私生活は保護されなければならないものだ。一方で報道、創作の自由との問題はあるが、それは公共のために必要だという場合を除いて、どこまでも個人の権利侵害をしない範囲にとどまるべきで、それを逸脱することは決して許されない。皇族であろうとなかろうと、個人が公表しない私生活を描くことに対しては自ずと制限があろう。

小山いと子の創作姿勢には、おおむね厳しい反応が示されたと言えそうだ。

この「美智子さま」という小説は、小山いと子によってそれなりに綿密な〝取材〟が行われたであろうことは読めば分かる。特に先に挙げた問題点の二番目、「みそぎのため、巫女に全身を清められるという件」などは側にいる内部関係者でなければ絶対に知り得ない内容だ。こうした実態に詳しい人物は、巫女以外には女官と女官長しかいない。

ニュース・ソースはもちろん秘匿されるべきものだが、問題となった件では、その背景を知るために、取材先がやはり気になるところではある。

彼女の前作『皇后さま』は、完璧なまでに良子皇后に寄り添う形で執筆されていた。それに引き替え「美智子さま」は、問題点を整理したように随所で私生活に踏み込み、わざわざ書く必要のないことまで微に入り細を穿って書き込んでいる。この二つの作品の筆法には、同じ作者とは思えないほどの違いがある。

なぜだろうか、とやや疑問に思わざるを得ないのだが、端的に言えば小山は良子皇后に尊崇の念を抱いて書いたと思われるが、美智子妃の場合はどうやら見方を変えたとしか思えない。それは、連載ページの隅に編集部が書く「小山いと子先生のこのごろ」という囲み記事から推測される。

「このところ小山先生邸には、しきりにお客さんがあります。東久邇《ひがしくに》盛厚《もりひろ》氏、そしてライシャワー米大使夫妻など」（昭和三十七年八月号）

「（先生は）今上天皇の内親王さまで東久邇盛厚氏とご結婚、不幸にして病にたおれた成子夫人伝の構想をねっておられます。その手には、同夫人の墓誌が一冊。ものさびしい空気が感じられるこのごろです」（昭和三十七年十二月号）

東久邇盛厚と結婚した第一皇女・照宮成子《てるのみやしげこ》内親王は、戦後の皇籍離脱後、東久邇成子となった。五人の子女に恵まれたが、昭和三十六年七月、病を得て三十五歳の若さで亡くなった。亡くなる前まで、小山いと子とはかなり親しく行き来していたことがこの〝近況〟からうかがえるが、お付き合いのきっかけは前作『皇后さま』からのようだ。『皇后さま』の「まえがき」

にも成子夫人の名前が記されている。

「この作品を生み出すために、陰に日向にご協力くださった多くの方々の中には、大金益次郎元侍従長や第一皇女の東久邇成子さん、当時の入江相政侍従をはじめ、すでに亡くなられた方もたくさんいらっしゃる」

（『皇后さま』）

こう見てくると、小山いと子の情報源の一つはどうやら東久邇成子さんあたりではないか、という推測が成り立つ。

『皇后さま』の最終場面は、麻布鳥居坂の東久邇邸に良子皇后が立ち寄って、一緒に蕎麦の出前を食す場面なのだ。おそらく昭和二十九年か三十年ころのことと思われる。

「『〝永坂〟のおそばよ。おたあさまよくなつかしがっていらしたでしょ』（中略）

照宮は立って、食堂との間にある電話をとって、キビキビとそばやへ注文している」

（同前）

こうした話も成子夫人から直々に取材できたものだろう。母宮である良子皇后と成子内親王とは、きょうだいの中でもとりわけ親密だったと言われている。大正天皇・節子《さだこ》皇后の初孫として生まれた（大正十四年十二月）関係から、宮中全体はもちろんのこと良子皇后（誕生時は東宮妃）の寵愛は格別のものがあった。そうした背景から、先の御潔斎のシーンは女官たちから皇后に伝わり、皇后の口からそれとなく成子さんに、そして小山いと子に流れたというルートが浮かび上がってきそうである。御潔斎に立ち会ったのは女官以外には考えられないからである。あるいは皇后が何らかの表現で、御潔斎について自身の体験を踏まえて成子さんに語ったのだろうか。

良子皇后は初めから皇太子と美智子さんの婚約に不満だった。姑として、常磐会の重鎮として、さまざまな局面で憤懣《ふんまん》を露《あら》わにしてきたのだ。してみれば、母宮の憤懣のはけ口が成子さんだった可能性は十分に考えられる。

「皇室と国民とを親密にすべきだとの立場から、もっとほんとうのことを知らせるべきだと思いました」

という小山の新聞のコメントは、はからずも東宮妃に反発を覚える一派を代弁しているとも受け取られた。

「女官の口から漏れた」と美智子妃が知るのに、そう時間はかからなかったのではないか。内部から漏れた、と知った美智子妃の心がひどく傷ついたのは言うまでもない。そしてその結果、災厄は間もなく増幅されることになる。

胞状奇胎、そして流産

連載小説「美智子さま」への抗議がなされたのが、昭和三十八年三月十一日だった。

ところが、抗議に踏み切る一週間前の三月四日午前、宮内庁は鈴木東宮大夫と戸田東宮侍従が「美智子妃おめでた」の発表をしていたのである。実名小説の連載中止を求める抗議と「おめでた」の発表、一見無関係と思われるこの二つの出来事には何か関連するものがあったのだろうか。

あわただしいことが次から次へ発生する春だった。

「美智子妃殿下におめでたのきざしがあり、ご出産は九月下旬か十月はじめと思われる」

（「朝日新聞」昭和三十八年三月四日夕刊）

二度目のご懐妊の発表で、東宮職のみならず、国民の間からも歓声が挙がったのは言うまでもない。だが、「おめでた」発表にしては、戸田東宮侍従が付け加えた言葉にはどこか不安を予感させるものがあった。

「妃殿下には、一月末より、ご懐妊の兆しがみえ、ご静養中であったが、昨今ご不快の模様もあり（中略）とくにご安静の必要がある」

（同前）

ひらたく言えば「つわりがひどい」という事実をわざわざ発表したのだ。発言の裏には、しばらくの間、公務のための外出や諸行事への参加を差し控えるがご承知おき願いたい、という含みが感じられる。あとから騒ぎが大きくならないための配慮であろう。

実は、ご懐妊が発表される前のひと月ほど、美智子妃はほとんどすべての外出を避け、東宮御所内の寝室でひとり過ごしていた。

「ご静養中」はすでに長く続いていたのである。浩宮のときのご懐妊発表を振り返ってみよう。

昭和三十四年七月十五日午前に行われた宮内庁の会見は「美智子妃殿下におめでたのもようがあるので、予定されていた日光、京都、滋賀旅行を取止めた」というものだった。「ご不快の模様もあり」などと付け加えられることはなかった。実際その夏、美智子妃は軽井沢・千ヶ滝のプリンスホテルの部屋で、生まれてくる子供のために編み物に勤しんでいたほどだった。男の子でも女の子でもいいようにと、白い毛糸で帽子やセーターを編み、好きな読書を楽しみながら落ち着いたひと夏を送っていた。

さすがにテニスは控えたものの、取り立ててひどい〝不快感〟に襲われたという形跡はない。

それが、今回はまったく違った。ふっくらとしていた顔も目に見えて痩せ、編み物どころか苦痛のため食事も喉を通らず臥せったままの日々が続いていた。

ご懐妊が発表された二日後の三月六日は良子皇后の誕生日である。しかも還暦というおめでたい日に当たっていたが、美智子妃は祝賀に参内《さんだい》できず、床についたまま動けない。

さらに十日には、還暦を祝う盛大な集いが皇居仮宮殿で開かれることになっていた。三月十日の日曜日は各皇族や元皇族、皇后の親戚など約六十名が出席した内輪の大祝宴会となった。『昭和天皇実録』にも当日の賑わいぶりが克明に記されている。

「島津貴子の司会にて、崇仁親王の『王将』独唱、東伏見慈洽《じごう》伴奏による皇后・大谷智子による『春の歌』『歌の翼に』の二重唱、皇太子・正仁親王・東久邇盛厚等による謡曲『紅葉狩』その他の催し物を御覧になる。終って天皇より皇后に花束が贈呈される」

歌謡あり演芸ありで余興の数々は四時間も続き、別室での晩餐を含めると六時間にも及ぶ天皇一家の盛況な宴であった。

だが、この席に東宮妃はいない。ただ一人寝室に閉じこもったままだった。安静が必要な時期だったことが直接の理由だが、それだけでは欠席の説明がつかないものがあった。

東宮侍従の浜尾実も、美智子妃の欠席にただならぬものを感じていた。

「おそらくは、皇太后さま（引用者注・当時の良子皇后）や各宮家の妃殿下方との決して順調とはいえぬ関係など、（中略）美智子さまの胸中をよぎった孤独感は想像に余りある」

（『皇后　美智子さま』）

三月二十一日夜、事態は急変する。

「ご不快」状態どころではなくなり、激しい苦痛を訴える妃殿下の要請により、急遽、小林隆東大教授による診察が行われた。その結果、人工流産の処置がとられることとなり、翌三月二十二日午前、宮内庁は緊急記者会見を開く。

この間の事情について宇佐美宮内庁長官は、「さる四日皇太子妃殿下のご妊娠についてのべたが、その以前から流産のおそれも考えられたのでご静養を願い、妃殿下もこの点大いに努力されてきた。しかし昨夜（二十一日）小林教授が拝診した結果、流産の処置をとらなければならなくなった」（「読売新聞」昭和三十八年三月二十二日夕刊）と、述べている。

流産の原因については胎児の発育がむずかしいことと、妃殿下の精神的な疲労も考慮されたものとみられる。

美智子妃は二十二日午後三時二十五分、宮内庁病院にあわただしく入院した。長官から天皇・皇后両陛下にもご報告があり、「残念そうなご様子で、美智子妃の健康を気づかわれているご様子だった」と、新聞記事は続いている。

美智子妃の流産が、どうやら心身の疲労によるものだという観測は大方の一致した見方だった。宮廷内で起きる軋轢については、浜尾侍従も認めているところだが、それ以外にも雑誌記事などさまざまな外的要素にも美智子妃は悩まされていた。

国民的「ミッチー・ブーム」「ナルちゃんブーム」が盛り上がっている反面、いや、それゆえにこそなのか、このところジャーナリズムが興味本位の記事を立て続けに掲載していたのも事実だった。

宮内庁総務課は次のような実例を挙げ、「もっと良識ある配慮をしてほしい」とした（「朝日新聞」昭和三十八年三月二十三日）。概略は以下のとおりである。

▽週刊平凡（昨年［引用者注・昭和三十七年］八月二十三日号）＝報道協定に違反し、美智子妃の水着姿をコッソリ撮影、掲載した。
▽週刊新潮（昨年十一月十九日号）＝「美智子妃は女官が御所言葉を使うとしかる」などと、事実と相違する記事。
▽女性自身（昨年十一月二十六日号）＝美智子妃の着物などの写真を出し、これに推定値段をつけた。

▽女性自身（今年二月十八日号）＝美智子妃の会話を創作。藤島泰輔氏の実名小説『浩宮さま』を掲載。
▽週刊平凡（二月二十八日号）＝「美智子さまご懐妊？」と事実を確かめず、推測記事を書いた。「このほかにもまだ指摘しているものがあるが、例えば正田家にアンケートを出し、その中で産児制限問題についてふれている（女性自身）なども出ている」

宮廷内外から起きる美智子妃への過剰な〝関心〟は、繰り返し津波のように押し寄せ、とどまるところを知らぬ状態が続いていたことが分かる。


不測の事態とはいえ、美智子妃の入院、人工流産という展開は、妃と皇太子を心底落胆させるに十分な出来事だった。

三月二十二日午後二時半、宮内庁病院に入院した美智子妃は、その日の午後四時三十分から緊急手術を受けている。手術を担当したのは、主治医の小林隆東大教授のほか星川光正東宮侍医、目崎鉱太宮内庁病院産婦人科医長の三名である。

小林教授は術後の会見で、

「この流産手術は一種の異常妊娠によるもので、経過は良好」

と説明した。宮内庁は「しばらくは入院、ご静養していただく」と発表したが、早くも三月二十五日午後、美智子妃は退院して東宮御所に戻った。環境の整わない宮内庁病院にいるよりは、新しい東宮御所でゆっくり静養した方がいいのではないか、という両殿下のご意向だった、と新聞は報じている。美智子妃は一刻も早く皇太子のもとに戻りたかったのだろう。

「一種の異常妊娠」と小林教授は発表したが、これはのちの検査で「胞状奇胎《ほうじょうきたい》」というかなり危険を伴うものだったことが判明している（浜尾実『皇后　美智子さま』ほか）。

胞状奇胎は、染色体の異常によって起きるもので、子宮内部にぶどう状の絨毛《じゅうもう》が異常増殖するため、俗に「ブドウ子」などとも呼ばれる。正常な胎盤をつくる絨毛という組織が変化して、ひとつひとつが膨張しブドウ状となって子宮内に充満し、胎児は死亡し母体にもさまざまな危険が伴うと言われる。つわりがひどいのが特徴の一つで、二月に美智子妃を襲った重い不快感は、やはりその兆候だったと言えよう。

ケースによっては次回の妊娠が不可能になる場合もあるというのがこの異常妊娠の恐ろしいところだが、幸いなことに美智子妃はその後第二子、第三子をもうけられた。

そのあたりの正確な事情を知るには、専門的な知識が必要と思われる。産婦人科の専門医・飯田晋也氏（一番町レディースクリニック院長）は胞状奇胎について次のように説明する。

「一般的に言って、胞状奇胎の場合でも経過さえ良ければ第二子、第三子ができないということはありません。ただ、悪いケースだとガンになる性質があることから非常に危険な病気だとは言えます。つわりがひどいのも特徴で、美智子妃の場合にもあてはまるようですね。

通常は最初の手術でイクラのような粒をかなりの量取り出し、一週間くらいは間をおいてから再度残りがないように取るものなのです。妃殿下の場合は三日後には退院されているので、そうすると一回ですべて取り除かれたのでしょうか、その辺は分かりませんが。

退院後は、ホルモンのレベルが安定するまで一年間は注意してチェックします。その間は安静が必要ですが、ホルモン数値が無事に安定すれば、次の妊娠をしても大丈夫ということになります。ただ困ったことに、現代の医学でもこの病気の原因そのものはまだ究明しきれていません。精神的ストレスが直接関係していたのかどうか、その因果関係が今日でもはっきりしていないのが実情です」

宇佐美宮内庁長官は当時の記者会見で、

「美智子妃殿下は最近いろいろと精神的な疲労が大きかったようにお見受けされ、これが流産の原因ではないか」

と答えている。長官は必ずしも医学的な見解を述べたわけではないが、「精神的な疲労」を流産の原因として挙げた。宮内庁上層部も、美智子妃を取り巻く環境に重大な問題があったことを改めて認めたものと言えよう。

そんな中で、美智子妃は誰を信頼すればいいのか、悩みは一層深くなるばかりだった。皇太子や浩宮との間にわずかに交わす会話を除いて、次第に口を閉ざすようにもなった。その美智子妃に向かって、次のような言葉を吐く人がいたと、ある宮内庁担当の記者は語っている。

「ある宮内庁の幹部から聞いたんだが、美智子妃に面と向かって、『皇室の血を変えた方が良いというから、皇太子妃に民間出のあなたを迎えることに賛成したんです。それを病気とは何ですか。お世継ぎはお一人でよろしいの』と言ったというんだ。幹部氏は、美智子さまに直接言えるのは、庶民ではありませんよ、と付け加えた」　（『現代』昭和五十六年九月号）

幹部から話を聞いたこの記者が「皇后ですか」と問うと、「まさか」と否定されたという。その張本人は、どうやら常磐会最高幹部のM夫人らしい、と記事は付け加えている。

流産の前から心はすでに疲弊しきっていた。その上に「お世継ぎはお一人でよろしいの」など と直接言われたら、美智子妃の神経は完全に擦り切れてしまっていたに違いない。

このときが、美智子妃にとって皇太子妃としてこの先やっていけるかどうかの分かれ道だったのではないだろうか。

もちろん、こうした心情が公表されることはなかったが、苦衷の内面は察するに余りある。

この結果美智子妃は母親として、また皇太子の支えを杖として、再起を期し長期静養の道を選択したのだった。同時に療養は昭和天皇の強いいたわりからの希望があった、とも言われている。

三月二十七日には美智子妃の妹・正田恵美子と安西孝之（昭和電工社長・安西正夫長男）の結婚式がパレスホテルで開かれたが、出席はかなわなかった。皇太子が単身出席したが、おめでたい会場に一抹の不安が立ち込めていたことは否めない。

四面楚歌——流浪の静養

昭和三十八年四月十七日、夕闇が千代田の杜を覆う午後七時過ぎである。

皇太子と美智子妃の車が皇居吹上御所の車寄せに静かに横づけされた。ちょうど夕餐が終わった天皇・皇后は、御座所で皇太子と同妃が今晩から静養のため葉山へ行く旨の挨拶を受けられた。静養といっても勝手に皇太子夫妻が出かけるわけにはいかず、必ず両陛下の御前に出てご挨拶をするのが宮中の慣わしである。

「ごきげんよう」

両陛下との短い挨拶を終えた皇太子夫妻の車は、夜八時前、葉山御用邸の付属邸へと向かった。三歳になった浩宮は東宮御所に残された。

この日午後、美智子妃は側近を通じて「皆さんに迷惑をかけてごめんなさい」との言葉を残している。東宮職職員へとも国民すべてへの言葉とも取れるが、艦褸《らんる》のように擦り切れた神経の中から発せられたひと言だった。葉山御用邸には天皇・皇后が使われる本邸とは少し離れて付属邸があり、美智子妃はそこでしばらくの間、静養することになったのだ。

夜間に東京を出発したのは、沿道の人々に会釈する状況になかったことを示すものと思われた。翌朝、皇太子は単身で帰京している。

このころ、美智子妃の疲労は頂点に達していた。誰とも話したくない、会いたくない――側近の者との会話もほとんどなく、必要があればドアの隙間からメモが渡された。

「心が弱くなっていて、身に起こっていることをつい誰かに話してしまいそうで、そのためにもひとりにして欲しい」と皇太子に相談し、静かに過ごすことを希望したのだった。

婚約にあたって小泉信三から教えられた「お心得」があった。

「宮中のことはどんなことがあっても他人に話してはいけません」

という教えだった。

以来、辛い悲しみも自分の中に封じ込めて過ごしてきた。悲しみのどん底にあっても、決して口外しない——それが入内以来、美智子妃の矜持となっていたのだが、遂に限界点を超えそうになってきたのがこのころだった。「四面楚歌」とはこういうことか。葉山での静養はおよそ二ヵ月半に及んだ。

その間のお世話には女官、東宮侍医、看護婦がそれぞれ一名と大膳職だけが付き添うという最小限の職員が同行、少しでも邪魔をしないよう細心の注意が払われていた。何よりも特筆すべきことは、牧野女官長が付き添っていないことだ。

天気の良い日には浜辺を歩き、珍しい貝を拾ったり、浜ヒルガオや浜エンドウの花に手を添えてみた。

浩宮と皇太子は週末を選んで、およそ十回ほど葉山を往復しているが、妃が他人に会うことはなかった。暗くなった部屋で灯りもつけず、一人ぼんやりしていたという元側近の話もある。

そんなときに、もし母に会って優しい言葉を掛けられたら、自らを閉じ込めておく扉が壊れそうで、母とは敢えて会わなかったという。

母・冨美の方が心を鬼にして見舞いをじっとこらえたのかも知れない。

それを察してだろうか、一日、父の英三郎《ひでさぶろう》が葉山を訪れ、久しぶりに父娘二人の時間が持たれた。すっかりやつれた美智子妃を見て、英三郎は何を思ったであろう。娘の美智子妃も何が起きたのか説明など一切しない。父もまた聞かない。

退院した美智子妃は葉山に来るまでの間、東宮御所に閉じこもってはいたが、何とかして公務をこなそうと努力は怠っていなかった。

たとえば、四月二日には国賓として来日したオランダのベアトリックス王女歓迎のために羽田空港へ出迎え、十一日の帰国に際しても皇族方と一緒に羽田への見送りを果たしている。その他の行事への参加は取りやめていたものの、自分でやれる範囲の外出は努めてやろうと考えてのことだった。

このような精神的な疲労時に、それが良い結果をもたらすものかどうかは不明だった。

正田英三郎は美智子妃と葉山の海を望む庭先に並んで、油絵の筆をとっては時間を過ごした。心を閉ざした娘の隣で、英三郎は自分を責めていたかも知れない。昭和三十三年十一月の箱根で開かれた親族会議を思い起こしていただろうか。

あのとき、お断りすることでいったんは結論が出たのだ。

結局、電話による殿下の強いご説得があって、「分かりました殿下。美智子はおっしゃるとおりにいたします」と答えたというが、その前に父親としてもっと積極的に反対していればよかったのではないだろうか。煩悶を繰り返していたのは、英三郎も同じであったろう。だが、運命は違う道を選択した。その結果が、いまこうして業苦のように立ち現れているのだと思わざるを得なかった。

けれどもそれを認めることは、美智子妃にとっては自らがかつて強く否定した「虫食いのリンゴ」になってしまうものとも思われた。それができないからこそ、常闇《とこやみ》のような今の状況から抜け出そうと、耐えているのだった。やがて夏の浜辺に夕日が射すころ、二人はゆっくりと邸内に消え、夕餐の間に灯りが灯ったのだった。

このころをよく知る元皇室記者は、次のような牧野女官長の言葉を紹介している。

「葉山へ赴かなかった牧野女官長は、美智子さまがいないことをいいことに〝私が美智子さまをいじめたっていわれますが、たった3回だけですよ〟と、もう開き直ったという感じだったといいます」

（『女性セブン』平成十一年四月八日号）

この間の美智子妃が失声症になったと書かれた記事もあるが、声を失うことはなかった。誤報である。声を発したくなかっただけで、すべての悲しみを自分の中に封じ込めておこうとしていたのだ。東宮御所の殿下とは電話のやり取りがあったし、浩宮との会話はなによりの癒しになっていた、と侍従たちが認めている。

昭和五十（一九七五）年になって、過ぎ去った葉山での静養期のことを回想して歌ったお歌がある。

汐風に立ちて秀波《ほなみ》の崩れゆくさま見てありし療養の日日

今はすっかり元気を取り戻した妃殿下が、崩れゆく波を目の当たりにして昔を述懐している。どのような感慨を抱いて療養の日々を思い浮かべていたのだろうか。

七月二日午後二時過ぎ、美智子妃は二ヵ月半の葉山静養を終えて、いったん帰京した。だが、心もち顔色が良くなったように見受けられたものの、完全な恢復はみられない。美智子妃を診察した冲中《おきなか》重雄東大名誉教授（宮内庁内廷医事参与）のコメントは、極めて慎重かつ微妙なものだった。

「葉山でのご静養でかなり元気をとりもどされたが、まだ体力の回復は不十分で体重もあまりふえない。現在は非常に不安定な状態で、これからのご静養次第で良くも悪くもなる大切な時期にあたる」

（「朝日新聞」昭和三十八年七月八日夕刊）

これではいまだ不安は払拭されない。そこで東宮御所はいっときだけの滞在として、直ちに軽井沢で引き続き静養に入ることとなった。

七月八日朝、皇太子と美智子妃、そして浩宮の三人は上野駅から軽井沢の千ヶ滝プリンスホテルへと向かった。今回は随行員の数も少し増え、浩宮のお相手である浜尾実侍従も加わった。

そのときの軽井沢の模様を、浜尾はこう語っている。

「軽井沢に着いたばかりのころは、やはり誰とも会おうとなさらず、ただおひとり、部屋にこもられて、児童文学や小説などお好きな本を読まれていることが多かった。それほど、あのころの美智子さまの心身のご疲労は深かったといえる。

普段、私にも気軽にお言葉をかけてくださっていた美智子さま。しかし、このときの美智子さまは、お言葉をかけてくださるどころか、私からご挨拶することもためらわれるほどの近寄り難さがおありだった」

（『皇后　美智子さま』）

その美智子妃の体調が少しずつ上向きになったのは、二ヵ月近い軽井沢滞在が終わりに近づいたころだったろうか。

八月三十一日の帰京予定日が近づいたころである。早くも秋の気配が感じられる軽井沢の山林を散歩したり、自転車に乗ったりするまでに恢復がみられた。

昭和二十年八月、国民学校五年生だった美智子さんは、ここ軽井沢で短くも充実した疎開の日々を過ごしている。

父から送られた子供向けの古事記や日本書紀を読み、倭建御子《やまとたけるのみこ》とその后、弟橘比売命《おとたちばなひめのみこと》の物語から大きな感動を受けた。「愛と犠牲」の尊さを初めて知った日だった。

また、十六歳の聖心女子学院時代の夏休みには、軽井沢の別荘を訪れて「軽井沢日記」を綴っている。以下は美智子さんが十六歳のとき、恩師の大木敦に書き送ったという日記の一節である。

「からまつとは趣きは異なりますが、私のとても気にいった木に白樺《しらかば》がございます。これはかたまっているのよりも一本一本離れてたっているほうが風情《ふぜい》があり、その一種独特の緑の葉と、白い幹との調和には、他の樹には見られぬ美しさが感ぜられます」

（『女性自身』昭和四十七年一月一日・八日合併号）

傷心の美智子妃は昭和三十八年の夏、軽井沢に体を休めつつ、こうした遠い過去の思い出を手繰り寄せていたのではないだろうか。

昭和五十五年八月の記者会見で、美智子妃は軽井沢について次のように語っている。

「軽井沢の自然、木や草花や鳥の声など、本当に好きで……。今でも夏、列車が軽井沢に近づき、浅間山や離山《はなれやま》が見えてくると、懐かしさと嬉しさで胸がいっぱいになります」

この夏の終わりには、軽井沢で合宿をしていた著名な音楽家たちが招かれ、妃殿下のお好きな演奏でお慰めしたという逸話もあった。フルートの吉田雅夫、チェロの青木十良《じゅうろう》、バイオリンの外山滋、ハープのヨセフ・モルナールといった面々だったという。こうして、親子三人水入らずで静かなひと夏を過ごした結果、閉ざされていた美智子妃の心の扉は少しずつ開かれていった。

八月六日に、長野県の戸隠高原で開かれたガールスカウトのアジアキャンプ大会に参加したのが復帰の第一歩となった。

八月三十一日午後八時半過ぎ、軽井沢から上野駅のプラットホームに降り立った美智子妃の顔には、これまでになかった笑顔が戻っていた。大勢の群衆に取り囲まれたご一家は、にこやかに手を振って応えていたと、翌朝の各紙は伝えている。

さらに、九月十五日から十八日までは山口県で開かれた国民体育大会夏季大会への出席と、一歩一歩復調へ向かう様子がうかがわれた。

恢復が著しいと誰の目にも映ったのは、十月二十三日から日光で二泊三日の夫婦旅行を過ごしてからだった。皇太子にとっては戦時中の疎開先でもあった。終戦の日を奥日光で迎え、「立派な新日本を建設しなければなりません」（木下道雄『側近日誌』）と十一歳の少年皇太子は書いたものだ。

思い出多い軽井沢と、皇太子に導かれながら散策した奥日光で、美智子妃は確実に長かった暗闇のような日々から帰還しつつあった。

こうした神経に関わる病は、一朝一夕に治るものではない。適切な治療法と不屈の努力が肝心なのは今も昔も変わらない。

第七章　新たな命と昭和の終焉

礼宮誕生でも終わらぬ「いじめ」

昭和三十八（一九六三）年は、美智子妃が皇太子に嫁いで五年目であった。

その春先に発表された二度目の「ご懐妊発表」は、間もなく異常妊娠と分かり緊急手術という事態を招く。美智子妃は深い心の傷を抱いたまま葉山、軽井沢、日光と静養の日々を送った末、ようやく行く手に一筋の光明を見出そうとしていた。

昭和三十八年の晩秋になっていた。

東宮妃という立場にありながら、公務ができず、自らの心を閉ざすような生活が半年以上続いたのである。こうした心の問題はデリケートな領域でもあり、かなり謎のヴェールに包まれたまま時間が過ぎていったように思われる。

だが、そうした間にも浩宮《ひろのみや》は確実に成長し、やがて幼稚園に通う年齢に達していた。「ナルちゃん憲法」の下で東宮職による養育がしっかりと守られていたことも、病床にあった妃殿下にとっては大きな支えであったろう。

皇太子と美智子妃が過ごした幼児期と浩宮の時代では、テレビが居間にあるという決定的に大きな違いがある。二人の幼少期は、二・二六事件が起き、日中戦争が始まる時期に相当していた。それに引きかえ、浩宮には何よりも平和があり、家族とともに過ごしながら見るテレビがあった。

妃殿下は子供向けの番組「おかあさんといっしょ」とか、「鉄腕アトム」「鉄人28号」などのようなアニメ番組を選んで見せていた。やがてチャンネルの選択は、浩宮の自由に任されるケースが増えていった。したがって、一般家庭の子供と同じようにテレビの影響を受け、新しい言葉も覚えるようになったと言われている。

多少違うところは、パパ、ママとは呼ばせず、皇室の伝統にしたがって父親を「おもうさま」、母親を「おたあさま」と呼ぶように躾けられたことだろうか。

当時、まだ幼児語の段階の浩宮は「おもうちゃま」「おたあちゃま」だったが。

昭和三十九年四月、浩宮は学習院の幼稚園に入園した。そもそも皇族が幼稚園に入るというのは初めてのケースだったが、天皇の賛成もあり、ことはすんなりと運んだ。

紺色の襟なしダブルの上着に半ズボン、同色の帽子に黒革の短靴という制服を着た浩宮の幼稚園生活は順調にスタートした。

同じ年の園児たちに比べると、少しだけ浩宮は小さかったが、妃殿下お手製のお弁当を入れたバスケットを提げた姿は、多くの国民の目を惹きつけたものだ。愛らしい宮様と手作りのお弁当の話題は、ようやく美智子妃が幸せを取り戻しつつあることを示すシグナルでもあった。

公務への復帰の道も徐々に整い、この年の一月に来日したベルギーのボードワン国王と同妃を招いた宮中晩餐会や夜会には、元気な姿で皇太子とともに列席している。

やがて、王妃と今上天皇夫妻との交流は、五十年の間に日本とベルギーでそれぞれ七回も会うほど親密になった。それは昭和天皇時代から引き継がれた〝終生の友〟と言われるほど深いものである。ボードワン国王に先立たれたファビオラ元王妃が、平成二十六(二〇一四)年十二月、八十六歳の生涯を閉じた。その際、ブリュッセルでの葬儀に出席するため、美智子皇后が単身で一泊三日という弾丸旅行を決行した背景にはそうしたいきさつがあったからであろう。

昭和三十九年の五月には夫妻で昭和天皇の名代としてメキシコを訪問、さらに九月三十日に執り行われた義宮正仁親王《よしのみやまさひと》と津軽華子さんの結婚に伴う諸行事に出席。十二月にはやはり天皇の名代としてタイを訪問するなど、可能な限り多くの公務をこなした年であった。

結婚した正仁親王は常陸宮となり、かつて皇太子夫妻の新婚当時の住まいだった常磐松の御用邸が改装なって常陸宮邸とされた。

津軽家が常磐会の会員で、旧華族出身ということから、良子《ながこ》皇后も大変なお喜びだったと浜尾実東宮侍従は書いている。

「民間出身の上、聖心女子大学ご卒業の美智子さまとはめったに会話をされることがなかった皇太后さま（引用者注・良子皇后）も、常陸宮妃となられた華子さまとは、さまざまな席で楽しそうに歓談されていた。

流産の痛手を乗り越え、皇太子さま（引用者注・浩宮）も健やかに成長され、順調に見えた美智子さま。しかし、美智子さまと皇太后さまとの決して順調とはいえぬご関係に変化はなかった」

（『皇后　美智子さま』）

平成に入ってから書かれた回顧録なので、良子皇后に気を遣うことなく筆が走っている。

良子皇后との関係をひとまず脇におけば、前年からの静養の効果がはっきりと表れ、美智子妃の表情にもようやく明るい兆しが見えてきた一年だったと言えようか。

こうした折、昭和四十年四月末のこと、宮内庁から美智子妃が三度目のご懐妊の模様、との発表がなされた。浩宮は五歳で、年長組に進んだ春のことである。

先の流産のあと、胎内に取り残した奇胎があると余病の恐れがあったり、その後の妊娠すら危険だとまで心配されていただけに、関係者の喜びは一入《ひとしお》のことと察せられた。

手術からちょうど二年が経ち、経過が順調に推移し、春先にご懐妊となったことがうかがえ、安定期に入ったこの期の発表となったのではないか。

先に述べたベルギーのファビオラ王妃は子宝に恵まれず、何度かの流産を経験していたとされる。美智子妃がかねてより格別の親近感をもって接してきたのは、そんな事情への深い気遣いがあってのことだったかも知れない。

日本の皇室では従来、妊娠中のお腹の大きい写真を発表することはあまりない。この点は、イギリス王室のダイアナ妃が臨月になっても大きなお腹の写真を自由に撮らせていたことを思えば、大いに違うところだろう。

いきなり出産後の写真公開となるので、ときにはあらぬ憶測まで流れた。根拠のない噂の中には「二番目のお子様は美智子妃のお子ではないのではないか」などという口さがないものまであった。まことしやかな流言飛語はいつまでも消えないのだが、すべては根も葉もない作り話ばかりである。

そもそも皇室をめぐるこのような問題は、明治時代に遡《さかのぼ》っても絶えたことがない。それもまた民衆の皇室への関心の高さのバロメーターかと、聞き流されてきた面もある。

誰それさまは側室のお子だとか、女官に生ませたお子が何人おられるとか、実は双子さんだったなどという噂話は、皇統維持を最優先にしてきた天皇家ならではの話としては分かるが、ことの親子三人がくつろいでいる一葉だ。コートを着て座っている美智子妃のお腹は、はっきりと臨

明仁皇太子と美智子妃に関してはあり得ないことだった。

実は、美智子妃が第二子ご懐妊中の、お腹の大きい写真が実在する。皇太子夫妻がアメリカに住むバイニング夫人宛に数多くの家族写真を送っていた件は第四章で紹介した。その中の一枚に、第二子誕生直前のお腹の大きな写真が含まれている。

昭和四十一年の新年に向けて送られたカードは、四十年の晩秋に書かれたもので、

「1966 New Year's Card（1965）」

と添え書きされていた。五歳になる浩宮を挟んで、和服の上にコートを着た美智子妃と皇太子の親子三人がくつろいでいる一葉だ。コートを着て座っている美智子妃のお腹は、はっきりと臨月間近であることが分かる。お腹が大きい写真が届けば、第二子誕生を待ち望む幸せな家庭の模様がバイニング夫人に伝わるので、敢えて選んだのだろうか。

第二子は、昭和四十年十一月三十日、宮内庁病院で無事に生まれた。しかも第二皇子誕生という、皇室にとっては願ってもない慶事に恵まれたのである。

称号は礼宮《あやのみや》とされ、やがて平成元（一九八九）年九月の皇室会議、さらに翌年一月の納采の儀を経て、礼宮と川嶋紀子さんの婚約が正式に決定する。同年六月二十九日には結婚の儀が執り行われ、同日、秋篠宮家が創立された。

秋篠宮については、のちに触れるが、このときの第二子が親王であったことが、平成十八（二〇〇六）年の悠仁《ひさひと》親王誕生という慶事へと繋がる大きな布石となった。

ところが、弥栄《いやさか》としか言いようのない礼宮が誕生して二歳になる直前のこと、異変が起こった。

美智子妃と良子皇后の関係に、またもや決定的な亀裂が走ったという記録が残されている。遂にたまりかねたのだろうか、美智子妃が入江相政《すけまさ》侍従に強く訴えた。その模様を入江の日記から見てみよう。

「（昭和四十二年）十一月十三日

三時半から五時四十分迄二時間以上、妃殿下に拝謁。近き行幸啓の時の御料理のこと。これが時間としては大部分だつたが、終りに皇后さまは一体どうお考へか、平民出身として以外に自分に何かお気に入らないことがあるか等、おたづね。夫々《それぞれ》お答へして辞去」

とある。浩宮と礼宮という二人の親王に恵まれ、順風満帆なはずの美智子妃が、皇后とここまでこじれているというのは、尋常ではない。

東宮侍従として浩宮付きだった浜尾実は、近い位置から見ていただけに深刻な事情を察し、次のように書いている。

「結婚後8年がたつというのに、このころの美智子さまには、まだご心労の様子がうかがえた。

その原因としては、やはり皇太后さま（引用者注・良子皇后）との円滑ならざる関係、そして皇室内部の特定の女性たちの嫉妬やいじめ……私にはそう想像できる」（『皇后　美智子さま』）

入江もどのような内容だったかは書いていないので、これ以上の仔細は知るよしもないのだが、「平民出身として以外に自分に何かお気に入らないことがあるか」との言葉は、美智子妃としてのおそらく最大限の抗議と抵抗、と解するしかない。もはや心身の疲労は極限に達し、一刻の猶予もなかったとみるべきだろう。

神谷美恵子

この時期に至っても、美智子妃の皇太子妃としての道のりはけして容易ではなかったことがうかがえる。

親王を二人産んだがゆえに、かえって皇后や皇族女性陣から嫉妬され、いじめられるという事態が起こり得たのだろうか。

長期の安静と医学的検査、その後に訪れた懐妊に対する嫉妬やいじめといった宮中の問題は、絶えず横たわっていたようである。

そうしたとき、実は心の支えとなって美智子妃に寄り添っていた一人の女性の存在が浮かび上がってくる。その女性の名は神谷美恵子（一九一四～一九七九）。精神科医であり、哲学書や文学書の翻訳者としても知られていた。また、神谷の業績として、ハンセン病治療への深い関わりも忘れるわけにはいかない。

ノンフィクション作家の宮原安春によれば、初めて神谷美恵子が美智子妃に招かれた日は、昭和四十年の十月六日あたりではないかとされる（『神谷美恵子――聖なる声』）。

精神科医が東宮妃を訪ねるということは、当時の時代状況からして誤解を招きかねないとの配慮から、このことは表面化しなかった。

そのため、美智子妃が神谷美恵子と親しくされていた事実が多少知られるようになったのは、礼宮と川嶋紀子さんの婚約発表のころだった。紀子さんが愛読書として神谷の『こころの旅』を挙げたころだ。

その後、平成五（一九九三）年に美智子妃への強いバッシング問題が起こったとき、どこからともなく神谷美恵子の存在が再び噂されるようになった。

それでもなお、神谷の役割は公的なものではなく、美智子妃との個人的な関係に留まっていた。訪問の目的はあくまでも心を癒すための「話し相手」であり、今日ではよく耳にするカウンセリングというような言葉は決して使われなかった。

そのスタートは、礼宮を出産する少し前から始まっていた。もちろん神谷美恵子の日記や書簡などを収録した著作集にも、東宮御所訪問に関して具体的な記述が出てくることはない。

美智子妃の心身が不安定な時期に遭遇した神谷美恵子とは、いったいどのような女性なのだろうか。

美恵子は、内務官僚前田多門（一八八四〜一九六二）と妻・房子の長女として大正三（一九一四）年に岡山市で生まれ、その後、父親の仕事などに伴って国内外を頻繁に転居している。

多門は戦後すぐに東久邇宮内閣と幣原《しではら》内閣の文部大臣を務め、また実業家、随筆家としても名を残した人物だ。

終戦からまだ三ヵ月しか経っていない昭和二十年十一月のある晩、多門は自邸に田島道治を招いて夕食をともにしている。会談の中身は共通の友人・井深大《いぶかまさる》が計画している「東京通信工業」（現・ソニー）の会社設立に関してであった。井深の妻・勢喜子が前田の次女、という姻戚関係が背景にある（井深夫妻は後年、前田多門の没後に離婚）。

ついでながら、前田多門・房子の結婚式の媒酌人は新渡戸稲造だった。

多門も田島も一高、東京帝国大学在学中から新渡戸稲造に師事したクリスチャンで、とりわけ多門は新渡戸と同じクエーカー教徒になっている。

学内では新渡戸の薫陶を受け、学外では内村鑑三の聖書研究会に入会していた多門は、いわば日本におけるクリスチャンの〝二大巨頭〟の門下生ということになる。

ところが、終戦直後二代の内閣で文相をしていた多門が昭和二十一年一月、GHQによって公職追放の処分を受ける。

東京通信工業設立のタイミングを見計らっていた田島は、ならばと同年五月に会社を創設することとし、多門が初代社長に推されたのである。井深大は自著の中で、次のように語っている。

「あれだけ米国との国交を心配し、太平洋のかけ橋となるといわれた新渡戸先生の志をついで、その親善に身を以ってあたって来た前田が米占領軍に追放され様とは、全く心外なことだった。それで田島案で急に前田の東京通信工業社長が生まれることになった」

（『前田多門　その文・その人』）

一方の田島は昭和二十三年、芦田均首相によって宮内府長官（昭和二十四年一月から宮内庁）に就任。その後、小泉信三などを加えて皇太子妃選定に奔走することになるのだが、その経緯はこれまで紹介したとおりだ。

礼宮誕生で美智子妃の心労もひとつの区切りがついたと考えがちだが、そう簡単ではなかったことが田島道治の日記からうかがえる。

田島はこのころ体調の優れない日々を過ごしていたが、自分の生涯の大仕事であった「皇太子妃選定」の責任感から逃れることはできなかった。昭和四十一年二月、田島はすでに八十歳である。

田島道治の日記を解読した加藤恭子の著作によれば、最晩年の田島がいかに妃殿下のことに心を砕いていたかが分かる。

「(二月) 二十二日には、道治は松谷誠という人物を訪問し、話をしている。『神谷博士ノ話ヲシテソノ方向ノ必要ハ私モ同感』

〝その方向〟というのは、美智子妃のご相談相手にどなたかをという話ではないだろうか。その方向の必要は自分も認めるとして、神谷美恵子の話をしたのだろう。

四月十五日には虎ノ門病院に冲中博士を訪問し、道治は神谷美恵子の話もして医学的な面からの冲中の協力を要請している。

(十一月) 十五日は『美恵子サン来室　美恵子サントハ美智子妃殿下ノコトイロイロ話ス』と、神谷と美智子妃について話し込んでいる」

(『田島道治』／抄出)

昭和四十三年十一月二十三日、神谷美恵子は東宮御所からの帰途、すでに重篤で宮内庁病院に入院している田島を見舞った。

神谷が残したエッセイには、

「私のことはね、心配しないでいいから、あのことだけは頼みますよ、いいですか」

という田島の最期の言葉が記されている。

〝あのこと〟とは、以前から神谷に頼んできた美智子妃の相談相手となって支えてくれということ以外に考えられない。それから九日後の昭和四十三年十二月二日、田島は息を引き取った。

「あのことだけは頼みますよ、いいですか」

死の床でなお、田島は神谷に美智子妃のことを託していた。美智子妃は皇室内部の人間関係について、神谷に具体的に語ったことは一度もないとされる。

また、神谷も東宮御所へ通ったとは誰にも話さなかった。それでも「長島愛生園」など周囲の者に御所通いは隠し切れなかっただろうが、話の中身を漏らしたりはしなかった。

文学や音楽、語学への関心、福祉、とりわけハンセン病問題などへと会話は多岐にわたったであろう。姉のように、友のように、親身になった神谷の東宮御所通いは、神谷が病で倒れるまでおよそ七年間に及んだ。

美智子妃が皇太子とともに初めてハンセン病療養所を訪ねたのは昭和四十三年四月、鹿児島県奄美大島にある「奄美和光園」である。

その後今日まで、全国にあるハンセン病療養所訪問への旅を重ね、各施設では元患者とのゆっくりとした懇談の時間を常に大切にしていた。

訪問した施設の数は、実に全国十四ヵ所（国立十三ヵ所〈高松市の「大島青松園」は船上からの慰問〉、私立一ヵ所）、平成二十六年七月、宮城県登米市にある「東北新生園」への訪問をもってすべての療養所入所者との懇談を果たした。

ハンセン病の患者に心を寄せるのは、貞明《ていめい》皇后が残した業績を継いだものともいえるが、やはり神谷美恵子との関わりを抜きにしては考えられないだろう。神谷美恵子は晩年、入退院を繰り返した末、昭和五十四（一九七九）年十月、心不全のため六十五年の生涯を閉じた。

子供たちに囲まれて

昭和三十五（一九六〇）年に第一皇子を出産した直後から、以前にも増して美智子妃が困難に直面したことは、ここまで見てきたとおりである。

一般的には、いち早く親王を出産すれば、宮中でそれなりの安定感が増すものと思われるが、そう簡単に平穏な日々は訪れなかった。

美智子妃はそんな折々、自らを奮い立たせるために和歌を詠んだのであろうか。

昭和四十年十一月、次男の礼宮文仁《ふみひと》親王を出産したときのお歌には、一つの闇を抜けたあとに作られただけに、率直な母としての喜びが溢れている。

浩宮のときに感じた「かひな畏《おそ》れつつ抱《いだ》く」といった感覚は、ようやく超えられたようだ。

生《あ》れしより三日《みか》を過ぐししみどり児に瑞《みづ》みづとして添ひきたるもの

礼宮の誕生は昭和四十年十一月三十日である。

その直前、妃殿下の和歌のご進講役だった五島《ごとう》美代子は、例日のお稽古日以外の日に「新年の歌会始の詠進歌を仕上げておきたい」と言われ、急なお召しで参内した。もうお産が迫っていたという。出産を前にした緊張からか、美智子妃が「何か、すこし震えてしまいます」と言うので、五島は力づけようと次のように励ましている。


「『武術の師範からきいたことがございます。武士が戦場に出る前には一度かならず震えがくるそうで、それを武者ぶるいと申し、一度もふるえないのは根っからの馬鹿なのだそうでございます。女のお産は、武士が戦場にのぞむのと同じとか申しますから、せいぜい武者ぶるいを遊ばして、立派なお産をなさいませ』と申上げると、『馬鹿』というところでお笑いになって、少し落着かれ、お直しするところのないような詠進歌一首をお示しになった。それで御安心になるよう申上げて退出したが、後からきけばそのとき微弱ながら陣痛がはじまっていらっしして、私の退出したあと間もなく御入院になったのであった。

御発表になっていないが、いよいよお産という夜の外は嵐で、その中で御覧になった星のお歌が凄かった。今度の宮さまは素戔嗚尊《すさのおのみこと》のようとお笑いになったようにお泣き声もおむずかりもお強かったらしい」

（五島美代子『花時計』）

そして、昭和四十四年四月十八日には、初めての女子である紀宮清子《のりのみやさやこ》内親王が誕生する。

そのあした白樺の若芽黄緑の透《す》くがに思ひ見つめてありき

母住めば病院も家と思ふらし「いってまゐります」と子ら帰りゆく

紀宮誕生の折に詠まれた二首である。

一首目にある白樺は、美智子妃が入内したときに決められた「お印」である。その白樺に今、若芽や黄緑の葉が芽生え、母親となっていつまでもわが子の様子を見つめ続けている、と美しい余情を表現したものか。

二首目では、病院に二人の親王がやって来た。この兄宮たちは母がいるところは家だと思うらしく「いってまゐります」と帰っていったという、微笑ましい余裕さえ詠み込んだ歌である。

ここまで恢復されたかと、母としての強さを感じ取れるのがこの時代であった。

そこで、神谷美恵子は美智子妃に招かれてどのような話をしたのか、妊娠に伴う恐怖感をいかにして和らげたのか、その鍵を解くよすがとなりそうな一文を、神谷の著作から引いてみたい。

「妊娠初期の心身の不安定には、生理的な、内分泌的な不安定という基盤もあるらしい。女性が決して一挙に母親になるものではないこと。一〇カ月間に段階を追って次第に母体が安定して行き、こころも安定して行くこと。

胎児が宿っているということは、内臓器官がからだの中にある、というのとはまったくちがう関係である。少なくとも少しずつ大きくなって行く胎児の輪郭を手でふれてみるとき、今までの自分にはなかったものの存在にふれ、一種の畏れと不安と、もしかしたらうすきみのわるささえ感じるであろう。たとえば食糧不足の時代、母親が空腹で目がまわりそうだとしても、胎児は優先的に母体の栄養物を摂取して、できるかぎり正常な発育をとげるという。妊娠五カ月以後になって胎児が自発的運動をするのが感じられるようになると、胎児の主体的存在はもはや疑えないものとなる。胎児はまだことばを持たないが、すでにその身体運動によって自己を表現している。その語りかけに対して母親はことばをもって、またはこころの中で、こたえる。ここにすでに母子の対話が始まる」

（『こころの旅』）

おそらくこうした対話を通じたあと、二人のお子さまの出産を経験し、紀宮誕生時には先のようなゆとりある歌が詠めたのではなかったか。

結婚十周年にあたったその夏は、軽井沢の千ヶ滝のプリンスホテルに滞在した。八月、恒例の記者会見で美智子妃は次のように答えている。

「結婚間もない頃は、慣れないことも多く、また自分のいたらないために、むずかしいと思われたこともありました。でも振り返ってみるとき、苦しかった記憶以上に、いろいろな場面で多くの方に温かく導いていただいたという印象が強いのです」

率直に「むずかしいと思われた」と語りつつも、「多くの方に温かく導いていただいた」と付け加える心配りは、いかにも美智子妃らしい。

昭和四十四年の夏、軽井沢での皇太子一家は見違えるほど幸せな家族模様を見せていた。浩宮は九歳となり、礼宮が三歳と九ヵ月。兄宮たちは、生まれて四ヵ月になったばかりの妹宮をあやしつつ、皇太子が運転する自動車に乗って町内のドライブを楽しんでいる。

近くのホテルのプールで、地元の子供たちと一緒になって水泳の練習をする浩宮と礼宮を見守る美智子妃の姿もよく見かけられたという。

軽井沢の親子だけの水入らずの時間は、皇太子にとっては夢にまでみた「家庭」そのものの獲得だった。美智子妃にとっては、姑たる皇后や、そのお目付け役・牧野純子《すみこ》東宮女官長からも解放された心休まるいっときであったろう。

毎年、八月に入ると天皇・皇后は那須の御用邸に滞在される。

この間に、皇太子一家は軽井沢で夏休みを堪能するのである。東京にいれば、週に一回は千代田へ「ご機嫌伺い」という名目で参内し、晩餐などのお相伴にあずかるのが慣わしであった。

実際、軽井沢で見せる美智子妃の笑顔は、千代田の奥や東宮御所では見られないほど明るいものになっていた。一家は幸せを確実なものにしようと懸命だった。事実、この時期がもっとも家族的な充実感を覚えた時期だったのではないだろうか。

ひと夏に一度は必ず、正田家の別荘にも子供たちを連れて皇太子夫妻は立ち寄っている。

両親をプリンスホテルへ招待するケースもあった。正田家の別荘は、旧軽井沢の喧噪から離れた南ヶ丘にあった。ただし、正田家ではそういう場合、「あちらから、お越し遊ばされて」とか「あちらから、お招きにあずかって」というような表現をする。

自分の娘ながら美智子妃を「あちらの方」と言い表すことは、終始変わりがなかった。

美智子妃が家族のことを語る機会は限られた場合だけである。家族を語ること自体を控え目にし、極力抑制していたように見える。

その中で、昭和五十七（一九八二）年の、お誕生日を前にしての記者会見では、質問に答える形で珍しく家族を語っている。

「みなそれぞれ忙しくしていますが、両親には年に何回か皇居や東宮御所、軽井沢などで会うことができます。両親もだんだん歳をとりますが、幸い変わりはなく、いつもきょうだいや私のことを見守ってくれています」

実は、東宮妃の〝見守り役〟として遣わされたと言われる牧野女官長が、昭和四十四年の四月に退任し、後任に松村淑子が就いている。牧野は第一章でも紹介したが、昭和初期の内大臣・牧野伸顕の長男に嫁した常磐会の重鎮である。宮中一ともいえるベテラン女官が付いたのだ。

牧野就任に関しては、その方がかえって常磐会の反発が抑えられるのではないか、との東宮職側の賛成もあったとされている。だが、この人選が失敗以外の何物でもなかったことは、この十年の美智子妃の心労を見れば分かる。

たとえば、浜尾実東宮侍従の次のような言葉は代表的な例と言える。浜尾は東宮侍従として結婚前の皇太子に仕えてきた人物だが、美智子妃の側に仕えるようになるのは浩宮誕生後、特に浩宮・礼宮の養育担当となってからだ。牧野の人事に直接関わらなかった立場だからこそ言える面もあるだろう。

「――この狙いは結果的に失敗に終わった。実際には、牧野さんは東宮女官長になってからも、常磐会会長だった松平信子さん、皇太后（引用者注・良子皇后）さまの女官長だった保科武子さんと3人、美智子さまに批判的な姿勢に変わりはなかった。

しかも、それは当時の私の耳にもはいってきたくらい、あからさまな批判だった。

当然、このような牧野さんの姿勢をご存じだったのだろう、陛下（引用者注・明仁皇太子）も美智子さまも、最後まで牧野さんには心を許されてはいなかったようだ」

（『皇后　美智子さま』）

浩宮が誕生して宮内庁病院を退院する際に起きた、あの「窓開け騒動」がすぐに思い出されよう。牧野が美智子妃いじめの主役になっていた例はほかにも数多いといわれるが、宮中内部の事情に詳しい関係者によると、次のような例も聞かれる。

皇族方が一堂に会する公務の席などの服装に関しては、洋装にするか和服にするか、事前に女官を通じて調整されるのが慣例となっている。

とりわけ、妃殿下方の装いについては各宮家とも気を遣う。

ところが、美智子妃の場合にはなぜか女官から打ち合わせの内容が伝わらず、美智子妃だけがほかの妃殿下方と違うことが分かって、お出かけ寸前にあわただしく着替えることがしばしばあった、というのだ。牧野東宮女官長がその日の取り決めを知らぬはずはないと、その関係者は言う。

人事刷新で空気が変わったことも後押ししたのだろうか。昭和四十四（一九六九）年夏の美智子妃の笑顔は格別に明るいものだった。

内親王の誕生という慶事も加わって、三人の子供たちを育てる母としての新たな覚悟が輝き始めた夏でもあった。

沖縄火炎瓶事件

紀宮が誕生した翌年、昭和四十五年三月には大阪万博が開催され、昭和天皇が開会式に出席された。さらに二年後の昭和四十七年二月には、札幌で冬季オリンピックが開催され、昭和天皇が名誉総裁として開会宣言を発せられた。

一九七〇年代に入ってからの日本は、これまでの困難な戦後処理を終え、さらに経済大国としての責任と実績を示す大イベントに挑戦して、見事な成果をあげていった。

いずれの大会もいわゆる〝天皇晴れ〟に恵まれ、多くの国民がようやく日本人としての自信を取り戻すきっかけとなったのではないだろうか。

同じ昭和四十七年五月には、佐藤栄作首相によって沖縄の本土復帰が果たされた。九月には新たに登場した田中角栄首相の手で日中共同声明が調印され、国交が結ばれた。

こうした時代のうねりというものは、戦後の変容とも繁栄の始まりとも思われるが、その刹那、危うい事態が起こることもある。

昭和四十七年一月六日のことだった。この前日、皇太子夫妻は第二十七回国民体育大会冬季スケート競技会に臨席する予定で、日光・金谷ホテルに宿泊していた。

六日の午後四時半過ぎ、帰京するため東武日光駅に両殿下が到着した。御料車から美智子妃が先に降り、続いて降り立つ皇太子に頭を下げるのが慣わしだった。美智子妃が頭を下げられた瞬間、群衆の中から一人の少年が妃殿下に向けて突進してきた。少年はその場で警護の警官に取り押さえられ、妃殿下に危害は及ばなかったが、まさに間一髪だった。

『週刊新潮』(昭和四十七年一月二十二日号)では、「側衛が間に入らなかったら、おそらく、妃殿下ははね飛ばされていたろう」との栃木県警察本部田中警備部長の話を伝えている。

犯人の少年は定時制高校に在学中で、新左翼系組織のメンバーだった。当日は爆竹を手にしており、「天皇制反対」と叫んで飛び出したところで逮捕となったのである。後味の悪い事件だった。


昭和五十(一九七五)年七月十七日、皇太子夫妻は沖縄国際海洋博覧会の開会式に出席するため、初めて沖縄を訪問した。昭和天皇の戦後巡幸の際は、沖縄が返還前だったことや反対運動があったため、唯一訪問がかなわなかった土地だった。このたびは三年前に沖縄県となり本土復帰が果たされた、絶好のタイミングといえた。

事件は七月十七日午後一時二十五分ごろ、慰霊のために両殿下が訪れた糸満市の「ひめゆりの塔」で起こった。あらかじめ、ヘルメットを被った二人の過激派が「ひめゆりの壕」内に潜伏していて、皇太子の足元に向けて火炎瓶を投げつけたのである。

火炎瓶は献花台を直撃して炎上したものの、皇太子が警官にかばわれた際に転倒して軽い打撲傷を負っただけで大事には至らず、妃殿下にも幸い怪我はなかった。

その瞬間、妃殿下は思わず顔色を変えられたが、火は燃え移らなかった。

「もう大丈夫です」と気丈に女官の手を振りほどいたものの、炎との距離はわずか二メートル。命がけの慰霊が沖縄訪問のスタートとなったのだった。

かつて沖縄戦では、二十万余が戦死していた。その忠魂を弔い、遺族を慰めようと念願したのが昭和天皇だった。

ようやく昭和六十二年になって、沖縄に日本一巡の最後の国体開催の順番が回って来た。天皇はその機会に合わせて巡幸したいとの強い意向を示したが、病の床に就き断念したという後日談が残されている。

さて、この火炎瓶事件の直後、両殿下はひめゆりの塔から南部の激戦地跡を六ヵ所慰霊訪問し、さらに遺族の人々の話に長時間耳を傾け、その労苦をねぎらったのだった。

三十度を超える炎天下で、美智子妃は額の汗を拭おうともせず一人一人に、「大変でしたね、ご苦労さまでしたね」と、声を掛けた。

時計の針を進めれば、天皇・皇后としての沖縄訪問がかなうのは平成五年四月のことになる。皇太子・同妃としては都合五回にわたって沖縄訪問を繰り返して、皇室へのわだかまりを徐々に消す努力を重ねた上での訪問だった。

四月二十三日午後、全国植樹祭のため来沖した両陛下の御料車は那覇空港からまっすぐに沖縄戦最後の激戦地、摩文仁《まぶに》の丘の沖縄戦没者墓苑へ向かった。ここが沖縄での祈りの第一歩。摩文仁の丘を両陛下はゆっくりと登り、納骨堂前の参拝所で深々と一礼を捧げた。

続いて平和祈念堂へ移動、多数の遺族代表を前に「お言葉」を述べ、休息もとらずにひめゆりの塔に向かう。

十八年前、ここで火炎瓶が投げつけられたのと同じ場所である。

今回は何が投げつけられるのか。両陛下は沖縄の人の怒りがあるのなら、それを全身で受け止めなければならない、という強い覚悟を心に秘めていた。

だが、御料車がひめゆりの塔付近に差しかかると、沿道をうめた沖縄県民の「ワァー」という歓声は間もなく「天皇陛下、万歳」に変わり、さらに「君が代」がどこからともなく湧き起こったのである。

「君が代」は誰かが指揮を執ったものではなく、バラバラな調子ではあったが、みな懸命に大声で歌い、天皇・皇后を迎えていた。涙を流しながら歌う年配者も多かった。

両陛下に向けられたものが、火炎瓶から「君が代」の合唱に変わったのがこの瞬間だった。繰り返す祈りが、やがて、複雑な沖縄県民の心を少しずつでも動かし始めたのだろう。

羽田お見送り騒動

騒動とはいっても、取りたてて事件が発生したわけではない。

騒動と言うのは言葉が過ぎるかもしれないが、やはり一種異様な光景が展開された事実は消せないだろう。

昭和五十年九月三十日朝である。

この日、天皇・皇后は十月十四日までの十五日間の日程で、初のアメリカ合衆国訪問の旅に出発されるため羽田空港に向かわれた。

午前九時十分、羽田空港に到着した両陛下は、いったん空港内の貴賓室で席に着き、各皇族方、元皇族代表などからの挨拶を受けられる。ほかに、内閣総理大臣三木武夫と同夫人、在日外交団長のソビエト連邦大使オレグ・トロヤノフスキー、アメリカの臨時大使トーマス・シュースミスと同夫人らからの挨拶が続く。

この貴賓室には当然、皇太子と美智子妃も同席しており、挨拶は普通に交わされたと思われる。

やがて両陛下は、日航の特別機インペリアル1《ワン》が駐機してあるタラップ近くまで進まれた。

ここからは、アメリカ訪問という一大イベントに備え、テレビ各局が中継カメラを構えていた。多くの国民の目が、朝からこの中継にくぎ付けとなっていたのは当然だった。

皇宮警察本部並びに警視庁音楽隊による「君が代」演奏が始まる。次いで、三木首相による歓送の辞が読み上げられ、お二人は特別機のタラップ下まで歩み寄られた。

ここに並んでいたのはタラップから近い順に皇太子夫妻、常陸宮夫妻、秩父宮妃殿下、高松宮夫妻、三笠宮夫妻、そして三木首相夫妻である。

三木首相夫妻に始まって常陸宮夫妻まで、一列に並んだお見送りの挨拶交換は順調に進んでいった。やや謹厳な表情にときおり笑顔を交える天皇と、終始にこやかにほほ笑んでいる良子皇后のふくよかな表情が全国民に直接伝わっていた。

天皇は先に皇太子夫妻の前に立ち、美智子妃にお辞儀をされてから皇太子に「あとはよろしく」とでも言うような口ぶりで一段と深いお辞儀を交わし、タラップに向かわれた。

前日、天皇は宮中で皇太子に国事行為を代行委任する勅書を渡されていた。

数歩遅れて歩む皇后が、常陸宮にゆっくりとお辞儀をした。

そして次は美智子妃の番というとき、それは起こった。

美智子妃は一段とにこやかなほほ笑みをたたえて待っていたのだが、皇后はその前をほとんど無視するように何の挨拶もせずに通り過ぎ、すぐ隣の皇太子のところへ歩を進めてしまったのだ。

やがて両陛下がタラップを上がられ、飛び立つ特別機に手を振る美智子妃の横顔がアップになってテレビに流れた。

『週刊読売』(昭和五十年十月十八日号)はこの羽田の異変を報じ、何人かの文化人のコメントを掲載した。それぞれが美智子妃への同情を口にしている。

「『おやつれかたがひどいわねえ。お年を召しましたねえ。気苦労がいろいろとおありになるんでしょうね。お気の毒に……』(歌手・砂原美智子さん)
『昔、美智子さまは、テニス少女で平均以上に健康的なお姿でしたのに、まあ、みるみるうちにおやせになって』(詩人・白石かずこさん)
『ご苦労している顔、煩悶《はんもん》している顔だなあ。われわれには想像もつかない何かがあるんだよ。一番不幸そうな顔だものね』(マンガ家・サトウサンペイ氏)」

多くの国民には異様な光景と映ったに違いない。美智子妃が皇后によって完全に無視されている実態が映像で流されたのだから。宮中に嫁いだ美智子妃の苦悩が、公然とあからさまになった瞬間でもあった。

昭和四十六年四月一日付で東宮侍従を退官した浜尾実はその後、聖心女子学院中等科・高等科に勤めていた。彼はこの日の出来事を外部から、次のように見ている。

「この皇太后（引用者注・良子皇后）さまの行動には、皇太后さまと美智子さまのご関係がこれまでも順調でなかったことを知っていた私も、唖然《あぜん》とするしかなかった。皇族方の内輪の席ではどうあれ、皇太后さまが公の席で美智子さまを無視されるような行動をとられることなど、それまではなかったからだ」

（『皇后　美智子さま』）

テレビ中継車が空港にあって、カメラが回されていることを皇后が知らずにとった行為とも思えない。無視すれば全国に流れることを承知の上で、こうした態度をとったとなれば、国民にとってもおだやかではいられなかった。

両陛下帰国時の十月十四日も、ほぼ同じ顔ぶれが特別機の側に並んでお出迎えとなったが、帰国時には〝事件〟は起きなかったようだ。

出発時に異様さを感じたのは、テレビを見ていた国民の多くとマスコミだけだったのか。

われわれが感じたような違和感は、もはや美智子妃の中にはなかったのだろうか。

いみじくも浜尾が「皇族方の内輪の席ではどうあれ」と述べているように、公の席でない場合には、こうした「無視」は半ば日常化していたとも考えられる。

「皇太子ご一家は毎週水曜日に両陛下を訪ねられ懇談するのが慣わしなのですが、このときにも皇后はほとんど美智子妃には挨拶もせず、そっぽを向いておられる」

と、ある皇室ジャーナリストは証言している。それならば、美智子妃が空港とはいえ、格別の驚愕や屈辱を今さら意に介さなくても不思議はない。

礼宮誕生以前から始まったと考えられる神谷美恵子やそのほかの女性文化人たちとの対話を通じて、自らの心身を強めることに精進してきた成果であろうか。

それから二年後の昭和五十二年七月には、良子皇后が腰痛のため動けなくなる、という事態が発生する。那須の御用邸で七月十七日朝、御東所《おとうしょ》（トイレ）で尻餅をついたのがきっかけだった。

初めは誰も大事とは思わず、『入江相政日記』にも心配する様子は出てこない。だが、次第にコトは重大になる。


「――要するにぎつくり腰だらうと思ふ。（中略）皇后さまお上と御一緒ではお小水がお出来にならないとのことで、予の案でお食堂にお移り願ふことにする」（昭和五十二年七月十七日）

「――ギブスベツドで一所懸命にやり、その間にコルセツトを準備しておいて、それをさし上げ、八月下旬還幸の時には何とか電車で御一緒にお帰りになれるやうにしたいとのこと」

（七月二十五日）

事態は日に日に楽観を許さなくなる様子が垣間見えてくる。入江は比較的冷めた目で見ているが、皇后の記憶力などにやや異変が現れ始めたのは、このころからだったのではないか。

「なにしろ、どうしてこんなところに入れるかといふのでギブスベッドから出ておしまひになるとのこと、意味を忘れておしまひになるから」

（七月二十六日）

宮内庁はこの段階では、「ご容態はギックリ腰」と説明し、八月二十五日にはなんとかお二人お揃いで皇居に戻ることができた。

だが、容態は当初の宮内庁発表より、重いものだった。

九月九日には西野重孝侍医長から「皇后の腰痛は腰椎障害によるもので、第一腰椎がつぶれている」との発表がなされた。

こうした事情から例年必ず出席されていた八月十五日の戦没者慰霊祭には、異例の天皇お一人での臨席となった。

この年の末、入江はなかなか興味深い「年末所感」を「日記」の末尾に付している。

「皇后さまのぎつくり腰、お気の毒さまではあるがハーフ・リタイヤメントがこの為非常に具合よく行はれることになつた」

（『入江相政日記』昭和五十二年十二月三十一日のあとの所感）

人の世と時代のうつろいは、病気や死によって逆らい難くやって来るもののようだ。皇室の場合でも、それは同じである。良子皇后の歩行が困難になって、これまで一緒に御所の庭や那須、葉山などを散策なさっていた天皇にとってはひときわ寂しいものがあったのではなかろうか。

一人で散策に出られては、美しい花があると皇后のために手折り、お土産に持って帰ったという。

黒木侍従長、不慮の死

皇太子の側に長いこと仕え、とりわけご成婚までの道のりに重大な役割を担った人物が、東宮侍従（昭和五十二年四月より東宮侍従長）の黒木従達《つぐさだ》であった。その黒木侍従長が六十五歳で突然死を遂げたのは、昭和五十八（一九八三）年の一月十九日午後のことだった。

侍従長となって七年目の正月明け、黒木の死は新宿区百人町にある春山外科病院から彼の妻宛に入った第一報で明らかになる。

救急車は第一報を受けた妻が呼んだものだが、宮内庁側にも警視庁を経由して春山外科の情報が極秘に入った。

「黒木従達氏が本日夕刻、救急外来で運ばれてきましたがすでに心筋梗塞を起こしており、死亡されました」

問題は死に場所だった。黒木が倒れたのは、なんと新宿三丁目にあるいわゆる〝トルコ風呂〟（当時の名称で、現在ではソープランドと改称）だったからだ。

なぜ平日の水曜日の午後、東宮侍従長ともあろう者が勤務先を離れてそうした場所へ向かったのか、当初は誰もが真偽のほどさえ疑ったという。

困惑したのは家族だけではない。宮内庁もマスコミ対策に苦慮したが、各社とも黒木との長い付き合いもあってかそこは〝武士の情け〟で、翌朝の記事には「新宿三丁目の出先で」とぼかして報じられた。

黒木東宮侍従長のこのような〝嗜好〟は知られるはずもなかったが、豪放磊落な上に出自が良いことはよく知られていた。黒木の祖父は西郷隆盛の実弟・西郷従道《つぐみち》（海軍大将、侯爵）だが、黒木本人がのちに陸軍大将・黒木為楨《ためもと》（伯爵）の養子となって家督を継いだ。

昭和十九年七月、当時十歳だった皇太子が沼津から日光・田母沢《たもざわ》御用邸へ再疎開したときに、黒木は東宮傅育官《ふいくかん》として初めて仕えた（翌年より東宮侍従を兼務）のである。

つまり、戦時中から終戦後の皇室がもっとも危機にさらされ、とりわけ皇位継承者であるがゆえに皇太子の生命の保証さえなかった時代に側近として支えてきたのが黒木だった。

彼の果たした役割が決して小さなものでなかったことは、誰をおいても皇太子自身が十分に理解していた。

そして、皇太子妃選定に至る活躍ぶりについても同じことが言えた。小泉や田島、宇佐美らの陰にありながらも、婚約が整うまでの最大の功労者といえば、誰もが黒木侍従の名を一番に挙げた。

その黒木は心臓に持病を抱えていて、この日も午後二時半ごろ掛かりつけの六本木にある医院で定期検診を受けており、そのあと問題の場所へ向かった。

大方の見方では心臓疾患に加えて、年来の疲労の蓄積が大きかったのではないかという。

実際、黒木の忙しさは相当なものだった。不慮の死を追った『週刊新潮』(昭和五十八年二月三日号)は、関係者のコメントを次のように紹介しているので、以下に抄出する。

「『最近こそ、皇太子さまも、黒木さんの体を気遣って、地方へのお出ましにも、〝休むように〟とお声をかけていましたが、そうはいっても、東宮家にはなくてはならない人。自宅は東宮御所と同じ元赤坂御用地内の官舎でしたしね。コトあれば飛んで行かねばならない。部下の侍従から、夜中にいろんな報告も入ってくるし、どうしたって二十四時間スタンバイの状態にある。神経の使い方は並大抵でなかったと思いますよ』(宮内庁詰め記者)

『宮内庁の役人らしからぬといっては悪いが、その事務的手腕はズバ抜けていて、実にテキパキ仕事をこなす人でした。東宮ではこの人がいないと何事もスムーズに進まない。それだけ、彼の仕事が増える』(皇室関係者)」

黒木のこのところの疲労感は、美智子妃への宮中内の風当たりに対して、いかにしたら防波堤になれるかということからきていた、という趣旨のコメントを、浜尾実元侍従が寄せている。

「ご夫妻のお耳に入れたくないような話、それらをすべて黒木さんのところに集め、話の内容を吟味した上で、選択してお伝えしていましたね。それだけに悪いウワサはすべて黒木さんにブツケられてきた。そうした声からご夫妻を守る黒木さんの努力は大変なものでしたよ」

戦後の〝斜陽華族〟の典型とまで言われていた黒木。その死後に残された財産らしきものは、何もなかったという。

二十一日は通夜だった。皇太子夫妻は弔問のため赤坂御用地内にある黒木東宮侍従長の官舎を訪ねている。その霊前には天皇・皇后から賜わった菓子と切り花が供されていた。

昭和天皇崩御

その異変は突然のように訪れた。

昭和六十二（一九八七）年四月二十九日、天皇誕生日の祝宴の席である。

昭和天皇は明治三十四（一九〇一）年生まれなので、この日は八十六歳のご誕辰（誕生日）にあたり、数々の祝賀行事が予定されていた。

歴代天皇の中で、すでに最長寿であった。これまでの最長寿は、江戸時代初期の後水尾《ごみずのお》天皇の八十四歳だった。昭和六十年に記録を抜いた天皇は、「平均寿命が短かった時代の後水尾天皇の方が立派な記録です」と感想を述べている。

午後零時五十分から皇居・豊明殿において内閣総理大臣、衆参両院議長、最高裁長官等の招待客、皇太子殿下・同妃殿下ほか皇族方が陪席する中、宴会の儀は滞りなく進んでいた。

宴会が終盤に差しかかったとき、胸苦しさを覚えた天皇が嘔吐されたのが、最初の兆候だった。

ゆっくりと徒歩で退出される天皇には、左右から皇太子妃と常陸宮妃が表御座所の診察室まで介添えに付き添っていた。

侍医の診断では特別の異常は認められないが多少お疲れ気味ということで、さしあたって関係者も慌てた様子は見られない。しかし、天皇の病状はすでに進行していた。七月十九日は、那須の御用邸車寄せで倒れかかる。

那須滞在の間、皇太子・同妃ほか天皇家の方々とのご対面や会食はこなされていたが、しばしば胸のつかえを訴えられ、ときに嘔吐を繰り返されていた。

八月二日、二十三日、二十九日と嘔吐が続き、遂に九月十三日、レントゲンによる胃腸の検査が行われた。その結果、十二指腸末端から小腸にかけて通過障害があることが判明した。

翌日、検査結果を踏まえて「拡大侍医会議」が開かれたが、「畏れ多い玉体」をめぐってしばし紛糾。

「手術には反対。天寿を全うしていただくのが自然」という「玉体にメスは入れるな」派、さらには「血液銀行の輸血には反対。必要なら皇族方からいただくべし」という徳川義寛《よしひろ》侍従長による「万世一系派」の意見など議論百出である。最後は「外科手術のお許しを願う」ことでようやく決着をみた。

九月二十二日午前十一時五十五分、宮内庁病院で、筆頭執刀医・森岡恭彦東大病院院長以下の手によって通過障害を除去するための手術が開始され、午後二時半無事終了した。

午後三時半、皇太子と美智子妃は皇族として最初のお見舞いに病院を訪ね、続いて夕刻、弟宮の三笠宮崇仁親王が皇族を代表して参内、いずれも高木顕侍医長らから経過の説明を受けた。

切除した組織の一部の病理検査をした結果「悪性腫瘍」と診断された。主だった関係者には、この段階からガンであることは知らされていたと思われるが、天皇にはもちろん、マスコミにも告知されることはなかった。

病状を説明したとき、天皇は「良宮《ながみや》にはどうする」と高木侍医長に尋ねたといわれる。また、麻酔から覚めた天皇の最初の言葉が「良宮はどうしている」だったというのも有名な話として伝わっている。

すでに良子皇后の体はかなり不自由になっており、老化の症状が進んでいた。天皇は自らの大手術の直前まで、皇后の身を案じていたのだろう。


ほぼ時を同じくして、美智子妃の母・富美子（昭和五十六年に富美から改名）が体調不良に陥っていた。

昭和天皇の手術により、皇太子が国事行為臨時代行の勅書を受けるという多忙な時期に重なっていた。美智子妃は宮内庁病院に天皇を見舞い、時間を見つけては母の入院する中央区築地の聖路加国際病院をも訪れるという日々が続く。富美子は前年あたりから胃腸の調子が悪く、聖路加国際病院へ通院、その間には転倒して骨折するなど健康に不安が付きまとっていた。

重い腎不全を起こしていて、余命が短いことは家族にも分かっていたようだ。

昭和六十二年十月に美智子妃は、皇太子とともにアメリカ訪問の旅に出たのだったが、この間にも富美子は持ちこたえた。

昭和六十三年四月二十九日は昭和天皇八十七歳の誕生日を迎え、短縮した祝賀行事ながら各皇族方からの祝賀を受けられ、例年どおり午餐会が豊明殿で催された。

美智子妃は皇太子、徳仁親王、文仁親王とともに陪席、天皇のお言葉を受けられた。このあと乾杯があり、天皇はここで退席され食事の席には臨まれなかった。

この日、午前中には皇居の一般参賀があり、天皇は皇太子・同妃ほか皇族方とともに三回にわたって長和殿のベランダに立たれた。

昭和天皇の「天皇誕生日祝賀の儀」は、結果的にはこの日が最後となったのである。

このベランダへの「お出まし」に、良子皇后は出御していない。術後の天皇より、さらに体調が不安定だったことがうかがえよう。

急激な衰弱は富美子にも訪れていた。

天皇誕生日の祝賀が終わったあとから容態が徐々に悪化し、五月二十日過ぎには親族が集められる状況になっていた。

五月二十二日、皇太子夫妻は香川県での植樹祭に出席のため羽田へ向かった。全国植樹祭は本来、天皇・皇后が出席するのが恒例となっていたのだが、陛下がご不例とあっての名代の出席となった。

ご公務をおろそかにしてはなりませんよ、と見舞う度に母から言われ、美智子妃はすべての行事をすべて予定どおり務めてきた。それでも前年のアメリカ訪問や植樹祭などで東京を離れるのは辛いことかも知れないが、表情に表すことなく一途にきちんとこなすところが美智子妃の並々ならぬ強靭さのように映る。

植樹祭からの帰京を待っていたかのように、富美子は二十四日未明、危篤となった。

二十八日午後八時過ぎ小雨が降る中、急報を受けた美智子妃は礼宮、紀宮を伴って病院を訪れたが、すでに意識は薄れていた。

美智子妃に手を握られたまま午後十一時過ぎ、正田富美子は七十八年の生涯を閉じた。

皇太子と浩宮はいつでも病院へ出向けるよう東宮御所で待機していた。だが、美智子妃の強い「ご遠慮」から、臨終のお見舞いは中止となった。

葬儀は六月四日、港区の青山葬儀所で午後一時から神式で執り行われた。喪主は夫で日清製粉会長の正田英三郎《ひでさぶろう》である。

葬儀には皇太子一家が参列、葬送の雅楽が流れる祭壇中央には天皇・皇后両陛下からの榊と盛り菓子が供えられていた。きりりとした表情の富美子の遺影に向かって、皇太子一家が玉串を捧げて拝礼しお別れの式が終わった。

ちょうど三十年前になろうか、皇太子妃に是非、と密かに話が持ち込まれた初夏から富美子の悩みは尽きることがなかった。

悩みがあれば母と娘は共有し、きっちりとした結論を出す——周囲から、ときに冷厳とも怜悧とも受け取られるほど信念に生きた母親だった。

かつて、「家風、家訓というものはありますか」と問われた富美子は、「そんな堅いものは、何もございません。みなさまが、質素だとか、地味だとかおっしゃいますのは、家風でも何でもなく、必要上からでございます」（『週刊読売』昭和三十三年十二月二十一日号）ときっぱり答えている。

また、婚約後の正月に新聞記者のインタビューに答え、富美子の強気な側面が喧伝された記事も思い浮かぶ。

「縁談には、どうしても一種のストラッグル（闘争）という面が出てきますものね」「いいたいことをいわしていただいた。よくあちらさまが我慢なさったと思うくらい」（「朝日新聞」昭和三十四年一月四日）と、宮内庁との交渉を顧みながら、漏らした言葉である。

宮内庁と納得がゆくまで話し合ったものの、必ずしも思いどおりにはいかないことの方が多かった。すべてが「前例」に従う世界だったからだ。

平民出をとやかく言われるばかりでなく、上海育ちという陰口さえ耳に届いた日もあった。だが三人の孫に恵まれ、しかも、軽井沢などでは孫を囲みながらの一家団欒をしばし楽しんだものだ。また、浩宮、礼宮の成年式に招かれ、紀宮の日本舞踊の発表会などで目を細めていた姿も、美智子妃の記憶には強く残っていたであろう。

昭和五十三年の歌会始のお題は「母」であった。美智子妃は次のような母への想いを詠んでいる。

子に告げぬ哀《かな》しみもあらむを柞葉《ははそは》の母清《すが》やかに老い給ひけり

「柞葉」は母にかかる枕詞。子供には告げず秘めてきた哀しみもありましょう。そういう母に、清々しいながらも美しい老いが迫っている——というお歌であろう。

富美子を想う澄明な一首を詠んでいたこの時期、もう一人の母、良子皇后は腰痛が進む一方で少しずつながら日常生活に記憶面などでの障害が現れ始めていた。

それから十年、富美子が逝った年の九月十九日午後十時前、天皇は大量に吐血され、緊急輸血が行われるなど容態が急変した。

天皇の体に初めてメスが入ってからおよそ一年が経っていた。帰宅していた高木侍医長が十一時過ぎに再び車で皇居に入り、緊急事態に備えるべく人を集めた。

深夜、日付が変わるころに皇太子と美智子妃が急ぎ坂下門から皇居に入る。翌朝には浩宮はじめ各皇族、元内親王などが駆け付けた。

この瞬間から、いわゆる「百十一日間」の闘病生活と報道陣の取材合戦が展開される。

切迫していた事態は、大量の輸血でいったん落ち着きをみせていた。

だが、連日のような吐血と下血の発表とともに、輸血もかなりの量に達していて予断は許さない。そんな異様な日が続く十月二十三日夜の、微笑ましいエピソードを紹介しよう。

その晩は十三夜の月明かりが吹上御所を薄明るく照らしていた。天皇の容態も小康を保っていたのだろう、夕刻から十三夜のお供えが吹上御所の寝室の前にしつらえられ、侍従の奉仕によって天皇はベッドに十三夜の月を鏡に映してご覧になっていた。

ススキやオミナエシなどの秋草とお団子を供えて月を見るのは、宮中の伝統的な行事でもあった。宮内庁詰め記者の岸田英夫は、そのときの模様を次のように記している。

「その夜、月明かりだけになった天皇の病室へ皇后が入って来た。『おかみ（天皇）にお元気でいていただくためには、私も元気でないと……』というのが、皇后の口癖だったが、自分のほうに老人特有の意識障害が出て、天皇の状態がよくわかっていない。しかし、その夜の二人は黙ったまま、しばらく手を握り合っておられたという」

（『アサヒグラフ』緊急増刊　平成十二年七月五日号）

意識が清明でない皇后と吐血・下血を繰り返す天皇が手を取り合って月を見ている姿は、悲しくも美しい終焉の一幕としか言いようがない。

輸血は毎日二百ccから四百ccほど。天皇はよく耐え抜いて昭和六十四年の正月を迎えた。

一月七日午前六時過ぎ、八十七歳の天皇に崩御のときが近づいていた。皇后は二人の女官に両脇を支えられて入ってきたがいったん退出、臨終のときには病室にはいなかった。

美智子妃が最後の瞬間まで、天皇の足をさするように撫でていた。

六時三十三分、高木侍医長が天皇の胸に聴診器を当てた。「心停止です」という侍医の声とともに、高木が深々と皇太子にお辞儀をした。崩御である。

吹上御所内において、皇太子・同妃、浩宮、礼宮、清子内親王はじめ常陸宮・同妃など皇族方や池田隆政・厚子、島津久永・貴子といった元内親王方など多数が見守る中での臨終であった。

皇后はやや遅れてお出ましとなり、暫時、お別れのときを側で過ごしたという。ただし、当時の皇后に天皇が崩御なさった意味が理解できたかどうかは不明だとする文献は多い。

一月七日朝七時五十五分、藤森昭一宮内庁長官から「天皇陛下におかせられましては、本日、午前六時三十三分、吹上御所において、崩御あらせられました。誠に哀痛の極みに存ずる次第であります」との発表がなされた。

その後、午前十時から宮中三殿で「賢所《かしこどころ》の儀」「奉告の儀」が行われた。これは皇位継承を賢所、皇霊殿、神殿に報告する儀式だ。次いで剣と璽《じ》（勾玉）を、皇位継承したばかりの新天皇に承継する儀式となり、即位の式がひととおり終わった。

昭和天皇の崩御とともに年号は「平成」と発表され、良子皇后は皇太后となり、皇太子は新たな天皇に、美智子妃は皇后となり、浩宮が皇太子になったのである。

新天皇はこのとき五十五歳、新皇后は五十四歳であった。

良子皇太后はこの年の三月、八十六歳を迎えた。

これまでの皇室の慣例からいえば、皇太后となった場合、皇居のお濠の外に移居するのだが、新天皇・皇后の配慮からそのまま吹上御所に留まることになった。

天皇・皇后は、新御所が皇居内吹上御苑の一角に完成するまでそのまま赤坂御所（これまでの東宮御所）にお住まいになり、皇居に通勤していた。

皇太后が住む吹上御所は「吹上大宮御所」と呼ばれる。そこから百五十メートルほど離れた場所に天皇・皇后の新御所が平成五（一九九三）年に竣工し、十二月に越されたのである。

下々に倣って言えば、「味噌汁の冷めない距離」に皇太后が住まわれたということになろうか。

ちなみに吹上御所というのは、そもそも昭和二十年五月の大空襲で焼失した明治宮殿（三宅坂からの飛び火で延焼）の、吹上地区にあった両陛下のお文庫に隣接して昭和三十六（一九六一）年に造営されたもので、昭和天皇・皇后両陛下の住まいだった。

その後、昭和四十三（一九六八）年に新宮殿が落成し、宮殿と住まいである御所がようやく整ったという経緯がある。昭和天皇は戦後長い間、国民が困窮しているのに宮殿など建てられないといって、宮内庁内の仮宮殿を使っていたのだ。

良子皇太后は平成に入って一層感覚がおぼろとなってしまったが、平成七年三月六日で九十二歳を迎え歴代では最長老の皇后・皇太后となった。

平成十二（二〇〇〇）年六月十六日夕刻、皇太后の容態が急変し、御所にいた天皇は大宮御所まで小走りに急いだという。その枕元に駆けつけて一分経ったかどうか、皇太后は眠るように静かに息を引き取ったのだった。追号は後日、香淳皇后と定められた。

この日まで、美智子皇后はなにくれとなく皇太后に優しく接し、これまでの二人の間にあったとされる冷ややかな距離など吹き飛ばすかのように親身にお世話をしたと伝えられる。

その事情に詳しいある関係者は、「香淳さまが亡くなられたとき、美智子皇后さまは本当にがっくりなさっていました」と、語っている。

実母の富美子が亡くなって十二年、皇太后を心から母と思って介添えを務め上げた結果である。歳月はいつしか恩讐を流し去り、美智子妃は皇太后に実の娘にも劣らぬ孝養を尽くした。美智子皇后が平成時代の皇后として粛然として立つ姿は、一段と煌《きら》びやかな国母の姿に映るのはこのころからだった。

だが、その皇后にまだまだ安らぎは訪れない。新時代には「皇后バッシング」という新たな苦難が待ち受けていたからだ。

第八章　なぜ「皇后バッシング」は起こったのか

「劇場型」バッシング記事

昭和天皇の喪が明けた平成二（一九九〇）年一月十二日、礼宮文仁《あやのみやふみひと》親王と川嶋紀子さんの間で納采の儀が執り行われ二人の婚約が正式に決定した。

続く六月二十九日に行われた結婚の儀によって、秋篠宮家が新たに創設される。

紀子さんの父・川嶋辰彦は当時学習院大学教授で、統計学や計量経済学の専門家。その父祖は江戸時代から和歌山で庄屋を務める旧家だった。

皇太后が八十八歳の米寿を迎える翌平成三年には、秋篠宮家に眞子内親王が誕生する。

二年後の平成五（一九九三）年、皇太后が九十歳で卒寿を祝う春には、さらなる慶事が重なった。

正月がまだ明けきらない一月十九日、皇室会議で皇太子徳仁《なるひと》親王と小和田雅子さんの婚約が内定し、同年六月九日には結婚の儀が執り行われたのである。

お相手の外務省勤務・小和田雅子さんに対し、皇太子は昭和の終わりごろから好感を抱いていたが、結婚までには長い道のりがあった。さまざまな憶測が流れたものの、ここにきてようやく皇太子の強い希望が実現したのだった。

小和田家についてはすでに述べたとおり、一族は刻苦勉励と国家の中枢での立身を目指す価値観を大切にする家系である。皇位継承の一位、二位の二人の親王が揃って民間から妃を選んだ結果となったが、それぞれ優れた業績を残した祖先に育まれていただけに、国民の多くから共感の声が挙がったのもうなずける。

母宮たる美智子皇后にこれまでいかなる艱難があったにせよ、民間妃として見事な務めを果たしてきたその背中を見て育った親王方は、二つとない貴重な教訓を得てきたように思われる。

ところがこうした祝賀ムードとは裏腹に、突然のように「皇室批判」もしくは「美智子皇后批判」と受け取れる刺激的な記事が週刊誌に出回り始めたのもこの平成五年だった。

なぜこのような事態を招いたのか、その原因を追うのはいったんおくとして、まず当時連続して雑誌に掲載された主な批判記事を列挙してみよう（いずれも平成五年）。

今から振り返れば、一連の報道は皇室を舞台とした、さながら「劇場型バッシング」の様相を呈していたことが分かる。

▽『週刊文春』四月十五日号「吹上新御所建設ではらした美智子皇后『積年の思い』」
▽『週刊文春』六月十日号「宮内庁に敢えて問う　皇太子御成婚『君が代』はなぜ消えたのか」
▽『週刊文春』六月十七日号「宮内庁記者が絶対書けない平成皇室『女の闘い』」
▽『サンデー毎日』六月二十七日号「美智子さまにみるロイヤル・パワーの〝威力〟」
▽『宝島30』八月号「皇室の危機『菊のカーテン』の内側からの証言」
▽『週刊文春』七月二十二日号「『宝島30』の問題手記『皇室の危機』で宮内庁職員が初めて明かした皇室の『嘆かわしい状況』」
▽『週刊新潮』七月二十二日号「美智子皇后を『女帝』と告発した宮内庁職員」
▽『週刊新潮』九月九日号「天皇訪欧費用『2億円』の中身」
▽『週刊文春』九月十六日号「美智子皇后が『ムッ』としたある質問」

▽『週刊文春』九月二十三日号「美智子皇后のご希望で昭和天皇が愛した皇居自然林が丸坊主」
▽『週刊文春』九月三十日号「宮内庁vs防衛庁に、発展か　天皇・皇后両陛下は『自衛官の制服』がお嫌い」
▽『週刊文春』十月七日号「美智子皇后　私はこう考える」
▽『週刊文春』十月十四日号「大新聞が報じない　美智子皇后　訪欧中の評判」
▽『週刊文春』十月二十一日号「貧すりゃ鈍する『週刊朝日』は宮内庁のPR誌か」
▽『週刊文春』十月二十八日号「投稿大論戦　美智子皇后　読者はこう考える」
▽『週刊文春』十一月十一日号「皇室報道　小誌はこう考える」

以上がいわゆる「皇后批判」に火を点けた主役級の記事全容である。

とりわけ重要なのは『週刊文春』の一部と『サンデー毎日』、そして『宝島30』の記事だろう。ほかの記事にも検討すべき点はあるものの、すべてを紹介すれば読者を混乱させるばかりである。その要点のみを集約して拾っておこう（以下、長文の場合は要旨を外さない範囲で部分的に引用する）。

●口火を切った感のある『週刊文春』四月十五日号——この年の五月に落成予定だった天皇・皇后の新御所はムダ遣いが多いのではないか。部屋数の細かな点までが皇后の注文によるものだった。そして、宮内庁が御所建設の概容を説明していないことなどを批判する。「元宮内庁関係者」の発言として、次のようなコメントを載せて皇后を批判した。

「問題は、今の天皇家そのものにある。たとえば、皇太子さまと雅子さんの結婚の日取りが六月九日に内定したことは、マスコミの報道で国民周知の事実。しかし、天皇家の親戚である宮家には日取りが決まったという知らせが未だにない。実は、これは宮家といえども、正式発表までは連絡する必要がないという美智子皇后の意向らしいんです。かつて美智子妃いじめがあったのは事実ですが、今は皇后になった美智子さまが宮家の妃殿下たちにイジワルをされている。宮内庁としては、皇后の意向には逆らえませんからね」

皇后の力が強くなって、誰も止められないという内情を幾例か引いて、最後に新御所の設計は美智子皇后の「強い影響力」で進んだもの、と指摘する。

補強するコメンテーターが元東宮侍従の浜尾実というところに、微妙な内部事情がうかがえる。

「両陛下は常々、『国民と共にある皇室、国民と苦楽を共にする皇室でありたい』とおっしゃってきました。しかし、最近の皇室を見ていると、お相撲見物や音楽会、観劇などへのお出かけばかりが多く、〝楽〟ばかりを共にされている」

浜尾は同種の発言を朝日新聞社発行の『AERA』六月十五日号でも繰り返した。

●皇太子のご成婚直前の『週刊文春』六月十日号——パレードや一連の儀式の中で「君が代」演奏が行われない、として宮内庁の姿勢を問題視した。

「昭和天皇の時代と違って、今は天皇家から、特に皇后あたりから、ああしたい、こうしたいという注文が実に多いそうです」（元宮内庁関係者）といった傍証を集めて宮内庁が機能喪失状態に陥っている、と指摘。

当初の予定では確かに「君が代」演奏はなく、「新・祝典行進曲」によるパレードや、「第九」の合唱などで祝賀ムードを盛り上げようとしていた。しかし実際には、祝宴行事の最終日の外交官などを招いた饗宴の儀では雅楽による「君が代」演奏が行われた。

同誌の六月十七日号では、「小誌報道で『君が代』が復活」とし、反響の大きさから宮内庁の決定が「事実上、ひっくり返りました」と報じた。

ここまでが第一幕といえようか。コトは出版社系週刊誌、それも『週刊文春』一誌独走だっただけに、まだ小劇場のレベルといえた。

ところが、そこへ新聞社系週刊誌である『サンデー毎日』が加わった上に、創刊したばかりの月刊誌『宝島30』が筆者「大内紀《おおうちただす》」（宮内庁勤務・仮名）なる人物の原稿を載せたあたりから、騒動は第二幕に入った。

平成五年の六月から七月という時期である。
●『サンデー毎日』六月二十七日号――昭和から平成への代替わりで皇后の影響力が増加し、あたかも「女帝」のように振る舞っている、と書く。
この春、七十歳を目前にした元侍従が、勲三等の叙勲を辞退したという。

「昭和さんなら、ありがたくいただきましたが、いまの陛下からはいただきたくない」と言った元侍従の言葉に、お膝元の宮内庁担当者も頭を抱え込んだほどショックを受けたというのだ。

辞退した元侍従をよく知る宮内庁関係者は、次のような内情を明かす。

「『私はそこまでしなくても、と思ったんですが、気持ちはよくわかります。いまは二頭政治ですからね。こっちと、あっち』と言いながら、親指と小指を立てた。こっちとは天皇陛下、あっちとは美智子さまを指す。

『いまでは、お言葉にしろ、拝謁にしろ、日程、行き先、何から何まで、両方の陛下のご承諾が必要なんです。こっちがいいと言っても、あっちが首を縦に振らない』」

この記事の極め付きは、平成に入って皇室行事の主語が「天皇」から「天皇・皇后」に変化したと読める指摘であろう。

あるとき、両陛下は栃木県にある御料牧場（皇族方が召し上がる食肉、乳製品、野菜などを生産する）を視察される予定だった。お泊りになるゲスト・ハウスのさまざまな模様替えなどすべてが整ったあと、訪問は突然キャンセルになった。原因には御料牧場の近くに正田家が経営する日清製粉の工場があり、たまたまその工場で労働争議が起きていたことが背景にあったとするのである。

宮内庁職員だという人物のコメントは、美智子皇后を「社長夫人」と呼んで不快感を露《あら》わにする。

「社長夫人のお気持ちがわからないわけではありません。でもそれは、宮内庁の事務方が判断すべきことではないでしょうか。夫人が注文されるから、現場が混乱する。司《つかさ》、司という

ことを理解しておられない。ご結婚当初にいじめられていた反動なんでしょうが、今の社長夫人はまさに女帝です」（同前）

皇后を「社長夫人」と陰で呼んでいる宮内庁職員というのもいかがなものかと思われるが、記事は些細な断片をいくつかつなぎ合わせて、皇后批判を盛り上げる効果を狙っていた。

特に職員たちが困っているのは、両陛下が御所にお客を招かれて夜遅くまでお話をされていることだという。

時には深夜に及ぶため、身近に仕える者が、なかなか解放されないのだとこぼす。昭和天皇は遅くとも午後十時には就寝されていたが、両陛下にはその気遣いがなく困惑していると書く。証言はいずれもきわどいものばかりである。

「皆、喜んで奉仕していると思われている」（侍従職関係者）。ある皇族周辺の女性は、「『（天皇陛下は美智子さまのおしりに敷かれた）お座布団でございましょ』とこともなげに言い放つ」。

宮内記者会加盟の新聞社が発行する週刊誌が「ここまでやるか」とばかりの書きようである。その結果、出版社系各誌、女性週刊誌などが勢いづくのも当然という成り行きになっていった。

●七月発売の『宝島30』八月号——サブカル誌と見られていた同誌が掲載した大内糺という匿名の人物による皇后攻撃は、もはや個人攻撃以外の何ものでもなく、異様な反響を呼んだ。

この記事には事実誤認も多く、品位にも欠け、専門家から見れば他愛ないと捨て置くような〝ヨタ記事〟である。だが、この記事以降、劇場は「炎上」することとなる。匿名記事は、昭和天皇と比較する場面が数多く見られるのが特徴の一つだ。

「こうした先帝陛下に比べると、今の陛下は余りにも対照的である。例えば、ご趣味もテニス、スキー、ダンス、音楽鑑賞……と幅広い。結構なことなのだが、私どもに分からないのは、人前でおやりになろうとすることである。（中略）

夏の軽井沢でのテニスもそうだ。那須、須崎、葉山にご用邸があるのに、ホテルに宿泊しなければならない軽井沢にばかり出掛けられること自体、好ましいものではないのだが、それはさておき、軽井沢では必ず、別荘の主たちが組織している軽井沢会のテニスコートでプレーをされることになっている。（中略）衆人環視の中でわざわざプレーをされる必要があるのか、との疑問も沸いてくる」

軽井沢に関しては事実誤認が多い。天皇・皇后は昭和の終わりごろ（つまり皇太子夫妻時代）から、軽井沢会のテニスコートは目立つので極力避けてきた。千ヶ滝プリンスホテルのコートか、学者などが多い別荘地・南原のコートなど目立たない場所を敢えて選んでプレーしているのだ。

大内糺という名は大内、すなわち宮中を糺《ただ》すという意図をもって作られた名前だろうが、この人物はどうやら侍従など内側の詳細を知っている者ではなさそうだ。大膳課の厨司《ちゅうし》とか内舎人《うどねり》のような立場の人物から情報を得て書いたものではないか、と推定される。

また、書かれている内容が他誌とかなり重複している点から、情報源が同一人物である可能性も考えられる。

「午前一時、二時になってからも、『インスタントラーメンを作って下さい』『リンゴを剝いて』といったご下命があったりするというから、当直勤務の職員たちも気を許すことが出来ない。とくに、先帝陛下のもとで働いていた人たちにとっては、急にハードワークになったために体調を崩した人も出ているという」

ここでも昭和天皇と比べて、職員から苦情が出ていると強調する。さらに、先帝との比較が続く。

「今は違う。ご公務に次々とプライベート・スケジュールが加えられる。音楽会、展覧会、ご趣味のスケート、各種記念大会やパーティー……。あまりにスケジュールをタイトにしているために、自縄自縛状態に陥ってしまうこともある。（中略）失礼ながら、その図はフルムーンの夫婦が旅行先を決めているのに近い。

もう一つ、お出掛けが増えたことで職員が困っていることにお召し替えの問題がある。

（中略）

そこで、ご主人たちのお出掛けやお楽しみが増えれば、職員たちは洗濯とアイロン掛けに追われることとなる。昨今の赤坂御所内はまるでクリーニング店で、雨天でも続けば職員たちが夜の九時、十時までアイロン掛けに大童《おおわらわ》なのである」

皇室批判を装ってはいるが、実は執拗な皇后批判なのだ。特徴の一つは記事がいずれも守旧派のスタンスで書かれている点だろうか。かつての皇室批判は左派からのものと決まっていたが、ここにきて様相が変わった。そこが一つのキーポイントになりそうだ。もう一つ挙げれば、問題にしている件がいずれも些細な日常の断片をあげつらう点である。

続いて大内糺は職員たちによるカラオケ大会を例に引いて、現場の職員たちがいかに意気阻喪しているかを嘆いてみせる。

「私が悲しいと思ったのは、皇太子殿下のご結婚のお相手がなかなか決まらずに、だれもが心を痛めていた頃のことである。ある東宮侍従が、宮内庁詰めの新聞記者たちとの懇談会の時に、カラオケで『殿下の十八番ですが……』と前置きして流行歌の『氷雨』を歌ったというのである。

確かに、『氷雨』は皇太子殿下のレパートリーの一つだとうかがっている。しかし、その内容は未練たっぷりの失恋の歌ではないか。折しも、殿下が一度は肘鉄を食わされた雅子妃殿下のことをお忘れになれずに、他の候補者には見向きもなさらない、などと伝えられていた時期だったのである。よりによって記者を前に、好餌となるようなエピソードを披露した気持が知れない。『こんな侍従がお側にいるとは……』と背筋が寒くなったものだ」

そんな些末な裏話まで暴露する大内なる人物は、ひたすら皇后へのバッシングに熱を入れる。

続きをもう少し見よう。

「しかし、側近たちの話を聞くと（中略）無理からぬところがあるようである。

それというのも、皇后陛下のご気性に激しい側面がおありのためである。普段は慈愛に満ちたお顔からも分かるようにお優しいお方なのだが、癇症な面もお持ちで、御所の中では時折、甲高いお声を上げられたりすることがある。女孺《にょじゅ》というお側のお世話係りの女性が仕事に失敗したりすると、こっぴどくお叱りを受けたりする。

侍従たちにはもっと手厳しく、お気に召さないことをすると、『どうして分かっていただけないの』などとおっしゃって、延々とお小言を賜わる」

『宝島30』が匿名記事で報じた皇后批判の全貌は、ほぼ以上である。

長い引用が続いたが、『宝島30』というさほど影響力のない雑誌ながら、各週刊誌やテレビのワイドショーまでもが後追いの特集を組んだため、バッシングの舞台は過熱、炎上した。

すべては「皇太子ご成婚」から始まった

時間は半年ほど戻って、平成五年一月十九日午後二時四十五分。東宮仮御所公室で行われた皇太子と雅子さんお揃いの婚約発表記者会見場である。

雅子さんは記者から「外交官という職業を捨てることに悔いはありませんか」という質問に対

し、こう答えている。

「考えている過程で、殿下からは私の心を打つような言葉をいくつかいただきました。そのひとつは、これは十一月の後半だったと思いますけれども、私に対して、〝皇室に入られるということには、いろいろな不安や心配がおありでしょうけれども、雅子さんのことは僕が一生、全力でお守りしますから〟というふうにおっしゃってくださいました」

この会見で明かされた「雅子さんのことは僕が一生、全力でお守りしますから」という皇太子のひと言は、あらゆる意味で大きな波紋を呼んだ。皇太子が「全力で守る」べきは、妻ではなく国民ではないか、といった声が一部から上がったのもむべなるかな。

そういう異論があることに応えてか、ひと月後の二月十九日に行われた皇太子のお誕生日に際しての会見では、

「皇太子妃という重要な立場にあるというプレッシャーとかさまざまな不安とか、ストレスみたいなものもあるわけです。側にいて全力で守ってあげるということが私としては絶対に必要ではないかと思います」

と、概要このような補足説明を加えている。

美智子さまの場合（昭和三十三年十一月の婚約記者会見）は皇太子（今上天皇）と一緒の会見では

なく、両親と三人でしかも時間は比較にもならないほど短いものだったので、単純には比べられないが、両者の会見内容には隔世の感がある。

美智子さんは、そもそも皇太子（今上天皇）から「全力でお守りします」などという甘い言葉を掛けられたことは一度もない。むしろ逆に「僕は家庭を持つまでは絶対に死んではいけないと思っています」と皇統を引き継ぐことの重大な決意を電話で伝えられたのだった。

さらに、かつて故・黒木東宮侍従が美智子皇后から直接聞いた「どんな時にも皇太子と遊ばしての義務は最優先であり、私事はそれに次ぐものとはっきり仰せでした」（『皇太子同妃両殿下ご結婚20年記念写真集』）という言葉は、長く国民の間でも忘れられることはなかった。

三十五年前の同じ婚約記者会見で、当時の美智子さんの控え目な発言も見事なものだった。

「殿下はとても誠実でご立派な方で心からご信頼申上げ、ご尊敬申上げて行かれる方だというところに魅力を感じました」

大きな違いの一つに、皇太子と雅子さんの発言には「私」が極めて頻繁に登場することだ。かつての両親陛下の会見には「私」は出てこない。この違いはどこから来たものだろうか——。「私」性がぐっと表面に現れるかどうかによって、東宮家と国民一般の間の〝距離感〟のあり方が違って受け取られたのがこの記者会見だったと思われる部分があった。

偶然の一致なのか、皇太子と雅子さんの婚約会見、そして六月の結婚の儀あたりから「バッシング」は始まった。婚約記者会見などは一つの例に過ぎないのだが、これが契機となって皇室の将来に一つの変化を見る国民は少なくない。

その端緒は、実は平成が幕開けすると同時に始まっていたといえるかもしれない。平成元（一九八九）年の『文藝春秋』三月臨時増刊号掲載の座談会「『開かれた皇室』とは何か」には、すでにその兆候が表れている。昭和天皇崩御からまだ一ヵ月ほどしか経っていないときだ。

出席者は、村松剛（筑波大学教授）、猪瀬直樹（ノンフィクション作家）、谷沢《たにざわ》永一（関西大学教授）、薗部《そのべ》英一（共同通信記者）、浜尾実（元東宮侍従）、西部邁《すすむ》（評論家）である（肩書はいずれも当時）。

要点のみ引くが、平成になると同時に始まっていた「これまでとは違う」という敏感な反応の一端にも、問題のカギはありそうだ。

西部　ぼくは反対に、もうちょっと閉じていただきたい。英語で言えばクローズドネスにしていただきたいですね。
村松　（天皇は）つまりプリースト・キング――祭祀王です。このことが非常に重要でして、天皇が神に祈る、これは幕藩体制下でもいつの時代でも変わらなかったのですよ。何を祈るかというと、国民のためを祈るんです。
西部　「開かれた天皇」という言い方の中には、そういう伝統とか、宗教、儀式ということを蔑《ないがし》ろにするもの言いが多分に含まれているから、問題だと思うんです。
猪瀬　とにかく普通の議論が普通に出来れば、最低限いいと思うんですよ。それができなかったという反動があって、「開かれた」という言葉が出てきたんだとぼくは考えます。

西部　新天皇の御家族が、マイホーム的見地から見て、どれほど仲睦まじい家族であるかどうか、いかに親しまれうる天皇であるかということが喧伝されている。それから、ちょっといいづらいことなんだけれども、今度の朝見の儀（引用者注・平成元年一月九日、即位した天皇が初めて総理大臣など国の代表者たちと会った儀式）のときの「お言葉」というのは、民主、平和、繁栄、福祉、憲法擁護という、私にいわせればほとんど嫌いな五点セットの言葉がならんでいる。もちろん「平和」とか「民主」という言葉自体に、ただちにリアクションを起こす気はありませんけれども、しかしいまの流れからいいましたら、たとえば「民主主義」とか「平和主義」「福祉主義」といわれる、相当濃厚な政治的なイデオロギーであったり、プロセスであったりしている。そういうものに近い言葉がずらずら並んでいるわけです。
村松　政治的でしたね、あれは。

という具合に、平成幕開けの皇室は保守陣営からも強い反発を受けているといって差し支えなかった。

こうした背景があって皇太子の婚約を迎え、「全力で守る」発言があり、皇后バッシング記事へとつながったという道筋がうかがえる。

『週刊文春』も『週刊新潮』も、それぞれ『宝島30』の後追い特集を組んだ。いずれもが「職員が嘆いている状況」と「美智子皇后を女帝と告発した職員」をタイトルに掲げ、真夜中のラーメン作り、無能な宮内庁幹部、そして「開かれた皇室に反対」といった〝大内記事〟を拡大再生産して伝えながら、平成五年の夏は過ぎたのである。

はたしてバッシングは、昭和天皇の天皇像を懐かしむ人たちによる贔屓《ひいき》の引き倒し現象なのだろうか。

秋を迎えた舞台には、衝撃的な事件が待っていた。

皇后が倒れた日

同年八月二十三日、欧州三ヵ国への親善訪問に先立って、天皇・皇后の記者会見が開かれた。この日は、宮内記者会だけではなく外国人記者も含む合同での会見だった。

そこで、記者の質問をめぐって皇后との間に不穏な空気が漂い、皇后が「ムッ」としたというのだ。
●先に列挙した『週刊文春』九月十六日号である。
秋の陣の幕開けは、会見での皇后の「異例」な対応を意地悪く批判する場面から始まった。

質問の内容と順番はあらかじめ宮内庁・天皇・皇后側と記者会との間で摺り合わされており、重複する質問なども調整済みのはずだった。だが、この日はなぜかすべてが狂ってしまったようだった。その原因や手順の責任は確かに記者側にあった。

だが、それにしても皇后のご機嫌は悪かった。途中でドイツ人記者が、予定にない「ローマ法王との会見についてのご感想は」という質問をした。それは、あらかじめ用意されていた質問と同じ内容を、日本人記者が先に聞いてしまったからである。

天皇はやや間をおいてから、過不足のない答えを返したが、皇后は少々違った。

「陛下が急な質問にお答えになりましたのに、私がお答えしないことは失礼かとは思いますが（中略）。

もし宮内記者会の質問と重なるようでしたら、前もって宮内記者会と特派員協会とが調整をなさっていただけると、うれしいことだと、そのようにお答えしては失礼でしょうか」

皇后はやや興奮気味で、怖い感じがしたという外国人記者の言葉を引き、会場にはシラケた空気が流れた、と記事は説明する。

その後の会見で皇后は「ごめんあそばせ」を連発、相当に混乱されていた様子だったという。

タイトルにある「ムッ」としたという個所は、皇后の「そのようにお答えしては失礼でしょうか」という対応を指しているのだろうか。

ともあれ、この日揉めた原因は些細なルール違反だったには違いないのだが、質問が美智子皇后にとっては一種タブー視されていた「カトリックに関わること」だったのが、疲れている神経に強く刺さったのかも知れない。

三十五年近く前のことになろうか、婚約を決める際にもっともデリケートな問題として正田家が気を遣ったのが、カトリック系の家に生まれ、カトリック系の大学を卒業したことにあったからだ。

そして、評論家になった浜尾元東宮侍従はまたもや手厳しいコメントを寄せている。浜尾元侍従は週刊誌から電話が掛かれば、編集部に合わせてどうとでも器用に答えられる資質があったと、関係者は口を揃えて言う。

「率直に申し上げて、美智子さまはクレバーだけれども、ワイズではない。そして、あまりにも、ご自分の人気や評判をお気になさりすぎる。そんなことは超越して、もっとおおらかであっていただきたい」

これはかなりきわどい発言である。クレバー（利口、もしくは小利口）だけれどワイズ（思慮深く賢明）ではない、などとかつての側近に言われた皇后の心中は穏やかであろうはずがない。最後は匿名のコメントだ。

「あれでは、失礼だけれども、フルムーン旅行。二億円もの大金を使った公的な外国訪問とは思えない」（元・宮内庁記者）

この後『週刊文春』はさらに攻勢を強め、九月後半から十月中旬にかけて五週連続で「バッシング」記事を放つ。詳しい内容は省くが、要点を絞ればおおむね次のようなものだ。

●『週刊文春』九月二十三日号――新御所の建設に際し、昭和天皇が愛しておられた自然林を丸坊主に伐採してしまった。皇室に近い関係者は「吹上の自然林を丸坊主にしたのは、美智子皇后！」とまで厳しい指摘をする。

●『週刊文春』九月三十日号――去る九月十九日、十七日間に及ぶ欧州歴訪の旅から帰国された両陛下をお迎えする羽田空港で、航空幕僚長が制服でお出迎えできなかった。宮内庁から「制服は目立つから私服で」との要請があったという。

●『週刊文春』十月七日号――平成に代わって以降、従来の美智子皇后像とは異質な、いささか首をかしげざるを得ないような話が漏れ伝わってくる。

ある女性誌編集者は、秋篠宮の結婚の際、紀子妃が秋篠宮の髪の毛を直している微笑ましいスナップ写真に、宮内庁からクレームがついたという。実はあのクレームは天皇家の意向、特に美智子さまの判断だったというのが真相だと知りショックを受けたという。

京都大学名誉教授の会田雄次は「美智子皇后に日本国の国母像を感じろといっても無理な話。あのダンスパーティの姿は、少なくとも私の国母像からはかけ離れたものです」

評論家の加瀬英明は「大体、美智子皇后はお孫さんのいるおばあさんにしては派手すぎです。女性誌やテレビのせいもありますが、あまりに芸能人扱いがすぎるんじゃないですか。美智子皇后にパフォーマンスが多いのは、それを意識してのことじゃないのかなあ」

作家の藤島泰輔も「皇室は、別に選挙で選ばれたわけではないんだから、人気とりをする必要はない。もっと泰然としていていただきたい」

「美智子さまには百二十点の評価を」（渡辺みどり文化女子大教授）、「美智子さまのご苦労がよく分かります」（浜田マキ子）といった擁護派の声もあるが、「今こそ皇室について国民的大議論がなされてもいいのではなかろうか」と記事は結ぶ。

●『週刊文春』十月十四日号――大新聞が書かなかった訪欧中のエピソード特集。イタリアの代表的な新聞は「はるか遠い東洋の国から来た、この二人はまるで旅行中の新婚カップルのようだ」と報じた。

また、ローマをはじめ行く先々の教会を回ったことで現地マスコミからは好感を持たれることが多かった。とりわけローマ法王に会ったり、予定外に「アベ・マリア」をピアノ演奏してイメージを変えた。

●『週刊文春』十月二十一日号――『週刊朝日』が一連の『週刊文春』報道を批判したことへの激しい反論特集号。
「天皇・皇后両陛下は『自衛官の制服』がお嫌い」と報じた記事に対し『週刊朝日』(十月十五日号)から「防衛庁もあきれる無根拠」と攻撃されたことへの反撃特集で、『朝日』は宮内庁PR誌と断じている。

実は『週刊文春』『宝島30』の一連の報道に対し、九月末の段階で宮内庁は「記事に事実誤認がある」と、編集部に抗議を申し入れていた。六月以来、『宝島30』を含めての大々的な「バッシング」に何の反応も示さなかった宮内庁が、非公式ながら初めて行動を起こしたことになる。

『朝日』の内容は宮内庁の言い分と同質ではないか、というのが『文春』の主張だった。

さて、同年十月から十一月にかけてはこのほかにも『週刊現代』『週刊読売』『週刊朝日』『週刊新潮』などなどが入り乱れて、これまでの「バッシング問題」の総括合戦を演じたが、同時に各女性週刊誌は皇后擁護の見出しを立てて、この〝商戦〟に加わっていた。

これ以上雑誌記事を紹介するのは、重複と混乱を増すばかりかと思えるので、ここまでとしたい。すでに要点は出揃っている。

舞台が中だるみし始めたころだった。平成五年十月二十日は美智子皇后、五十九歳のお誕生日にあたっていた。

この朝「赤坂の御所内で皇后が倒れた」と、その日の夕刊各紙が一斉に報じた。記事の概要は次のとおりである。

「二十日に五十九歳の誕生日を迎えた皇后さまが、同日午前十時二十五分ごろ、お住まいの東京・元赤坂、赤坂御所の談話室で、天皇陛下と紀宮さまと談話中に倒れられた。

池永速雄侍医長が診察したところ、時折意識が遠のく様子で、問いかけに答えようとするが、言葉が出せないご様子」

（「読売新聞」平成五年十月二十日夕刊）

皇后はこの夏以来、北海道・奥尻島で起きた地震・津波へのお見舞い、ベルギーのボードワン国王の国葬参列、さらに九月からはベルギー、ドイツ、イタリアなどへ公式訪問されるなど、多忙な日々が続いていた。

その間、週刊誌などでの「バッシング」が相次ぎ、心労が重なったものではないか、というのが各紙共通の見方だった。

実は倒れる前日、皇后は誕生日にあたって毎年恒例になっている宮内記者会からの複数の質問に文書で回答を寄せていた。皇后はその回答の中で、皇室批判について異例とも思われる語調を込め、「事実でない」との反論を示したのである。

新聞各社はこれまで雑誌報道には静観していたが、ここにきて『宝島30』や『週刊文春』の記事の要旨を併せて紹介した。

反論記事が新聞に掲載されたのが十月二十日朝刊であり、皇后は自らの反論記事が出ている新聞を目にしたあと談話室で倒れた、という流れになる。

宮内記者会の質問と皇后の反論文書回答は以下のとおりである。

問　最近目立っている皇室批判記事についてどう思われますか。

皇后　どのような批判も、自分を省みるよすがとして耳を傾けねばと思います。今までに私の配慮が充分でなかったり、どのようなことでも、私の言葉が人を傷つけておりましたら、許して頂きたいと思います。

しかし事実でない報道には、大きな悲しみと戸惑いを覚えます。批判の許されない社会であってはなりませんが、事実に基づかない批判が、繰り返し許される社会であって欲しくはありません。幾つかの事例についてだけでも、関係者の説明がなされ、人々の納得を得られれば幸せに思います。

「毎日新聞」は皇后の反論記事掲載と同時に、皇后がこういう問題で発言することへの賛否を載せた。以下に抄出する。

「服部孝章・立教大教授（メディア論）の話

皇后の悔しい気持ちもわからないではないが、皇室の立場から、万人が納得する価値観以外の意見を表明するのは、いかがなものか」

「横田耕一・九州大教授（憲法学）の話

最近の皇室批判報道は特定の立場に立ったいやらしさがある。これに対するこの程度の反論は法的に許されると思うし、皇后が責任を持って反論するのは自由だ」

両論を掲載するという立場を取ってはいるものの、大新聞がこれだけの皇后バッシングの中で、皇后の発言を「いかがなものか」とするコメントを二分の一の比重をもって掲載することに、おそらく皇后は衝撃を受けたのではないだろうか。

皇后が倒れ、失声症という発語が不自由な状態になった当初、宮内庁関係者はこれを軽く見ていた節がある。

当日昼の皇居宮殿で開かれた祝賀行事への出席はキャンセルされたものの、その午後早々と「二十三日からの香川・徳島国体にはご出席される」と発表していたからだ。

だが翌日午後、宮内庁病院でのCTスキャンなどの検査による侍医団の談話になると少々様相が異なった。

「頭部に器質的な異常（脳や血管の病気）は認められないものの、何らかの強い悲しみを受けたときに一時的に言葉が発せられない症状が出ることがあるが、一定の期間を経過してゆるやかに完治する」というものだった。

やや抽象的な表現ながら、「強い悲しみ」による心因性の症状であることを示唆している。これまで、おおむね沈黙を守ってきた宮内庁としては、一歩踏み込んだようにも思える。

倒れた部屋で一緒だった紀宮《のりのみや》は二十四歳と成長しており、母宮に何が起こったのかを十分理解できたに違いない。言葉が出ない皇后に付き添い宮内庁病院へ行ったのも紀宮であり、この先に訪れる闘病生活においても紀宮の献身は格別のものがあった。

女官長や侍従長などが前面に出ず、家族である紀宮が皇后にしっかりと付き添っている姿は、もはや信頼できるのは身内のみと無言で言っているようにも見受けられる。

皇后の「関係者の説明がなされ、人々の納得を得られれば幸せに思」うとの回答は、婉曲ながら宮内庁批判でもあるのだと、ようやく幹部たちも気づくのだった。

そこで遅ればせながら、宮内庁内部からも「大内紀」なる人物の洗い出しを検討すべきだ、誤報には強い抗議をすべきだ、という声が挙がってきた。

しかし、内部説はあるものの職員ならまず「ご皇室」などという言葉は使わないとか、事実関係に誤りもあり、周辺の記者にしては素人臭い。結局、〝犯人捜し〟はうやむやのままヤブはつつかない方針となった。

すべては遅きに失した末、皇后の香川・徳島国体への出席は皇后自身の意思で中止された。二十一日夜になって、皇后が天皇に筆談で「出席はあきらめます」と報告したとされる。

言葉の恢復に向かって

そのころの皇后の胸の内がどのように波立っていたかは、誰ひとり知りようがない。

宮内庁が明確な説明をするわけでもない、報道機関が奥に入り込めるわけもない。皇后自身が「大きな悲しみと戸惑いを覚え」ていることは伝わったが、対策はなかった。

皇后が倒れる直前、『週刊文春』の花田紀凱《かずよし》編集長（当時）は、十月二十日の「毎日新聞」に次のようなコメントを寄せている。皇后の反論記事に添えられたものだ。

「小誌の記事が美智子皇后バッシングといわれるのは本意ではありません。強いて言うならば、宮内庁批判のつもりです」

そう言われたからだろうか、十月二十六日になって宮内庁はようやく具体的な内容に踏み込み、『宝島30』『週刊文春』両誌に対する初めての公式反論を発表した。

宮尾盤次長が、「両陛下のお客さまは、昨年一年間をみても午後九時か十時ごろには帰っており深夜に長引いたことはない」「吹上御所の自然林を丸坊主にし、新御所の設計が美智子皇后の意向で決まったということはない。自然林はなるべく残るようにし、大きな木は切っていない」「自衛官の制服がお嫌いなどというのは事実無根」などと、事実関係に関する誤りを指摘した。

『週刊文春』は十一月十一日号で「皇室報道　小誌はこう考える」と題して、「開かれた皇室ムード」へのあやうさを指摘する特集を組んだ。

この号には、同時に別のページで宮内庁の抗議に対する「お詫び」が掲載された。

ひと言で言えば、内容的に誤りはないがタイトルに行き過ぎがあった、というものだった。

要するに「自然林が丸坊主」とか「両陛下は自衛官の制服がお嫌い」といった「一部正確さに

欠け」るタイトルなどについてのみ謝罪したのだ。

一方、時期を同じくして「バッシング」報道と関連すると思われるテロ行為が、連続して発生した。

まず「右翼団体」を名乗る人物が宝島社へ抗議に現れ、続いて十一月四日未明、蓮見清一同社社長の父親宅に銃弾が撃ち込まれた。

また十一月二十九日未明には、田中健五文藝春秋社長宅の寝室の外壁に銃弾二発が撃ち込まれるという事件も起きた。幸い負傷者は出なかったものの、言論に対するテロ行為として物議をかもした。

皇后が言葉を失うまでになったとされるこの年の一連の雑誌報道は、こうした謝罪広告や拳銃発砲事件が起きた段階で、収束に向かい始めた。

炎上していた劇場は、ここにきて終幕をどうするかという段階に入ったと言えよう。

そこで、当時『週刊文春』編集部に在籍していたある編集者に取材を申し込んで話を聞いた。

「編集意図の説明をきちんと書いた上で、同時に謝罪文を載せました。美智子皇后の特集をやるとやはり売れるんですね、売れるので続けたとは思います。そこで次第にタイトルが……。しかし、自衛隊の制服問題にしても、深夜のインスタントラーメンにしても、取材を重ねた結果で間違っていたとは思っていません。情報源はあるのですから。ただ、人の悪口ですからどこまでが本当なのかは検証し切れませんが。

私の想像ですが、こんなにいろいろな人が自分の悪口を言っているということ自体が、皇后さまには一番ショックだったのではないでしょうか。ただし、今思えば相手が反論できる大組織だったら問題なかったのですが、反論できない存在であることに気づくのがやや遅かった、ということはあるでしょうね」

『週刊文春』が収束時期を見計らっていたと思われるころ、月刊『文藝春秋』と『週刊新潮』がこれまでの「バッシング」を再検証する記事を掲載した。過熱し過ぎた舞台に、ようやく反作用が働き始めたと見ていいのだろうか。

『週刊新潮』十一月十一日号——つまり『週刊文春』の謝罪号と同じ発売日に、ライバル誌が作家・曽野綾子の署名原稿による「美智子皇后さま『批判再考』」を掲載している。

『文藝春秋』十二月号——宮内庁・手塚英臣侍従による「侍従が語る全真相」というインタビュー記事で、事実関係の真偽を語った。

まず、曽野綾子の寄稿文は、宮内庁に質問状を提出して得た回答文と、八木貞二侍従に直接質問して「真相」に迫ろうとしたものである。出回った記事と宮内庁の記録や証言の突き合わせという、ノンフィクションの手法にのっとった、「ファクト」を前面に押し出した感のある構成だ。長文なのでサワリの部分のみを引用する。

「質問の第一（『宝島30』に関して）の記事〈午前一時、二時になってからも、「インスタントラーメンを作って下さい」「リンゴを剝いて」といったご下命があったりする〉

赤坂御所に出入りした客は、入門・出門はすべて記録が取られている。それによると、昨年一年間の夜のお客さまは、ご学友に限ってみると天皇陛下の場合が六回、皇后陛下はゼロ回であった。昨年と今年で、夜十一時過ぎまでいらしたお客さまはご学友をも含め、来客全体で五回だという。三回は東宮さま（皇太子）と秋篠さまでした。

質問の第二（『週刊文春』九月二十三日号の新御所に関して）〈この新御所については、元侍従の浜尾実氏はこう語る。「国賓に泊まってもらう施設としては立派な迎賓館がある。（中略）新御所に宮殿や迎賓館の機能まで持たせる必要はない」〉

回答は『新御所に迎賓の部分はありません。基本設計の後で、両陛下から、その必要はない、というお申しでがありました』

『吹上の自然林を丸坊主』の件に関しては八木侍従は次のように説明する。『新御所の建設は基本的なことはすべて宮内庁長官を中心に関係部局長などが相談して決めたことです。両陛下は全くご意向をおっしゃっておられません』

この九月三日から十九日までイタリア、ベルギー、ドイツなどをご訪問の時、ドイツでビーレフェルト・ベーテルという障害者の施設のご訪問をなさったケースである。両陛下はその前夜、二十四時二十分に、やっとボンの迎賓館にご帰着になった。そして翌日は九時二十七分のヘリコプターでこの施設にお着きになり、一時間十五分を作業所などの見学に当てておられる。これが『週刊文春』のいう天皇家の『フルムーン旅行』の現実の姿である」

次に『文藝春秋』十二月号に掲載された手塚英臣侍従へのインタビューからの抜粋を見よう。同時期、同じ宮内庁侍従職から発信された情報なので、両誌には重複部分がどうしても多い。

重要個所のみ概容を引用する。


「――一連の出来事に対する率直な感想からお聞かせいただけませんか。

手塚　両陛下のお手許には通常こうした週刊誌は届いていません。必要に応じてこちらからお見せしたり、時に新聞の広告で目にされたもので見ておいた方がよいようだったら手許に出してほしい、と陛下から仰せがありますが、皇后さまからは、『私が、注意した方がよいものがあったら言って』とおたのまれしており、今回に関しては『サンデー毎日』の記事と、これを追った二誌コピーをお見せして御説明しました。

その後のものについては、陛下にはお見せしましたが、陛下もあまりにひどく可哀そうで、見せる必要もないし、見せるにしのびないとおっしゃっておさげさせになっています。

――深夜に『インスタントラーメンを作って下さい』『リンゴを剝いて』のご下命については。

手塚　両陛下は朝がとても早くてらして、午前六時か六時半にはお目覚めです。毎夜夜更かしなど出来るわけもないのです。ラーメンやリンゴについても、誰に聞いてもそんな下命を受けた者はおりません。

――〈昨今の赤坂御所はまるでクリーニング店で、腰痛を訴える職員まで現れる〉と微細に記されているわけですが。

手塚　これもどうしてそんな話になってしまうのか、まったく理解できません。この件については皇后さまご自身が心配されて女官に直接お訊ねになったほどです。しかしそんな事実はございません」

「分かりました殿下。美智子はおっしゃるとおりにいたします」と昭和三十三年十一月に電話で答えたその日から、すべては始まった。こうした事態も宿命の一つとして甘受しなければならないのだと、皇后は改めて思ったであろうか。

失声症に陥った皇后は、いっとき失意のどん底にあったように見受けられたが、間もなく筆談と手話によって意思の疎通を図ろうと試みるようになっていた。

倒れた直後の国体には止むなく欠席したが、その後は可能な限り公務を続けながらの療養を心掛けた。十一月六日からの「全国豊かな海づくり大会」のため、開催地の愛媛、そして高知の両県訪問には天皇に同行、現地では手話で関係者に語りかけていた。

一般の国民との触れ合いが心の癒しになるのではないか、そう考えてのことのように思われた。それでも、皇后の声はなかなか戻らなかった。囁くような声ながら、ゆっくりとした言葉の切れ切れがかすかに聞かれるようになったのは、年も暮れようとする十二月末ごろだった、と関係者は言う。

天皇と紀宮清子内親王が常に付き添い、周囲との仲立ちとなって支えていた時期である。

どの時点で詠まれたのか不明ではあるが、この年平成五年の作に「月」と題する御歌《みうた》がある。

うつつにし言葉の出《い》でず仰ぎたるこの望《もち》の月思ふ日あらむ

声を失った今、望の月（満月）を仰ぐ皇后の澄明な姿が浮かんでくる。

年が明けて平成六（一九九四）年二月十二日、天皇・皇后は太平洋戦争の激戦地、硫黄島を訪れた。

皇后の体調を考慮すれば、かなり大胆な行幸啓と思われるが、硫黄島で亡くなられた方々をぜひ慰霊したい、との両陛下の強い希望によって実現したものだ。

栗林忠道中将以下二万余名の玉砕将兵に対して、天皇・皇后は万感の思いをもって渇きながら死んでいった霊に水を注いだ。

この年の六月に予定されている米国訪問の前に、日米両国の兵士多数が亡くなった硫黄島への慰霊を果たしておきたいとの希望もあったという。

その翌日十三日、皇后にまだ小さいながら一つの希望となりそうな変化が起こった。

硫黄島の帰途、立ち寄った小笠原諸島の父島で、わずかではあるが、アオウミガメを放流している島の子供たちと皇后の交流の場でのこと。

アオウミガメを放流している子供らを眺めていた皇后が、子供たちに語り掛けたのである。

「次の波がくると、カメは海に帰るのね」

ささやくような語り掛けではあったが、確実に恢復の兆しを示すものだった。

父島の海岸には強い海風が吹いていた。それでも、かすかな声が言葉となって子供たちにも、女官にも届いていた。皇后は前日、天皇とともに訪ねた硫黄島で鎮魂の歌を二首詠んでいる。

銀ネムの大木茂りゐるこの島に五十年《いそとせ》眠るみ魂《たま》かなしき

慰霊地は今安らかに水をたたふ如何《いか》ばかり君ら水を欲《ほ》りけむ

一首目は、今では南の島に繁茂する銀ネムの大木の下で、命を散らした人々への鎮魂の気持を歌ったもの。

二首目は、渇きに苦しんだ末に逝った多くの兵士に心を寄せて歌った御歌。それなのに今は平安に水をたたえている、その虚しさを込めて皇后は御魂に水を注いだのだった。

次の日、父島の海岸で皇后は、打ち寄せる波に向かって泳ぎゆく小さな命を見ながら、再生への希望を見出したのではないだろうか。あるいは、大海へ向かって命を放つ子供たちの姿から、湧き上がるような生きる力を感じ取ったのかも知れない。言葉を失ってからおよそ四ヵ月、皇后が一層痩せてしまったと誰の目にも映ったのだった。

紀宮が寄り添う

かすかだが声が出た日以来、日を追って恢復の兆しが見え出したのだった。三月十八日、主治医の金沢一郎東大教授はマスコミに対して次のようにコメントした。

「皇后さまには先月小笠原諸島ご訪問の折に、発症後初めてお声を伴う会話がお出来になり、その後も徐々に良い方向に向かっておられる。小さいお声ではあるが、音声の交じるお話が少しずつ可能になってきており、これからの一、二ヵ月が全快への大切な時期ではないかと推察される」

平成五年十月二十日に声を失ってから、早くも一週間で皇后は公務に復帰した。言葉が発せないまま、公務を続けていた。その結果が、硫黄島慰霊の旅から父島での声の恢復へと繋がった。「陛下」「サヤ」とか細く発するのがようやっとだった時期に比べると、格段の恢復である。

皇后はただ一人の内親王である紀宮をこうした時期にもっとも頼りに思って日常を過ごしていた。巷間、紀宮は清子《さやこ》なので「サーヤ」と愛称で呼ばれることが多いが、皇后は「サヤ」と親しみを込めて呼ぶ。

その呼び掛けの声が、一段とはっきりし出した平成六年四月、紀宮は二十五歳の誕生日を前に宮内記者会から出された質問に答え、文書で次のように答えた。

「実際とまったく違うことが事実として報道され、その真偽が問われないまま、その上に批判が加えられるということは、大変危険なことだと思います。

（中略）私自身にとっては、もの心がついた時からお側で拝見している両陛下のご生活自体が、まったく違う伝えられ方をしたことが一番悲しく思われました」

この文書回答から十一年後の平成十七（二〇〇五）年四月、紀宮は独身最後の誕生日を迎えていた。前年十二月に東京都職員・黒田慶樹との婚約が調い、三月十九日に納采の儀を終えたところである。

その紀宮が三十六歳の誕生日を前に、宮内記者会の質問に対して文書で回答した。十一年という長い時間はその分だけ母宮へ向かった誹謗への憤りを深めた感があるように思われるのだった。

「平成五年御誕辰の朝、皇后様は耐え難いお疲れとお悲しみの中で倒れられ、言葉を失われました。言葉が出ないというどれほどにか辛く不安な状態の中で、皇后様はご公務を続けられ、変わらずに人々と接しておられました。当時のことは私にとり、まだ言葉でまとめられない思いがございますが、振り返ると、暗い井戸の中にいたようなあの日々のこと自体よりも、誰を責めることなくご自分の弱さを省みられながら、ひたすらに生きておられた皇后様のご様子が浮かび、胸が痛みます。（中略）口にはされませんが、未だに癒えない傷みも持っておられるのではないかと感じられることもあります」

減る一方だった体重もやや持ち直し、十分ではないにしても快方に向かっている感触は摑めていた。

平成六年五月には低い声ながら、日常会話には不自由ないくらいの恢復がみられ、宮内庁はかねてから予定が組まれていた六月十日から十七日間に及ぶアメリカへの公式訪問が実施されると発表した。

体調が万全ではない折の訪米を前にして皇后は、先立って行われた記者会見の中で次のような言葉を述べている。

「言葉を失うということは、あまりにも予期せぬことでしたので、初めはその現実を受けとめることが私にできる精一杯のことでした。（中略）言葉を失ったことへの不安と悲しみが日に日に大きくなり、発声や発語の練習に励む一方、恢復への希望を失いかけた時期もありました。そのような時に、多くの方々から励ましの言葉を頂き、深い感謝に潤《うるお》される中で、自分を省み、苦しみの持つ意味に思いをめぐらすゆとりを得ることができました。優しくありたいと願いながら、疲れや悲しみの中で、堅く、もろくなっていた自分の心を恥ずかしく思い、心配をおかけしたことをお詫びし、励ましてくださった大勢の方々に厚く御礼を申し上げます」

ゆっくり噛みしめるように語る皇后の表情には、半年前にはなかった微笑みと新たに芽生えた強い意志が浮かんで見えた。

国民に向けた「お詫びと御礼」の言葉を全霊で背負いながら、公務を決して疎かにはするまい、という覚悟の訪米でもあった。幸い現地の先々で心のこもった歓迎を受け、天皇・皇后は無事親善の旅を終えて六月二十六日に帰国した。

その直後であろうか、側近たちは皇后の力強い再起の言葉を耳にしたという。

「もう大丈夫よ。私はピュリファイされました」

「Purify」（ピュリファイ）には、「浄化される」「純化される」という通常の意味以外に、金属などが「精錬される」、あるいは罪や汚れが「清められる」との意味がある。

おそらく皇后は自らが一段と清められ、精錬された、あるいはそうならなければならないと心に誓ったから、側の者に話したのではないだろうか。

十月二十日には、天皇ご一家は声を取り戻した皇后を囲んで還暦の祝宴を内輪で開くことができた。

還暦を前にした宮内記者会の質問に答え、皇后は次のように文書で回答している。

「60年の間には、様々なことがありましたが、特に疎開先で過ごした戦争末期の日々のことは、とりわけ深い印象として心に残っています。当時私はまだ子供でしたが、その後、年令を増すごとに、その時々の自分の年令で戦時下を過ごした人々のことを思わずにはいられません」

還暦から四年が経過したときのことである。

平成十（一九九八）年九月、インドのニューデリーで開催される国際児童図書評議会の第二十六回大会に、皇后は出席を強く希望していた。だが、インドで核実験が行われたため日本政府は出席を取りやめ、皇后のビデオ出演という結果になった。

第三章で触れたように、このビデオによる美智子皇后のメッセージは極めて重要なキーワードを含んだものとなった。

かつて皇后がまだ小学生のときに読んだ、『古事記』や『日本書紀』から採話された物語の一節が皇后の胸の奥にしまわれていた。

后である弟橘比売命《おとたちばなひめのみこと》が皇子の倭建御子《やまとたけるのみこ》のため、海神の怒りを鎮めようと入水し、皇子の船を助けるという物語から、皇后は「愛と犠牲」の尊さを戦時の疎開中に実感したのだった。それはまぎれもなく、還暦の日の感想の下敷きとなって今に繋がっていた。

「愛と犠牲という二つのものが、私の中で最も近いものとして、むしろ一つのものとして感じられた、不思議な経験であったと思います」（『橋をかける』）

ニューデリーの会場で流されたビデオと同じものがＮＨＫ教育テレビでも放映された。皇后が国民に向かって倭建御子と弟橘比売命の物語の神髄を語り掛けるというのは、極めて異例のことかも知れない。

言葉を恢復したときに到達した「ピュリファイ」という概念は、四年後にはビデオ・メッセージとなって世界に語り掛けられた。

皇后へのいわゆる「バッシング」騒動はこうして収束したのだが、いったいその原因が何であったのかはやはり明確ではない。

分かっていることは、昭和天皇が崩御され、その満たされない状況に〝保守派〟サイドからの不満があったらしい、ということだけだ。

かつての皇室批判の嵐は、左翼陣営から吹いてきたものだが、今回は思わぬ方向からであった。やはり、昭和天皇という大きな存在が喪われたための反動であろうか。

その不満のようなものは、本来は天皇に向かうべきところだろうが、国民的人気の高い皇后に向かってしまった。その方が、週刊誌の売れ行きがいいから、という身も蓋もない解説すらまんざら間違いではなさそうである。

そこへもう一つ、皇太子の婚約会見と結婚という慶事が重なった。

記者会見で「雅子さんのことは僕が一生、全力でお守りしますから」という皇太子のプロポーズの一節が語られ、やはり時代の大きな変わり目を実感させられたことも見過ごすわけにはいかないだろう。

これが劇場型「バッシング」のいきさつではなかったか。

皇后が倒れ、言葉を失ったことで身をもって「愛と犠牲」の姿を示し、始まったばかりの平成の危機を乗り越えたのだ、と多くの国民は理解したのではないかと思われる。

第九章　終戦の夏、祈りの旅路

阪神・淡路大震災

美智子皇后は言葉を失っているさ中でも硫黄島を訪れ、戦没者に祈りを捧げた。平成六（一九九四）年二月のことである。

四年後、皇后は自らが疎開児童だったとき、父から送られて読んだ倭建御子《やまとたけるのみこ》と弟橘比売《おとたちばなひめの》命《みこと》の太古の物語から教えられた「愛と犠牲」の感動を、ビデオ講演で発信した。

民族太古の物語から学んだ多くのことがらについて、皇后はそのビデオの中で次のように暗示的な発言を残している。

「――一国の神話や伝説は、正確な史実ではないかもしれませんが、不思議とその民族を象徴します。これに民話の世界を加えると、それぞれの国や地域の人々が、どのような自然観や生死観を持っていたか、何を尊び、何を恐れたか、どのような想像力を持っていたか等が、うっすらとですが感じられます」

（『橋をかける』）

少女の日の読書体験が、さまざまな地域で祈る際に、不可欠で尊い示唆を与えてくれたと語っている。

硫黄島で祈り、父島で海へ帰る小さなカメを見送る子供らに語り掛けたあと、声が戻った。

皇后は少しずつ日常を取り戻しつつあったのだ。

安寧と国難はあざなえる縄のごとく、交互にやってくるものなのだろうか。

年が明けた平成七年一月十七日早朝、神戸市を中心とする兵庫県地方一帯を大地震が襲った。阪神地区一帯や淡路島を直撃した大地震は、神戸市などで震度7の激震。死者六千四百三十四名、負傷者四万三千七百九十二名という大規模かつ甚大な被害が発生した。

天皇・皇后はなるべく早く現地を見舞いたいと考え、二週間後の一月三十一日、大震災の被災地を訪れた。神戸市内などでは、まだ新たな遺体が収容されているという状況下での訪問だった。


「三十一日、阪神大震災の被災地を訪れた天皇、皇后両陛下は、神戸市や淡路島などで被災者に励ましの言葉をかけられた。午前中、西宮市立中央体育館や芦屋市立精道小学校の避難所を訪れた両陛下は、復旧作業に当たる職員と同じ弁当の昼食をとった後、避難者など約五百人の出迎える神戸市立本山第二小学校のグラウンドへ。

一面焼け野原となった同市長田区の菅原市場で皇后さまは皇居に咲く黄色のスイセンの花を焼け跡にささげられた」

（「読売新聞」平成七年二月一日）


阪神・淡路大震災の被災地を見舞われた両陛下、特に皇后を写した写真の中には多くの人々の胸を打ったシーンがある。その一枚は、記事にもある神戸市長田区菅原市場の瓦礫前で、皇后がスイセンの花を供えているものだ。

しばらく瓦礫の前で立ちすくむようにしていた皇后は、お付きの者が持つ白い箱からスイセンの花束を取り出した。その朝、皇居の庭で手ずから摘んで持参した十七輪のスイセンだった。皇后はひざまずいたまま瓦礫の上にそっと手向けた。復興への祈りは、やがてこの場所が「すがはらすいせん公園」として整備され、復興のシンボルの一つになったことで広く知られるようになる。

次の一枚は見舞いの言葉を掛けた皇后に、ある女性が体ごと皇后にすがって泣いている写真だ。皇后はその女性を優しくいたわるように抱き支え、小声で励ましている様子がうかがえる。昔なら考えられない光景で、側近や警護の警官があわてて間に入ったであろう。

たとえ「開かれ過ぎた皇室」に問題あり、と思う人々にとっても、こうした被災者との交流に、皇后ならではの癒しの力を感じないわけにはいかない場面だ。

もう一枚は、菅原市場視察後、皇后がバスの窓ガラス越しに両手を握りこぶしで固め、見送る被災者たちを励ましている写真である。

「がんばって!」と、皇后の口元は確かに叫んでいるように見える。手話での語り掛けのようでもあった。兵庫県芦屋市の小学校を見舞っての帰りのシーンだった。バスに乗ってもすぐに座ることなく窓に身を寄せ、しばらく立ったまま手を握り締め、こぶしを何度も振りながら励まし続けていたのだ。

阪神・淡路大震災の記憶がいまだ生々しい三月二十日、オウム真理教による「地下鉄サリン事件」が発生した。

今からおよそ二十年前の平成七(一九九五)年は、終戦五十年にあたる節目の年でもあったが、このように年明けから大災害と大事件で始まったのだった。両陛下は終戦から半世紀が経ったこの平成七年を慰霊の旅の年と位置付けており、夏には長崎、広島を訪れている。

七月二十六日、まず長崎の平和祈念像に献花されるところからこの慰霊の旅はスタートしたが、一ヵ月前に天皇は大腸ポリープの切除手術を受けたばかりであった。今上天皇が外科手術を受けるのは、昭和二十三年に虫垂炎を起こしたとき以来だ。周囲の心配をよそに、天皇は体調も恢復された皇后とともに二十七日広島へ移動、原爆死没者慰霊碑に献花して、いったん帰京した。

いずれの場合も、天皇・皇后は体育館などでは必ずひざまずいて、被災者と同じ目の高さから話しかけていた。病院であればベッドの高さにしゃがんで老人に語りかける。

両陛下がスリッパも履かずに靴下のまま、冷たい床の上で膝をつく姿は、この先も変わることがない。天皇はかつて、皇太子時代の昭和五十六（一九八一）年八月、記者会見で次のような発言をしたことがある。終戦記念日を前にしての会見だった。

「やはり、こういう戦争が二度とあってはいけないと強く感じます。そして、多くの犠牲者とその遺族のことを考えずにはいられません。日本では、どうしても記憶しなければならないことが四つあると思います。終戦記念日と、広島の原爆の日、長崎の原爆の日、そして六月二十三日の沖縄の戦いの終結の日。この日には黙禱を捧げて、今のようなことを考えています」

その四つの日に務めを果たそうというのが、平成七年夏の目標だった。そして、この日に黙禱を捧げる習慣は、両陛下だけではなく、皇太子夫妻、秋篠宮夫妻にも共通する家族の黙約となっていた。長崎、広島の原爆被災地への慰霊を終えた天皇・皇后は帰京して一週間も経たない八月二日、次の訪問地・沖縄へ向かう。

最大の激戦地摩文仁《まぶに》の丘の沖縄戦没者墓苑を訪ねて二十万余の犠牲者を追悼すると、次に糸満市の平和祈念公園に建立されたばかりの「平和の礎《いしじ》」を訪ねた。この記念碑には、アメリカ人も含めた二十三万人余の犠牲者の名前が刻まれている。

特別機でトンボ帰りをした両陛下は、八月三日、東京都墨田区横網町公園にある東京都慰霊堂を訪ね、献花した。ここには昭和二十年三月十日の東京大空襲の犠牲者など約十万五千人をはじめとする、およそ十六万三千体の遺骨が納められている。

こうして、七月二十六日の長崎に始まった一連の慰霊の旅はいったん終わった。皇后はこの年の十月、宮内記者会へのお誕生日恒例の文書回答の中で、慰霊の旅についてこう答えている。

「慰霊の旅では、戦争の被害の最も大きかった4地域を訪れましたが、この訪問に重ね、戦争で亡くなった全ての人々の鎮魂を祈りました。

戦争により、非命に倒れた人々、遺族として長い悲しみをよぎなくされた人々、更に戦争という状況の中で、運命をたがえた多くの人々の上を思い、平和への思いを新たにいたしました」

美智子皇后がこの当時詠んだ鎮魂の和歌を何首か挙げてみよう。

平成六年　歌会始御題　波

波なぎしこの平らぎの礎《いしずゑ》と君らしづもる若夏《うりずん》の島

平成七年　広島

被爆五十年広島の地に静かにも雨降り注《そそ》ぐ雨の香のして

平成八年　終戦記念日

海陸《うみくが》のいづへを知らず姿なきあまたの御霊《みたま》国護《まも》るらむ

「皇后バッシング」の嵐がようやく終わり、再び祈りに多くの時間を割けるようになったゆえの御歌《みうた》と思われる。自らの心身に安らぎが訪れたせいもあるだろうか、非命に倒れた御霊を鎮める旅は、この年を境により一層熱のこもったものになっていった。

平成九（一九九七）年五月三十日、両陛下はブラジル、アルゼンチン訪問の途につく。

かつて、皇太子・同妃は昭和四十二（一九六七）年に初めてブラジルを訪問しているが、天皇・皇后としては初めてである。

サンパウロ滞在の間、現地の開拓に尽くし老齢となった日系一世、二世の人々に「筆舌に尽くしがたいご苦労があったことと思います」と労をねぎらった。

さらにブラジリアへ移動、明治四十一（一九〇八）年に笠戸丸でブラジルへ渡った最初の移住者約八百人のうちただ一人健在の中川トミさん（九十歳＝当時）と、小児麻痺を克服して三児の母となった二世の芹口百合子さん（四十歳＝同）を晩餐会に招いた。

中川、芹口さんは「天皇・皇后さまが気にかけて下さっている」と感激していた。

このあとアルゼンチンでも日系移民らの歓迎行事に出席、長年にわたる労苦をねぎらうとみな涙を流し、日の丸の小旗を振って応えた。

いずれも高齢のため、家族に抱えられながら参列した日系移民の顔には、一様に深いしわが刻まれているのだった。大震災の被災者、戦争犠牲者、そして辛酸を嘗《な》めたであろう日系移民たちへと、祈りの旅が続く年となった。

正田英三郎の死

そういえば、母・富美子が重篤のときも同じように外国訪問が重なっていた。

昭和六十二（一九八七）年十月、皇太子とご一緒のアメリカ訪問を前にして富美子の容態は思わしくなくなっていた。

富美子は皇太子夫妻が帰国する迄は気丈に耐えていたが、翌年五月末、みまかった。

あれから十一年が経っていた。平成十一（一九九九）年に入って今度は父・英三郎《ひでさぶろう》が聖路加国際病院に入院した。前年には、どうも腸に腫瘍があるようだと主治医に言われていた。

築地の聖路加国際病院を美智子皇后が見舞ったのは、平成十年、やはり英国・デンマーク訪問を前後に挟んでのことであった。

間隙をぬっては、お忍びでさっと見舞うのである。そうでないと公務で埋まった時間の中ではどうにもやりくりできない。何か自分のためにとってある時間、たとえば音楽を聴いて疲れを癒したいとか、陛下とご一緒に絵画展を見る予定だった、というような時間を急遽割くのである。

平成十一年六月十八日朝、危篤の連絡を受けた皇后は病院に駆けつけ、心の支えともなっていた父との最期の別れに立ち会ったのだった。側には紀宮がいつものように静かに落ち着いて寄り添っている。その朝の模様を伝える新聞記事を概略、拾ってみよう。

「皇后さまの父で、日清製粉名誉会長相談役の正田英三郎《しょうだひでさぶろう》氏が十八日午前九時五十分、老衰のため、東京都中央区明石町の聖路加国際病院で亡くなった。九十五歳だった。喪主は元日本銀行監事で長男、巖《いわお》氏。

皇后さまと紀宮さまは同日午前九時半過ぎ、同病院に急きょ車でかけつけ、最期をみとられた」

（「読売新聞」平成十一年六月十八日夕刊）

九十五歳まで生きた大樹が、ゆっくりと倒れる姿は、いかにも正田英三郎らしい大往生といえた。

「体に十分注意して、お役目を果たして欲しい」

最愛の娘が嫁ぐ朝、英三郎はそう言ってにこやかに送り出した。

婚約が決まった直後には、

「ただ、よかれと思うばかりです」

と、ひと言だけ言って下がったものだった。

正田家中興の祖といわれた文右衛門（三代目）が米問屋から醤油醸造業へと転身を図ったときに唱えた言葉は「財は末なり、徳は本なり」だった。金儲けより名声より、もっと大切なものは人徳にあり、と文右衛門の孫・貞一郎《ていいちろう》は聞いて育った。

その貞一郎は醬油醸造から日清製粉を起したが、これまた質素と倹約を旨として子育てをしてきた。日清製粉を継いだ英三郎のモットーは、父祖代々伝わった家訓にさらに「謙虚ひと筋」を付け加えたと言っていいだろう。

先立った富美子の場合も同様だったが、実業界にいた英三郎はなおさら公私ともに目立たぬよう心がけていた。

「意識して外に出ないようにしているわけではない」というのが本人の言葉だったが、「あのときから〝まくらことば〟付きで呼ばれるようになってしまった」と漏らしていたという。

危険を伴う流産を経験し、皇太子妃としてもっとも厳しい境地に陥った昭和三十八（一九六三）年四月から七月まで、美智子妃は葉山で静養生活を送っていた。

そのとき、父と娘は二人だけの時間を持ち、浜辺でキャンバスに向かって絵筆をとった。食卓で向かい合い、二人が何を話したかは分からない。いつも笑顔を絶やさない、温厚で円満な性格の英三郎のことだ。「あわてることはない。ゆっくり休んで十分に恢復してから、また、お役目を果たせばいいじゃないか」というような言葉で慰めたのではなかったろうか。

温厚篤実な正田英三郎が築き上げた質素な家風について、作家の野上弥生子はご成婚時に次のような一文を寄せている。

「――婚約が発表された時の正田家の態度が思いだされる。御両親をはじめ肉親の主だった人々がその問題を語るのに、従来ならこんな場合まっ先きにでたはずの『光栄』なる言葉を、誰も口にしないのに気がついたのは私のみではなかろう。もとより年頃の娘がよい結婚をすることは、親としてはこの上ない満足に違いない。とりわけこの場合は稀れなる幸運として羨望されているのに、慎ましく悦びはしても、儀礼的で虚飾に陥りがちな表現をあえて用いなかったところに、正田家の見識と正直な生き方が偲ばれた」

（『婦人公論』昭和三十四年四月号）

野上弥生子は軽井沢の別荘で小泉信三たちとの交友もあったというから、特別の関心を寄せていたのだろう。鋭い視点を見せた寄稿文だが、この時点で野上はすでに七十三歳。昭和六十年、九十九歳で生涯を閉じた一代の女流作家である。

新聞報道によれば、皇后は午前十時四十三分、病院を後にしている。しばしの間、父の側で永遠のお別れをし、祈りを捧げ、車に戻ったのだろう。このとき皇后は、六十四歳である。

十歳の夏、昭和二十年八月は終戦の夏だった。国民学校五年生で、館林から軽井沢、そして再び館林へと疎開生活は続いていた。このとき、東京の父から送られた神話伝説の物語で、初めて死生観や自然観をうっすらと感じることができたと、皇后はのちに語った。「愛と犠牲」の物語を手にしたあの学童疎開の夏を想起しながら、皇后は父に別れの祈りを捧げたのだろうか。

英三郎の遺体はその後、品川区東五反田の正田邸に安置され、午後からは天皇・皇后とともに皇太子夫妻、秋篠宮夫妻、紀宮など皇族方が次々に弔問された。密葬は六月二十一日午前、青山葬儀所において神式で営まれた。皇后は玉串を捧げ、拝礼された、と新聞報道にはある。密葬という表記は、宮内庁発表も同じである。

七月十三日には同じ青山葬儀所で、日清製粉による社葬が執り行われた。葬儀委員長は、次男で同社社長の正田修、こちらも神式だった。葬儀はあくまでも密葬で、後日の社葬が葬儀扱いというのも、やはり正田家らしい家風である。

翌平成十二（二〇〇〇）年六月十六日には、九十七歳の良子《ながこ》皇太后が崩御された。那須の御用邸で腰を痛めたのがことの始まりで、以来、二十年以上腰痛や膝の障害に悩まされながらの生活だった。昭和天皇が崩御され、皇太后となって十一年、皇居・吹上大宮御所で晩年は闘病生活が続いていた。

美智子皇后が皇太子と並んで、皇太后の車椅子をかいがいしく押されているとしばしば伝わってきたものだが、そのとき皇太后にははっきりした認識はなかった。

母・富美子を先に亡くした皇后にとって、皇太后は実の母とも思えるようになっていたとも言われていた。もはや、二人の間にかつてのような霧も霞もかかってはいなかった。

昭和天皇は浩宮が誕生した昭和三十五年夏、次のような御製を詠んでいる。

山百合の花咲く庭にいとし子を車にのせてその母はゆく

当時の美智子妃が浩宮誕生直後に、

含《ふふ》む乳《ち》の真白《ましろ》きにごり溢れいづ子の紅《くれなゐ》の唇生きて

あづかれる宝にも似てあるときは吾子《わこ》ながらかひな畏《おそ》れつつ抱《いだ》く

という二首を詠んだことは紹介済みだが、昭和天皇は、この歌に対して「その母はゆく」と、美智子妃への温かな視線を詠み込んでいる。

「いとし子を車にのせて」には、跡継ぎができた率直な喜びを謳いつつ、乳母車に乗せてゆく妃への優しい眼差しも感じられるのだった。だが良子皇太后の御歌の中には、発表された限りでは美智子皇后と浩宮を詠んだ歌は発見できない。その点を昭和天皇は実はよくご存じで、「その母はゆく」のような歌を敢えて詠まれたのではないかと想像するのは考え過ぎであろうか。

良子皇太后の追号は七月十日「香淳皇后」と定められ、本葬にあたる斂葬《れんそう》の儀が七月二十五日に執り行われた。

香淳皇后も早くから、姑（貞明《ていめい》皇后）との関係では苦労が多かったとされる。それはそのまま美智子皇后との関係にも引き継がれたのだが、今はもうすべてが水に流されていた。

香淳皇后は、こうして長い生涯を閉じたのである。

皇后のご養蚕

平成二（一九九〇）年、美智子皇后は皇室の養蚕を正式に引き継いだ。

歴代皇后が慈しんできた養蚕の伝統を守るためでもあるが、もともと美智子皇后自身が養蚕への深い理解を有していたことも幸いしている。学童疎開先の群馬県館林は、県内各地の他の地域に引けをとらぬほど養蚕が盛んな土地柄だった。かつて、群馬県の土地の大部分が桑畑だったと言っても過言ではないほど養蚕に力をいれていた。

皇后は国民学校五年生から六年生にかけての間、春、夏、秋と蚕に直接触れることができた。時には掌に乗せ、桑の葉を与えることもできる環境が日常的にあったのは貴重な経験と思われる。

皇室の養蚕は、「春蚕《はるご》」といって、夏前の五月初旬から飼育が始まり、七月初旬まで行われる。皇后は毎年この養蚕期を楽しみにしており、長い伝統を絶やさぬようこまごまとした気遣いで養蚕に携わっていた。平成十一（一九九九）年十月のお誕生日に際しての文書回答でも、次のようにその抱負を述べている。

「約二か月にわたる紅葉山での養蚕も、私の生活の中で大切な部分を占めています。毎年、主任や助手の人たちに助けてもらいながら、一つ一つの仕事に楽しく携わっています。小石丸という小粒の繭が、正倉院の古代裂《ぎれ》の復元に最もふさわしい現存の生糸とされ、御物《ぎょぶつ》の復元に役立てていただいていることを嬉しく思っています」

明治以降の養蚕は、紅葉山といわれる皇居の奥深い森近くのご養蚕所で行われてきた。

そもそも皇室と養蚕のゆかりは古く、いつから始まったかについては史料が少ないものの、『日本書紀』には天皇・皇后が養蚕に関心を寄せる記述（雄略天皇のころ）があり、万葉集でも孝謙天皇の時代に大伴家持によって詠まれている。

長い歴史の中で皇室の養蚕は何度か中止されてきたのだが、明治に入って昭憲皇太后が養蚕を再開し、熱心に取り組んだことから再び歴代皇后へ受け継がれてきたのだ。

小石丸という日本産種の蚕は、ときの節子《さだこ》皇太子妃（のちの貞明皇后）がたいそうお気に召し、以後、宮中では絶えることなく小石丸が飼育されてきた。

その貞明皇后から、直接養蚕の大切さを学んだという三笠宮百合子妃殿下に平成十八年、私は話をうかがったことがある。

百合子妃は昭和十六（一九四一）年十月、三笠宮崇仁《たかひと》親王と結婚したあと、大宮御所へ伺うと蚕について度々親切に教えられたという。

「紅葉山の本格的なご養蚕所は、皇后陛下でいらっしゃるときのことでしたから伺ったことはございませんが、大宮御所ではね、よく……。少しお狭まかったと思いますが、そこで日本産の『小石丸』というのが飼われていました。『君さん、これ持てる』とおっしゃるの。私がそっとつまんだら『それなら、絹を着てよろしい』って、そうおっしゃるの。お蚕さんを持てない人は絹を着る資格がないって、お笑いになったんですよ。ちょっと、芋虫みたいですものね。（秩父宮）勢津子妃はお触りになれなかったみたいでねえ。ほんとうに芋虫が気持ち悪い人には、とても触れないものですよ。私だって、あまり気持ちいいとは思わなかったけれど（笑い）。もぞもぞ這っているでしょ。どんどん大きくなるし。それを貞明さまはかわいがられてお育てになっていらっしゃいましたね。この赤坂御用地の一角が当時は桑畑でした。大宮御所から係りが摘みに来て、その桑の葉をご自分で直接お与えになっていました。戦災でみな焼けてしまいましたけれど」
（拙著『母宮 貞明皇后とその時代』／抄出）

昭憲皇太后から貞明皇后へ、さらに香淳皇后に伝わり、いまは美智子皇后が皇室の養蚕文化をひときわ熱心に継承しているのだ。

紅葉山御養蚕所の佐藤好祐《よしすけ》主任は、皇后のご養蚕（ご親蚕《しんさん》）を側で手伝いながら、次のような感想を述べている。

「桑は、日中に摘むと葉がしおれやすいので、毎日夕方4時ぐらいに収穫し、御養蚕所内の地下にある貯桑室に入れます」

「『蚕食《さんしょく》』という言葉がありますが、本当に蚕は桑を与えると葉の端からいっせいに食べ始めます。そのとき小雨を思わせる音がするのですが、皇后さまはその音がお好きで、蚕に耳を近づけては聞き入っておられます」
（『皇后さまの御親蚕』）

こうした伝統は先に三笠宮百合子妃の談話を紹介したように、次世代の皇族妃方、とりわけ東宮妃や内親王方に受け継がれるべきものではないだろうか。

幸いなことに、平成三年には秋篠宮家に眞子内親王が、続いて平成六年には佳子内親王が誕生した。その二人が、幼いうちから皇后の側で養蚕のお手伝いを楽しんでいるという。

平成十四（二〇〇二）年十月、皇后は定例のお誕生日を前にした宮内記者会への文書回答で、次のようにその喜びを語っている。

「眞子も佳子も、小さい時からよく両親につれられて御所に来ており、一昨年ごろからは、両親が留守の時には、二人だけで来ることもできるようになりました。（中略）養蚕のときに、回転まぶしの枠から、繭をはずす繭掻きの作業なども、二人していつまでも飽きずにしており、仕事の中には遊びの要素もあるのかもしれません。敬宮が大きくなり、三人して遊んだり、小さな手伝い事などができるようになると、また、楽しみがふえることと思います」

平成十三（二〇〇一）年十二月一日、皇太子と雅子妃の間に長女・敬宮愛子《としのみやあいこ》内親王が誕生した。翌十四年二月のお誕生日の会見で皇太子は、

「――人を敬い、人からも敬われ、人を愛し、人からも愛される、そのように育ってほしいという私たちの願いが、この名前には込められております」

と名付けた由来などを語った。その愛子内親王が、従姉の眞子、佳子両内親王とともに皇室の養蚕をやがては育んでくれるであろうと、皇后は願っていたのだった。

「人格否定」発言と東宮妃のご病気

繰り返しになるが、后妃に関わる伝統文化の継承は、まず第一には東宮妃に伝わらなければならないだろう。

近代に限っても、昭憲皇太后以来、そのようにして皇后から東宮妃へと皇室文化はバトンタッチされてきた。ご養蚕はその代表例とも言える。

たとえて言うなら、皇后が第一走者だとすれば、第二走者は東宮妃であり、内親王方はその伴走者の立場だ。

その第二走者・雅子皇太子妃が、美智子皇后のこの記者会見からおよそ一年後の平成十五（二〇〇三）年十二月、病を得たためしばらくの間ご公務を控える、という事態が発生する。

事態の流れを、その発端に遡《さかのぼ》って確認しておけば、おおむね以下のようないきさつが思い浮かべられる。

まず、平成十五年十二月三日、宮内庁は「皇太子妃が帯状疱疹から公務を控え、二～三週間治療」と発表した。

この直後の十二月十一日、湯浅利夫宮内庁長官は、「秋篠宮さまのお考えはあると思うが、皇室の将来を考えると三人目のご出産を強く希望したい」と発言する。

長官のこの発言は「雅子妃殿下には第二子（お世継ぎの男子）が期待できない状況だから、紀子さまに第三子（男子）を」と受け止められかねない内容だった。

実は湯浅長官は、半年前の六月十日にも記者会見で「東宮家にもうお一人は欲しい。多くの国民もそう考えているのではないか」と、「お世継ぎ」への期待感を込めた発言をしていた。今回は二度目である。

長官とはいえ一役人が皇族の家族計画にまで踏み込むのは、極めて異例に聞こえる。それだけに長官発言の真意をめぐって、揣摩《しま》臆測が流れた。中には両陛下のご希望を代弁したのではないか、とする説もあったが、真相は定かではない。

陛下と皇太子は一般家庭のように、内心を日常的に話し合うわけではない。お互いにやや距離を置きながら、忖度《そんたく》するにとどまることが多い。したがって、天皇・皇后は御所で皇太子夫妻からの相談があるのを心待ちにしている、というのが実情だったのではないか。皇太子夫妻がマスコミや東宮職幹部に対し、必要以上に過敏になったと言われたのもこのころからだった。

当時の雅子妃の秘話として、宮内庁関係者は次のような出来事があったと明かしている。

「ちょうど雅子妃が体調を崩され、精神が不安定な時期のことで、あることをめぐって雅子妃がお怒りになり、東宮職の幹部に直接電話で、〝私、皇太子妃を辞めます〟と言って、一方的に電話を切ってしまうという出来事があった。これを伝え聞いた宮内庁は、〝離婚〟の問題を内々に検討するようになったのです」

（『週刊新潮』平成十八年一月五日・十二日号）

最悪の事態を想定しておかなければならないほど深刻な病状らしい、と宮内庁内部に危機感が走った、ということだろうか。

離婚が真剣に考えられたとは思えないが、子育ての忙しさに加え、環境に適応できないことへの焦燥感から、厳しい言葉が思わず口をついたことは想像できる。

湯浅長官の「秋篠宮に三人目を」発言の翌日のことである。

「皇太子妃は来春ごろまで、公務を休まれ静養に専念される」と、宮内庁から「ご静養」についてさらなる発表がなされた。この問題は結局、翌年二月の皇太子のお誕生日に際しての記者会見に引き継がれる。

平成十六年二月十九日、東宮御所で皇太子は雅子妃の体調に関して次のような説明をした。

「雅子には、昨年十二月以来公務を休むこととなり、国民の皆さんにはご心配をいただいております。（中略）

子供が生まれてからは、公務を少し軽減しましたが、疲れが蓄積していても、外では見せずに頑張っており私も心配でした。世継ぎ問題のプレッシャーも、また掛かってきたことも大きかったと思います。（中略）雅子がゆっくり休めるよう宮内庁はもとより、マスコミの皆さんにもご協力いただければ幸いです。

雅子が公務に復帰するのにはまだしばらく時間が掛かるかも知れませんが、私としては側にいて、励まして、相談に乗って、体調が良くなるようにしてあげられればと思っています。（中略）世継ぎ問題については、その重要性を十分認識していますので、周囲からプレッシャーが掛かることなく、静かに過ごせることを望んでおります。（中略）

両陛下には、雅子の病気についてお見舞いいただくなど、いろいろご心配をいただき有り難く思っております」

雅子妃の帯状疱疹が治癒しないのは、お世継ぎ問題のプレッシャーなどが精神的な苦痛を与えている、というのがここまでの説明だった。静かに見守っていて欲しいという部分は納得されやすい。

ところがその三ヵ月後、皇太子は雅子妃がさらに大きな苦痛のタネを抱えている、と訴えた。トラブルのステージは、一気に違う段階に上がったように見受けられた。

平成十六年五月十日、皇太子のデンマーク、ポルトガル、スペイン訪問に先立って行われた記者会見の席上である。

「今回の外国訪問については、私も雅子も是非二人で各国を訪問できればと考えておりましたけれども、雅子の健康の回復が十分ではなく、お医者様とも相談して、私が単独で行くこととなりました。

（中略）まだ、雅子には依然として体調に波がある状態です。（中略）雅子にはこの十年、自分を一生懸命、皇室の環境に適応させようと思いつつ努力してきましたが、私が見るところ、そのことで疲れ切ってしまっているように見えます。それまでの雅子のキャリアや、そのことに基づいた雅子の人格を否定するような動きがあったことも事実です」

「細かいことはちょっと控えたいと思うんですけれど、外国訪問もできなかったということなども含めてですね、そのことで雅子もそうですけれど、私もとても悩んだということ、そのことを一言お伝えしようと思います」

欧州訪問の旅から帰国した皇太子は、帰国の挨拶のため御所を訪ね、両陛下に「人格否定発言」について初めて説明したとされる。

その後、六月八日になって先の会見内容についての「説明文書」が皇太子から発表された。

「記者会見では雅子がこれまでに積み上げてきた経歴と、その経歴も生かした人格の大切な部分を否定するような動きがあった、ということをお話しました。その具体的内容について、対象を特定して公表することが有益とは思いませんし、今ここで細かいことを言うことは差し控えたいと思います。（中略）

記者会見以降、これまで外国訪問ができない状態が続いていたことや、いわゆるお世継ぎ問題について過度に注目が集まっているように感じます。（中略）

会見での発言については、個々の動きを批判するつもりはなく、現状について皆さんにわかっていただきたいと思ってしたものです。しかしながら、結果として、天皇皇后両陛下はじめ、ご心配をおかけしてしまったことについては心が痛みます」

三度にわたる皇太子の発言は、異例中の異例なこととして、耳にした宮内記者や国民の多くを驚かせた。

「雅子がゆっくり休めるよう宮内庁はもとより、マスコミの皆さんにもご協力いただければ幸いです」

「雅子のキャリアや、そのことに基づいた雅子の人格を否定するような動きがあったことも事実です」

二月と五月の会見での皇太子は、膝の前で手を組み、緊張した面持ちで、しかし、一気にそう語り、思い詰めた末の発言のように見受けられた。会見場の空気も、異様に張りつめたものだった。

さらに帰国後の説明文書では、「人格否定」問題の発信源を特定することは避ける、としながらも「お世継ぎ問題について過度に注目が集まっている」とクギを刺している。

キャリアや人格を否定する動き、とはいったい何を指すのか、皇太子は「控えたいと思う」としか言わなかった。だが、暗に宮内庁内に問題がある、と受け取られる発言に聞こえたのは無理からぬところだろう。もちろん「お世継ぎ問題について過度に注目が集まっている」という部分は、「湯浅発言」に加えてマスコミへの注文もあると理解されるべきだろうが。

この年の十月二十日、美智子皇后は七十歳、古希のお祝いが待っていた。

そのお誕生日を前にした皇后は、東宮妃の体調を気遣って次のような文書回答を宮内記者会に寄せている。

「東宮妃の長期の静養については、妃自身が一番に辛く感じていることと思い、これからも大切に見守り続けていかなければと考えています。（中略）宮内庁の人々にも心労をかけました。庁内の人々、とりわけ東宮職の人々が、これからもどうか東宮妃の回復にむけ、力となってくれることを望んでいます。宮内庁にも様々な課題があり、常に努力が求められますが、昨今のように、ただひたすらに誹られるべき所では決してないと思っています」

（傍点引用者）

この皇后の発意の底にあるのは、東宮妃へのこころ配りを込めながらも、決然とした言葉をもって宮内庁だけが非難されるべきではない、と述べている点である。

両陛下と皇太子の間でどういう会話がなされたのかは知るよしもないが、天皇・皇后は皇太子に発言の真意を質《ただ》したのではないだろうか。「回答」を読む限り、宮内庁だけが責められるべきではないと解釈でき、親子間にはまだ微妙な問題が残っていることを感じさせる。

一方こうした背景の中で東宮職は、大野裕《ゆたか》慶應義塾大学医学部教授を軸に据えた計画的な治療を開始することになり、皇太子夫妻も大野教授に初めて面会した。これまで宮内庁関係者に対して、堅く心を閉ざしていた雅子妃にとっては、暗夜の光明と思われたであろう。

大野教授は精神科医で、うつ病などに対する認知行動療法の権威とされている。治療の開始は、皇太子の文書回答があった平成十六年六月初旬あたりからだ。

その診断結果を宮内庁が正式に発表したのは、七月三十日のことだった。

病名は「適応障害」である、と大野医師は説明した。

適応障害と聞いても今日ならまだしも、当時はほとんどの国民にはよく意味も分からない病名だった。マスコミなどでコメントを求められた多くの精神科医によって、「ストレスのために、日常生活に適応できなくなる障害」というような説明がなされていた。心的外傷後ストレス障害（PTSD）に似たような症状と考えられたが、いずれにせよ放置せず適切な投薬による治療が急がれる状況にあったのは事実だ。

こうした東宮家の問題について、秋篠宮は誕生日を前にした記者会見で一歩踏み込んだ発言をした。同年十一月二十五日である。

「(皇太子殿下の)五月の発言について、私も少なからず驚いたわけですけれども、陛下も非常に驚かれたと聞いております。私の感想としましては、(中略)少なくとも記者会見という場所において発言する前に、せめて陛下とその内容について話をして、その上での話であるべきではなかったかと思っております。そこのところは私としては残念に思います」

その翌月は、天皇の七十一歳の誕生日だった。十二月二十三日の誕生日を前にした宮内記者会への文書回答で、天皇は皇太子の発言や公務をめぐる解釈への齟齬を率直に認める回答を寄せている。

「今年5月皇太子の発言がありました。私としても初めて聞く内容で大変驚き、『動き』という重い言葉を伴った発言であったため、国民への説明を求めましたが、その説明により、皇太子妃が公務と育児の両立だけではない、様々な問題を抱えていたことが明らかにされました。私も皇后も、相談を受ければいつでも力になりたいと思いつつ、東宮職という独立した一つの職を持っている皇太子夫妻の独立性を重んじてきたことが、これらの様々な問題に、気が付くことのできない要因を作っていたのだとすれば大変残念なことでした。(中略)
　皇太子の発言の内容については、その後、何回か皇太子からも話を聞いたのですが、まだ私に十分に理解しきれぬところがあり、こうした段階での細かい言及は控えたいと思います。

（中略）

皇太子が希望する新しい公務がどのようなものであるか、まだわかりませんが、それを始めるに当たっては、皇太子妃の体調も十分に考慮した上で、その継続性や従来の公務との関係もよく勘案していくよう願っています。従来の公務を縮小する場合には、時期的な問題や要請した側への配慮を検討し、無責任でない形で行わなければなりません」

天皇は慎重に言葉を選びながらも、自省をも込めつつ、極めて穏当な判断を示そうと心がけていた。

「皇太子が希望する新しい公務がどのようなものであるか、まだわかりません」と言いつつ、「公務を縮小する場合には、時間的な問題や要請した側への配慮を検討し、無責任でない形で行わなければなりません」と毅然たる姿勢を示したものだった。

その核心部分は、十年以上を経た今日でも変わることはない。

「伝統としきたり」についてはやや否定的な意味合いを込めて、「大変な努力が必要でした」と皇太子は説明した。当然ながら雅子妃の真意を十分に汲み、配慮を重ねた上での発言であろう。

その根底には、宮中祭祀に関わる新世代の考え方や、外国訪問などについて、天皇・皇后と皇太子夫妻の間にはかなりの認識の差があるものと思われた。

「人格否定」とはいかなるものだったのか、また「適応障害」はその後どのようにして改善されつつあるのか、その実態は不明なままなのだ。

天皇は「まだ私に十分に理解しきれぬところがあり」と、極めて重要な言葉を発せられたが、いまだに「理解できるようになった」との言葉は聞かれない。

そして今日に至るまで、一般国民にはなかなか見えにくいまま、十年以上の歳月だけが過ぎてきたのだった。

サイパン島慰霊の旅

天皇は皇太子時代の昭和五十六（一九八一）年のこと、「どうしても記憶しなければならない」四つの日の務めを果たす固い決意を述べ、平成七年夏、実行した。

終戦記念日、広島の原爆の日、長崎の原爆の日、そして沖縄戦終結の日の前後にそれぞれ現地を訪れ、東京大空襲を受けた墨田区の東京都慰霊堂へも足を運んだのだった。

天皇家はご一家揃って、この四つの記念日には黙禱を捧げ、私的な行動を控えてきたという歴史がある。

それから十年の歳月が流れた平成十七（二〇〇五）年、天皇・皇后は慰霊への新たな覚悟を周囲に相談していた。「南太平洋に慰霊に行きたい」と侍従職に検討を依頼したのである。海外、それも南太平洋となるとまったく前例がなく、相談を受けた側も当初は困惑したようだ。

第一にこれまでの外国訪問は友好親善が目的で、慰霊目的というのは前例がない。

専用機が着陸できる滑走路の問題、それなりの宿泊施設の有無、関係者を含めた車両、警備の問題など難問が多かった。だが、天皇はそもそも日本の委任統治領として戦禍に巻き込まれたマーシャル諸島やカロリン諸島（パラオなど）とともに、北マリアナ諸島のサイパン島に立ち寄りたいと考えていた。

天皇の強い要望に関係省庁の方が根負けしたといってもいいほど、その意志は堅かった。

「四地域にとどまらず、広く日本各地、また、遠い異郷にあって、この戦いによりかけがえのない命を失った多くの人々と、今なお癒えることのない悲しみをもつ遺族の上に深く思いを致します」

天皇・皇后となって十七年目、その思いは一層強固なものになっていた。また、言葉には出さないが、「元気なうちに」という、焦りに似た気持もあったのではないだろうか。

平成十五（二〇〇三）年一月、天皇は前立腺がんの手術を東大医学部附属病院で受けていたが、幸い予後の心配もなく元気に恢復していた。

その後、南太平洋の委任統治領という広大な地域を、「サイパン島だけでも」と具体的に訪問先を絞って再提案した。おそらく専門家から、繰り返し熱心に説明を受けたものと思われる。知識も豊富だった天皇の熱意が、周囲を押し切ったと言ってもよかった。アメリカ政府の協力もあり、サイパン島訪問に絞った計画は間もなく実現する。

平成十七年六月二十七日、天皇・皇后は一泊二日の日程で、米自治領のサイパン島を訪問することとなった。

戦後六十年、両陛下による初めての海外戦場への慰霊の旅だ。サイパン島は東京からおよそ二千三百キロあまり離れた北マリアナ諸島の中心である。

昭和十九年六月中旬から七月初旬にかけて、日米両軍の激しい戦いが繰り広げられ、日本軍の守備隊はほぼ全滅した。

サイパンの悲劇は、日本軍と在留邦人合わせて約五万五千人（うち軍人・軍属四万三千人）、サイパン島民九百人あまり、米軍約三千五百人の犠牲者を出したことだった。特に逃げ場を失った民間人の中には、島の北端にあるスーサイドクリフ（高さ百五十メートル）やバンザイクリフ（高さ八十メートル）と後年呼ばれるようになった断崖から海に身を投げる人が続出した。

六月二十八日、サイパン到着の翌早朝、天皇・皇后はまず上陸してきた米軍との戦闘があった砂浜で、生存者の男性二人から当時の状況などを詳しく聞かれた。

次いで日本政府が建立した「中部太平洋戦没者の碑」に向かい、日本から運んできた白菊の花を供えた。

さらにスーサイドクリフでは断崖の突端まで進み、深々と頭《こうべ》を垂れて黙禱を捧げた。

次に島の北端に位置するバンザイクリフへ歩を進め、群青の海に向かって黙禱したのだった。帰路にはバンザイクリフから車で五分ほどの「おきなわの塔」で、石段の真下まで進んでから拝礼。沖縄からの移民の犠牲者が多かったのである。

そこから百メートルほど離れたところにある「韓国平和記念塔」にも立ち寄り、車を降りて深々と拝礼、慰霊の気持を捧げた。

これは予定にはなかった訪問だったが、天皇は密かに「広く慰霊の気持を捧げたい」として内内に検討していた。

日本統治時代において、朝鮮半島出身の軍人・軍属の死亡者は一千百六人とされる。

しかし、韓国の市民団体や有力紙は、両陛下の慰霊に関して、次のような所感を述べたと報じられた。

「韓国の市民団体『太平洋戦争犠牲者遺族会』の梁順任《ユンスンイム》会長は、天皇陛下の韓国平和記念塔拝礼について、『遅すぎた感もある。韓国人遺族がわかるような謝罪をすべきだ』と述べた」
（「読売新聞」平成十七年六月二十八日夕刊）

「29日付の韓国日報早版は、（中略）『肯定的に受け止められる』とする一方、サイパン慰霊については『戦争責任への真の反省を省略したまま、自分たちの犠牲のみを浮かび上がらせる意図とも受け取れ、無条件に喜んで受け止めることは難しいという指摘もある』と紹介した。（中略）韓国日報は28日、『韓国人は冷ややかに見ている。戦争への反省より犠牲に心が痛むということに重きを置いている』と論評していた」
（「読売新聞」同年六月二十九日）

鎮魂の祈りに敵味方もなければ、国籍・人種の違いもないと天皇・皇后は理解していたに違いない。だが、韓国の人々には両陛下の真摯な祈りも伝わらなかったのだろうか。

それを分かっての上での発言であろうか、その年の十二月十九日、お誕生日を前にした記者会見で、天皇はサイパン訪問について「心の重い旅」と言っている。

会見で天皇は、サイパン訪問を驚くほど精緻な数字や歴史の細部に分け入りながら回顧した。天皇の会見としては異例の部類に属するだろう。事務方が書いたものではなく、天皇と皇后が相談した結果だという。数字など先に紹介した部分との重複があるが、敢えて長文の一端を引いておこう。

「先の大戦では非常に多くの日本人が亡くなりました。全体の戦没者三百十万人の中で外地で亡くなった人は二百四十万人に達しています。戦後六十年に当たって、私どもはこのように大勢の人が亡くなった外地での慰霊を考え、多くの人々の協力を得て、米国の自治領である北マリアナ諸島のサイパン島を訪問しました。（中略）

ドイツ領であったサイパン島は、第一次世界大戦後、国際連盟により日本の委任統治領となり、多くの日本人が移住し、砂糖産業や農業、漁業に携わっていました。

昭和十九年六月十五日、米軍がサイパン島へ上陸してきた時には日本軍は既に制海権、制空権を失っており、大勢の在留邦人は引き揚げられない状態になっていました。このような状況下で戦闘が行われたため、七月七日に日本軍が玉砕するまでに、陸海軍の約四万三千人と在留邦人の一万二千人の命が失われました。（中略）この戦闘では米軍にも三千五百人近い戦死者があり、また九百人を超えるサイパン島民が戦闘の犠牲になりました。またこの戦闘では朝鮮半島出身の人々も命を落としています。この度の訪問においては、それぞれの慰霊碑にお参りし、多くの人々が身を投じたスーサイド・クリフとバンザイ・クリフを訪れ、先の大戦において命を落とした人々を追悼し、遺族の悲しみに思いを致しました。

六十一年前の厳しい戦争のことを思い、心の重い旅でした」

昭和十九（一九四四）年七月八日、学習院初等科五年生だった天皇は、疎開先の沼津から東京に二日だけ滞在して七月十日には栃木県日光へ再疎開した。

サイパン玉砕の翌日からの逃避行である。沼津沖まで米軍の潜水艦が侵入したという情報と、サイパン陥落が重なって、急遽、日光へと移ったとされる。

美智子皇后が館林へ疎開するのは、それから八ヵ月後の昭和二十年三月のことである。天皇は国民学校五年生、皇后は一歳年少なので国民学校五年生（疎開直後は四年生三学期）での疎開だった。正田家では東京大空襲を予測したかのように三月初めに子供たちを疎開させたのだ。実際、五月二十五日の空襲では英三郎の弟・順四郎が亡くなり、皇后は大きな悲しみを体験している。いずれも、サイパンが陥落したためのB29による大空襲である。

日光と館林への疎開は、ともにサイパン玉砕につながる記憶であった。

東日本大震災

平成五年十月二十日、皇后は五十九歳の誕生日を迎えた朝に、赤坂御所で倒れられた。さらに、声を失うという事態が起こった。本質は宮内庁への批判だとは言うものの、マスコミの矛先はやはり皇后に向かっていたためと思われる。

折に触れて母宮に寄り添い続けた紀宮清子内親王が、平成十七年十一月十五日、黒田慶樹と結婚式を挙げた。紀宮はその後も皇后の健康に人一倍気遣い続け、天皇家でただ一人の内親王として皇后の心に常に寄り添っていた。

新潟県中越地震（平成十六年十月）や大叔母にあたる高松宮喜久子妃の逝去（平成十六年十二月）などに配慮して再三の婚儀延期があり、待ちに待った式典となったのである。

黒田清子という一民間人となって巣立ってゆく内親王の幼い日を思い、どこか寂しささえよぎる皇后の御歌を紹介したい。

母吾《われ》を遠くに呼びて走り来《こ》し汝《な》を抱《いだ》きたるかの日恋ひしき

皇后はこの年のお誕生日前、宮内記者会の質問に対し文書で回答を寄せ、次のようなエピソードを紹介した。喜びの中にも一抹の寂寥《せきりょう》感を表したもののように思える。

「清子は、私が何か失敗したり、思いがけないことが起こってがっかりしている時に、まずそばに来て『ドンマーイン』とのどかに言ってくれる子どもでした。(中略)あののどかな『ドンマーイン』を、これからどれ程懐かしく思うことでしょう」

皇室の慶事はさらに続いた。

平成十八(二〇〇六)年九月六日、秋篠宮紀子妃が第三子、それも親王を出産するというビッグ・ニュースが飛び込んできた。

出産前から「部分前置胎盤」という危険が伴う状態と分かっていたため、帝王切開による出産であったが、幸いなことに母子ともに極めて健康だった。生後七日目の「お七夜」にあたる九月十二日、命名の儀が行われ悠仁《ひさひと》と名付けられた。皇室に男子が誕生するのは父親の秋篠宮以来で、実に四十一年ぶり。皇位継承順位は皇太子、秋篠宮に次ぐ第三位となり、次世代の継承者の誕生で、皇室は喜びに包まれた。

悠仁親王とは、名付け親の秋篠宮によると「ゆったりとした気持ちで、長く久しく人生を歩んでいくことを願って」付けられたものという。

悠仁親王は平成二十二（二〇一〇）年四月にお茶の水女子大学附属幼稚園に入園し、平成二十五年三月の卒園後は、引き続き同大学附属小学校に入学、今日に至っている。

この間、悠仁親王は、平成二十四年十一月には秋篠宮・同妃とともに奈良県橿原《かしはら》市の神武天皇陵に参拝し、玉串を捧げた。また二十五年三月には、同じく両親とともに昭和天皇と香淳皇后を祀る武蔵野陵と武蔵野東陵を参拝している。

このように秋篠宮家では、悠仁親王に幼い時期から祭祀の一端を体験させるようにしている点が注目される。すこやかに成長される悠仁親王は、皇位継承順位第三位である以上、現状が続けば将来は天皇になるかも知れない親王である。

ただそれには幾つか問題もあるため、新しい時代を視野に入れた、安定的な皇位継承制度の確立が急がれるのではないだろうか。かつて小泉首相時代に検討された、「女性天皇・女系天皇」を容認するか否かについての問題は、今のところ棚上げされたままだ。

そもそも皇室典範というのは、いささか問題のある法律ではなかろうか。

今上天皇は第百二十五代で、やがて将来、皇太子が百二十六代天皇に即位した場合、皇太子に男子がいなければ、秋篠宮が皇位継承順位第一位となるが、皇太子にはならない。

「皇嗣たる皇子を皇太子という」

皇室典範の第八条で、そう規定されているからだ。しかも、天皇及び皇族は養子をとることを許されない（第九条）。

つまり秋篠宮は天皇の弟ではあっても皇子ではないので、皇太子にはなれないので、あくまでも筆頭宮家という立場である。日本の文化、伝統の担い手でもある皇室の安定を考えると、こうした問題の解決が急がれるのではないだろうか。


平成二十一（二〇〇九）年四月十日は、天皇・皇后の結婚五十年、金婚式のお祝いだった。昭和三十四（一九五九）年四月のあのご成婚大パレードから半世紀の時間が流れていた。さまざまな出来事が皇后の脳裏を過《よぎ》ったに違いない。

四月八日、結婚満五十年の記者会見で皇后は感慨深そうな表情とともに、次のようなコメントを述べた。

「五十年前、普通の家庭から皇室という新しい環境に入りましたとき、不安と心細さで心が一杯でございました。今日こうして陛下のおそばで、金婚の日を迎えられることを、本当に夢のように思います」


二十五年前の銀婚式のときには、それぞれ相手に向けて「努力賞を」（天皇）、「感謝状を」（皇后）と述べ合って話題になったが、今回は天皇が「贈るとすれば感謝状です」と述べ、皇后も「心を込めて感謝状をお贈り申し上げます」と応じた。

両陛下は会見中も互いに顔を見つめ合い、さらに天皇が「結婚五十年を本当に感謝の気持で迎えます」と述べた際には声をやや詰まらせる場面も。思わず皇后は天皇の方を覗き込まれたが、一瞬、天皇の目にはうっすらと光るものがあった。

天皇は継承されるが、皇后は初めから皇后ということはあり得ない。時とともに試練を経て皇后になってゆくものだ。

まして美智子皇后の場合は、旧宮家や華族の出ではなく、「民間妃」として入内《じゅだい》、苦労を重ねた末に皇后になった。

その月日の重さを思えばこそ、天皇の目にも涙が浮かんだのではないだろうか。

平成二十三（二〇一一）年三月十一日、東北地方三陸沖海底を震源とする大規模な地震と大津波が発生した。

その後、東日本大震災と呼ばれるようになるこの大震災による死者・行方不明者は一万八千四百六十六名、建物の全壊・半壊は合計四十万千五百六十七戸（平成二十七年七月時点）とされている。

福島第一原子力発電所の炉心溶融に伴う被害も甚大であり、それらを含めた詳細は改めて述べるまでもない。

いずれにせよ、刻々と伝わってくる災害状況は、先の大戦以来といって差し支えないほどの国難だった。

震災発生の一週間後、宮内庁管理部の幹部が羽毛田信吾長官に呼ばれる。平成二十六年の四月から五月にかけて「朝日新聞」に載った「プロメテウスの罠」という連載記事によれば、避難所を慰問するまでには以下のような経緯があったという。

「天皇皇后両陛下のお気持ちとして、那須御用邸を避難所にできないかということだ。どうだろうか」

那須の御用邸には両陛下用の本邸と東宮家用の付属邸のほかに、職員らが泊まる供奉員《ぐぶいん》宿舎など計七千平方メートルの建物がある。

長官は「供奉員宿舎は使えないだろうか」と質したが、幹部職員はとっさのことで首を傾げながら「避難所にするのはちょっと難しいでしょう」と答えた。

那須の御用邸はそもそも夏季の避暑地としてつくられている。この季節に即した暖房設備がなく、残雪もある状況では寒すぎる。また、寝具もない。交通も不便で、生活に必要な買い物も不自由……。

両陛下の思いが相当に強いことは、長官の粘り方からうかがい知れた。

いったん諦めかけた担当者は、一瞬間をおいてから、妙案を思いつく。

「長官、御用邸に引かれている温泉は提供できないでしょうか。避難者を招いて、温泉で温まってもらうというのはどうでしょう」

天皇と皇后がその案はいい、と賛成するや、宮内庁は御用邸の風呂場を開放するための作業に取り掛かった。

両陛下は、被災者にバスタオルの費用提供を申し出た。入浴用のタオルを袋詰めする作業には、秋篠宮家から紀子妃と眞子、佳子の両内親王も参加した。

さらに、栃木県内にある皇室の御料牧場から何か提供できないか、とのご下問があり、調べたところ、鶏卵や豚肉、ソーセージの缶詰などが安全基準を満たしており、提供できると発表されたのだった。

天皇は三月十六日、極めて異例ともいえるテレビを通じたビデオメッセージを、六分弱にわたって国民に向け発信した。

「被災者のこれからの苦難の日々を、私たちが皆、さまざまな形で少しでも多く分かち合っていくことが大切であろうと思います」

震災が起きて間もないころから、両陛下は羽毛田宮内庁長官、川島裕《ゆたか》侍従長に、できるだけ早く現地のお見舞いに行きたい、と伝えていた。

これまでも大きな災害が起きると、可能な限り早い段階で現地を訪れ、被災者を見舞ってきた。平成三年、長崎県の雲仙普賢岳の火砕流のときは三十七日後。平成五年、奥尻島が津波に襲われたときは十五日後。平成七年の阪神・淡路大震災は十四日後だった。

今回は大混乱の中にもかかわらず、発生から十九日後の三月三十日に、まず東京都足立区の東京武道館を訪れた。避難してきた被災者の大部分が福島県からである。

広い武道館の床に三百人近い人々が座ったまま ひしめき合っている中を、天皇と皇后は二手に分かれて被災者に語り掛け始めた。

両陛下が話しかける相手は、あらかじめ職員が決めていたわけではない。両陛下が端から声を掛け始めたので、警備関係者も驚いたという。

遊んでいた女の子が跳ね回りながら皇后の側へ寄ってきて「おばあちゃんだ、おばあちゃんだ。おじいちゃんは？」とはしゃぐ。

さらに皇后は冷たい床に膝をついては順に語り掛け、時には老婆の手を握って励ます。茶髪の若者にも皇后は躊躇なく声を掛けた。関係者は「ちゃんと話ができるだろうか」と心配したというが、若者は皇后に家族のことを話しながら、ポロポロと涙を流し始めたのだった。

この後、両陛下はおおむね次のような順路で被災者のお見舞いを重ねる。以下はその一部に過ぎない。

四月八日　埼玉県加須市（福島県双葉町町民が避難）に被災者お見舞い
四月十四日　千葉県旭市で被災者お見舞い
四月二十二日　茨城県お見舞い
四月二十七日　宮城県お見舞い
五月六日　岩手県お見舞い
五月十一日　福島県お見舞い

天皇は七十七歳、皇后は七十六歳と高齢に達しているばかりではなく、天皇は前立腺がんのケアのためにホルモン治療を続けられ、平成二十（二〇〇八）年には不整脈も確認されていた。皇后は東日本大震災発生の五ヵ月前、結膜下出血が見つかり、公務の一部を取りやめていたほどであった。また、皇后には背中や膝が痛むなど、明らかにお疲れによる症状と思われる兆候が表れていたが、被災者へのお見舞いの旅を優先させていた。

埼玉県加須市の旧騎西《きさい》高校には、福島県双葉町の町民約千四百人が役場ごと避難していた。

天皇・皇后は町民のすぐ側を、一人一人に声を掛けながら歩いていた。やがて、立ち止まると二人とも膝をつき、あるいは中腰のまま被災者に声を掛け始めるのだった。一番疲れる姿勢をいとわず、被災者の目の高さに自分を置く体勢をとる。あくまでも被災者のことを第一に考えなければ、とても続けられない姿勢だった。

両陛下のこうしたお見舞いは、どこの地域でも変わることなく行われた。感動し、力づけられたと皆が口々に涙を見せながら語っていた。

驚くほど積極的な行動をもって、多くの被災者を見舞った両陛下だが、やはり体調を崩されるケースが目立つようになったのもこのころからだった。

天皇はかねてから不整脈を抱えていたが、平成二十四年二月、狭心症と診断されて心臓の冠動脈バイパス手術を受けることになった。それでも三月四日に退院すると、直後の十一日に行われた東日本大震災一周年追悼式（東京都千代田区の国立劇場）には出席された。

さらに五月には、皇后とともに東北訪問を再開し、お見舞いの旅を続けられたのだった。現地へ出向いてのお見舞いは、平成二十七年三月の宮城県への四回目の訪問を含め、すでに十二回に達している。

時代を遡れば大正十二（一九二三）年九月一日の関東大震災のときは、摂政宮だった昭和天皇がまっ先に東京市内の惨状を馬で視察している。また日光の御用邸で静養中だった貞明皇后（当時の節子《さだこ》皇后）も同月末に帰京すると、上野公園などで被災者を励ました。

宮中祭祀で国民の平安を祈るものの、まだこうした天変地異にあらがうことはできない。だから直接被災者のお見舞いを続けるのだと、天皇も皇后も一心同体で、心に決めているのではないだろうか。

祈りの旅路、水俣そしてパラオへ

平成二十五（二〇一三）年十月二十七日、両陛下は熊本県水俣市を訪れていた。水俣病慰霊の碑に献花、拝礼するためである。熊本市などで開かれた第三十三回「全国豊かな海づくり大会」出席のあと、水俣市に入ったのである。

天皇・皇后が水俣を訪れると聞いたとき、おそらく現地水俣の人々も、マスコミも驚いたに違いない。

「本当は天皇・皇后が来られる前に、皇太子ご夫妻が来てくだされればもっとよかったのに」

との声が陰ながら上がったという。いかにも複雑な地元民の思いがうかがえる。

「皇后さまもご苦労が多か。いろいろな思いで来られるのじゃなかですか」

それが両陛下を迎える側の率直な感想だった。

水俣病患者にとっては、宿願とも言えるほど天皇家の来訪は待ち望まれていた。

一部の少数過激派を除けば、水俣病関係者の多くは、むしろ皇室には深い尊崇の念を抱いている。

だが、皇太子と雅子妃の婚約以来、複雑な感情が生じたまま時間だけが経ち、現地水俣と宮内庁の間にある種の不信感のようなものが生まれたのも確かだった。

その発端の一例としては、皇太子の婚約時の記者会見と、その後の宮内庁の説明不足に問題があったとも言われている。

まず、当時の皇太子と小和田雅子さんの会見から、皇太子の発言部分を思い出してみよう。

平成五年一月十九日の皇室会議で婚約が内定した直後の会見で、記者から「婚約成立までの時期がかなり遅れた事情」を聞かれた皇太子の回答である。


「チッソの問題もあって、宮内庁の方でも慎重論が出ておりまして、一時は中断することもやむを得ない状況になってしまい……」


五年前にいったん決まりかけていた結婚話が、チッソ問題を心配する宮内庁によって一度は取りやめも止むなしとなったことを、皇太子自身が認めたのだ。

雅子妃の母方の祖父が江頭豊《えがしら》といって、チッソの社長だったことは第三章で紹介した。

江頭豊は水俣病が発生したあと、日本興業銀行から派遣されて社長に就いたので、発生そのものに責任はない――。宮内庁は皇太子の発言のあと、そのような趣旨の説明をした。それ自体は事実である。

だが、現地では江頭がチッソに移ってからの約十年間が、もっとも水銀の垂れ流しが放置され拡大した時期なのだとされていた。

その孫娘が東宮妃となられたのだから、できれば皇太子が雅子妃の背中を押して水俣へ足を運んで欲しかった、それが偽らざる現地の声でもあった。

だが、それには雅子妃の健康問題も絡んで、事実上不可能だった。

秋篠宮夫妻は平成十一年に、兄宮夫妻の心情を察してか、先に水俣を訪問している。皇后は果たしてどこまでそのような実情を汲んで水俣を訪ねたのか、それは皇后にしか分からない。天皇家内の「家庭の事情」に属する問題だ。

やがて、皇太子夫妻が水俣市を訪ねる日が来ることが、実は、何より水俣病関係者への心からのお見舞いになるだろう。水俣の人々は、雅子妃を温かく迎えるはずである。その日まで、皇后はひたすら天皇とともに祈りの旅を続けることとなる。

昭和十九年八月二十二日の暗夜のことだった。沖縄から長崎へ疎開する学童多数を乗せた対馬丸が、米潜水艦の魚雷によって撃沈された。

天皇・皇后は平成二十六年六月、沖縄県那覇市にある対馬丸記念館を訪れた。対馬丸の生存者や遺族と懇談し、慰霊碑に献花するためである。

また一つ、両陛下は長年の慰霊の思いを重ね、積み上げることになった。

対馬丸（六千七百二十四トン）はもともと日本郵船の貨物船だったが、戦局の悪化によって輸送船として陸軍に徴用されていた。昭和十九年七月、サイパン島が玉砕するに及んで、往路には沖縄への兵員輸送、帰路には学童などを本土へ疎開させる輸送船として就航していた。沖縄守備の強化がその目的だった。昭和十九年八月二十一日、対馬丸は同じく疎開児童などを乗せた暁空丸、和浦丸とともに船団を組んで那覇港を出港した。折から台風が接近していたが、駆逐艦と砲艦が一隻ずつ護衛に付き、長崎港を目指す。

対馬丸には国民学校の児童七百八十名を含む教師や一般人合わせて約千六百六十名から千七百

八十名が乗船していたとされる。正確な数字の記録は残っていない。

二十二日夜十時過ぎ、対馬丸は奄美大島と屋久島の間にある悪石島沖で敵潜水艦の魚雷攻撃をまともに受け、沈没したのだった。海上に投げ出されたり、降ろされた梯子から飛び込んだ児童もいたが、折からの台風で波は高く、犠牲者は約千五百名近くに上った。

運よく救命ボートに乗れた者も、対馬丸が爆発した爆風などを受け転覆、多数が死亡したのである。かろうじて漂流しながら、救助に当たった漁船に助けられた者は二百名余、うち児童は五十九名と言われているがはっきりしない。

以上が対馬丸の悲劇の概略だが、天皇も皇后もこの事件については知識が豊富だった。

七十年前の惨劇は、両陛下とも我がこと同様、昨日のことのように記憶していたのである。

天皇は当時十歳、皇后は九歳で、ともに学童疎開世代の犠牲者への思いは厚かった。案内役を務めた記念館の高良政勝理事長に向かって、天皇は次のように尋ねている。

「護衛艦はどうしていたのですか。助けるための護衛艦ではなかったのでしょうか」

実は、護衛艦二隻、さらに暁空丸と和浦丸は、事件が起きるや否や全速力で危険海域から脱出していたのだ。

八ヵ月ほど前、似たような事例があった。学童疎開ではないが、同じ海域でやはり徴用船団が米潜水艦の攻撃を受けた。救助のため停船していた僚船も撃沈され、いったん救助された乗員も死亡するという二次被害が起きたことがあった。そのため、護衛不足の船団の場合は、残存船を生かすのが次善の策とされていたのだ。

対馬丸の幼い犠牲者は、大部分が奄美大島やその付近の海岸に流れ着いた。しかも対馬丸が撃沈されたことは長い間、箝口令が敷かれていた。

だが、疎開先から来るはずの手紙が届かないことから、沖縄の地元では事件を次第に知ることとなったという。これも、サイパン島が陥落した悲劇である。

対馬丸への慰霊の旅を済ませてからおよそ四ヵ月、平成二十六年十月、皇后は傘寿（八十歳）を迎えていた。その際の宮内記者会への文書回答は、戦中、戦後を生き抜いた皇后ならではの言葉が、ひときわ目を引く。


「終戦後もしばらく田舎にとどまり、6年生の3学期に東京に戻りましたが、疎開中と戦後の3年近くの間に5度の転校を経験し、その都度進度の違う教科についていくことがなかなか難しく、そうしたことから、私は何か自分が基礎になる学力を欠いているような不安をその後も長く持ち続けて来ました。ずっと後になり、もう結婚後のことでしたが、やはり戦時下に育たれたのでしょうか、一女性の『知らぬこと多し母となりても』という下の句のある歌を新聞で見、ああ私だけではなかったのだと少しほっとし、作者を親しい人に感じました」

「私は、今も終戦後のある日、ラジオを通し、A級戦犯に対する判決の言い渡しを聞いた時の強い恐怖を忘れることが出来ません。まだ中学生で、戦争から敗戦に至る事情や経緯につき知るところは少なく、従ってその時の感情は、戦犯個人個人への憎しみ等であろう筈はなく、恐らくは国と国民という、個人を越えた所のものに責任を負う立場があるということに対する、身の震うような怖れであったのだと思います」

皇后はかつて、インドのニューデリーで開かれた国際児童図書評議会へのビデオ講演の中でも、「恐怖」について語っていた。

古代から現代にまで通じる「愛と犠牲の不可分性への、恐れであり、畏怖であった」と弟橘《おとたちばな》比売命《ひめのみこと》の物語から感じとっていたと話した。皇后が語ろうとする畏怖とは、人間が知力を尽くしても、なおこの世界にはかなうことのない恐ろしいものがあるのだ、という意味を示唆している。

戦争に限らず、自然災害の規模も年々大きくなっている。「天災は忘れたころにやってくる」と言ったのは昔のことで、今日では「忘れないうちに」やってくる。その畏怖を子供のうちから、よく知っておくことが大切であり、人が住む世界とは怖いものなのだ、と皇后は語っているのだ。

そして、災害などによる国民の苦難や、かつての戦争で非命に斃《たお》れた多くの者に祈りを捧げることこそが、自らに課せられた使命であると、決意をますます固めているように見受けられる。

八十歳を超えても、皇后の祈りの旅に終わりはない。

戦後六十年に当たる平成十七年六月、両陛下は宿願だったサイパン島の慰霊訪問を果たした。

それから十年が経った平成二十七年四月、両陛下は当時かなわなかったパラオ訪問を遂に実現することになった。

パラオはサイパン島と同様、第一次世界大戦後に国際連盟によって日本の委任統治領とされた島である。太平洋上のミクロネシア地域の島々から成る国で、昭和十八年九月からは日本の絶対国防圏の一角を占める南洋基地の要であった。

もっとも栄えているのはコロールだが、現在ではマルキョクに首都が置かれている。

この島が先の大戦で大きな被害をこうむることになったのは、サイパン島が陥落したあと米軍がペリリュー島に総攻撃を仕掛けてきたためである。

南北九キロ、東西三キロほどの小島、ペリリュー島の戦闘の模様を簡潔に見ておこう。

ペリリュー島で指揮を執った中川州男《くにお》陸軍大佐（戦死後、二階級特進して中将）は、サイパン島の轍を踏まないために民間人をすべて他の島に移したため、パラオ全体で約三万三千人いた島民（うち七割が日本本土や朝鮮、台湾などからの移住者）に死者は出ていない。

ただ日本軍とともに戦いたいと志願してきた民間人も多く、挺身隊、軍属として従軍した者の中には死傷者も出た。しかし、今日まで対日感情が大変いいのは、こうした背景もあるからだ。

ペリリュー島の決戦は昭和十九年九月十二日に始まった。

日本軍ペリリュー島守備隊は、陸軍五千三百余名、海軍三千六百余名の合計八千九百余名（パラオ本島から最後に加わった兵も加えると約一万一千名）で編成されていた（兵員数は資料によって若干の相違がある）。

対する米軍は、戦艦、空母、巡洋艦、駆逐艦、輸送船などから成り、兵員は約四万二千名。おまけに圧倒的な火器を備えていた。

日本の守備隊は早くから数多い洞窟を掘り進め、島全体をトーチカ要塞として抵抗を試みたのだった。

大本営は端《はな》からこの戦いを勝つためのものとは考えておらず、その後予想される米軍のフィリピンや沖縄への上陸を一日でも遅らせるのが目的だったといわれる。ひと言で表すなら硫黄島の戦いに引き継がれる捨石作戦といえよう。

負けることを前提に、時間稼ぎのために死ぬ。それがこの島の宿命であった。

日本軍が堅牢な洞窟から、必死の攻撃を繰り返したため、いくら焼いても洞窟はびくともしなかったと言われている。

九月十二日から三日間で、米軍から撃ち込まれた砲弾は約十七万発。猛烈な艦砲射撃と艦載機による空爆で、小さな島は大半が焼き尽くされ、ジャングルは完全に焼失したものの、地下の塹壕は崩れなかった。

四日もあれば落とせると考えていた米軍指揮官の予想は大きく外れた。十一月下旬まで日本軍の抵抗は続き、米兵の損害は戦死者千七百余名と言われる。

中川大佐は十一月二十四日、軍旗と秘密書類を焼却すると、パラオ本島に玉砕を告げる「サクラ　サクラ」を打電し、通信機を破壊した。同日夕刻、中川大佐以下の幹部と重傷者は自決、残った数十名が突撃を敢行し、この島の戦いは終わりを告げた。

四日もあれば、と見込んでいた兵力の差は、日本軍守備隊の決死の戦いで、星条旗が揚がるまでに実に七十四日もかかったのである。

しかし、日本軍は一万名近い戦死者を出し、生存者は捕虜などのわずか四百五十名とされる。

また、昭和天皇はこの激戦地に十一回もの嘉賞《かしょう》を贈っていた。それにちなんで、ペリリューは特に「天皇の島」とも呼ばれてきたのである。

平成二十七年四月八日、天皇・皇后は東京を発ってパラオ共和国に到着した。洋上の巡視船「あきつしま」に宿泊し、翌九日には激戦地だったペリリュー島へ渡り、慰霊碑に献花、拝礼された。

チャーター機が使える空港設備があったとはいえ、一泊二日で熱帯の島々をめぐる旅は体にこたえたのではないだろうか。それでも皇后は、遺族とともにその悲しみを共有したいと繰り返し語っている。

パラオから帰国した皇后は、御所内の紅葉山の養蚕所で桑の葉を蚕に与えていた。

皇后が伝統を守って慈しんでいる小石丸の世話が、五月から追われるように忙しくなる。計算すると二日に一度はお出ましにならないとさまざまな作業をこなせない。

蚕箔《さんぱく》と呼ばれる飼育用の容器に耳を寄せ、蚕が桑を食《は》む音を聞くのが、何より心の休まるひとときだという。

小雨の降るようなそのかすかな音が、皇后の耳に届いている。

それは、戦没者や恐るべき災害に遭い亡くなった人々の遠い声にも重なって響いているのではないだろうか。皇后の胸中には、そうした遠い声に木霊《こだま》し合うような黙約があるように思われる。

皇后の鎮魂の旅は、まだ終わらない。

あとがき

本書を書き始めたばかりの平成二十六年四月は、天皇・皇后両陛下のご成婚五十五年にあたっていた。

ご家族内ではお祝いの晩餐など摂られたのかも知れないが、少なくとも宮内庁発表では公式のお祝い行事などなく、両陛下は連日のように多くのご公務に臨んでおられた。

天皇は心臓・冠動脈のバイパス手術からまだ二年少々、皇后は疲労からくる頸椎の痺れや足腰の不具合などに辛抱強く対応されながらのご日程であった。

さらに平成二十七年四月の同じ時期、ご成婚から五十六年を迎えていたころ、両陛下は太平洋戦争の激戦地・パラオを訪ねられている。本書の最終章を書いていた私は、ペリリュー島の「西太平洋戦没者の碑」に供花、拝礼され、続いてアンガウル島に向かって深々と拝礼されるお姿をテレビで拝見しながら、しばらく瞼から映像が消えなかったほど言い知れぬ感銘を受けた。

もちろん、これまでも震災各地などへのご訪問の折りなどにもそうした感情が溢れたことはあるが、ペリリュー島はまた格別なものに思えた。

後日知った情報では、両陛下はこのときかなりのお疲れをおしてパラオ行きを強行されたという。倒れるかもしれない、というご体調にありながら、なお強い意思をもってこの慰霊の旅が完遂されたと聞く。

今回、両陛下は海上保安庁の巡視船「あきつしま」に宿泊されたのだが、その医務室で点滴などを受けられながら晩餐会や慰霊地訪問に臨まれたとも仄聞《そくぶん》した。実に決死のご覚悟をされてのパラオ訪問だったことがうかがえよう。

「愛と犠牲」については、本書の中でも再三繰り返したが、その行き着いた先に見えてくるのが皇后の今日の祈りの姿なのだと、筆を擱《お》こうとする今、身に染みて納得がいった。

猛暑のこの夏には、皇后の心臓にご負担がかかっているとの発表がなされ、東大附属病院での精密検査に臨まれた。

今年の十月二十日で、皇后は八十一歳を迎えられる。「半」の字を分解すると「八十一」になることから「半寿」のお祝い、というのだそうだ。傘寿でも半寿も「私」を二の次にされ、まず第一に国民のために祈り、公務を果たされる日が今も続いている。

こうした日々の積み重ねを経て、新たな皇后像をうち立てられる美智子皇后の真実の姿が読者に伝われば、本書を著した意味も多少あったのではないかと思っている。

本書の前半部分は『週刊新潮』に連載されたものだ。同編集部の塩見洋氏と土屋仁氏には多大なご尽力をいただいた。また、単行本上梓にあたっては、幻冬舎社長見城徹氏と編集局の大島加奈子さんのお力添えがなければ刊行に至らなかっただろう。その他、取材にご協力くださった、多くの関係者の皆様に、あらためて深謝の意を申し上げたい。

平成二十七年九月

工藤美代子

参考文献

入江為年（監修）『入江相政日記』（第一巻〜第十二巻）朝日文庫、一九九四〜一九九五年
小田部雄次『梨本宮伊都子妃の日記』小学館、一九九一年
小田部雄次『四代の天皇と女性たち』文春新書、二〇〇二年
小田部雄次『華族』中公新書、二〇〇六年
三鬼陽之助『財界新山脈』駿河台書房、一九五三年
三島由紀夫『三島由紀夫全集』（第27巻）新潮社、二〇〇三年
三島由紀夫『三島由紀夫全集』（第30巻）新潮社、二〇〇三年
三島由紀夫『わが思春期』集英社、一九七三年
三島由紀夫『仮面の告白』新潮文庫、一九五〇年
三島由紀夫『裸体と衣裳』新潮文庫、一九八三年
三島由紀夫『春の雪 豊饒の海（一）』新潮文庫、一九七七年
三島由紀夫『奔馬 豊饒の海（二）』新潮文庫、一九七七年
三島由紀夫『暁の寺 豊饒の海（三）』新潮文庫、一九七七年
三島由紀夫『天人五衰 豊饒の海（四）』新潮文庫、一九七七年
三島由紀夫『豪奢な哀愁』歌舞伎座プログラム、一九五八年二月
徳岡孝夫『五衰の人』文藝春秋、一九九六年
高橋英郎『三島あるいは優雅なる復讐』飛鳥新社、二〇一〇年
佐藤寛子『佐藤寛子の「宰相夫人秘録」』朝日新聞社、一九七四年
平岡梓『伜・三島由紀夫』文藝春秋、一九七二年

猪瀬直樹『ペルソナ』文藝春秋、一九九五年
安藤武『三島由紀夫「日録」』未知谷、一九九六年
村松剛『三島由紀夫の世界』新潮文庫、一九九六年
村松剛『三島由紀夫―その生と死』文藝春秋、一九七一年
三谷信『級友三島由紀夫』中公文庫、一九九九年
岩下尚史『ヒタメン』雄山閣、二〇一一年
村上建夫『君たちには分からない』新潮社、二〇一〇年
工藤美代子『母宮 貞明皇后とその時代』中央公論新社、二〇〇七年
工藤美代子『香淳皇后と激動の昭和』中公文庫、二〇〇六年
木下道雄『側近日誌』文藝春秋、一九九〇年
原田熊雄『西園寺公と政局』（第三巻）岩波書店、一九五一年
美智子『橋をかける　子供時代の読書の思い出』すえもりブックス、一九九八年
正田貞一郎小伝刊行委員会編『正田貞一郎小伝』日清製粉株式会社、一九六五年
日清製粉株式会社社史編纂委員会『日清製粉株式会社史』日清製粉社史編纂委員会、一九五五年
小泉信三『小泉信三全集』（第十六巻）文藝春秋、一九六七年
小泉信三『ジョオジ五世伝と帝室論』文藝春秋、一九八九年
小泉妙『父 小泉信三を語る』慶應義塾大学出版会、二〇〇八年
加藤恭子『田島道治』ＴＢＳブリタニカ、二〇〇二年
加藤恭子、田島恭二監修『昭和天皇と美智子妃 その危機に』文春新書、二〇一〇年
福田和也『美智子皇后と雅子妃』文春新書、二〇〇五年
石田あゆう『ミッチー・ブーム』二〇〇六年
江藤淳『一族再会』講談社文芸文庫、一九八八年

山本茂『遥かなる村上藩』恒文社、一九九三年
石井妙子「現代の家系」(第10回)『文藝春秋』二〇一二年十月号
川口素生『小和田家の歴史』新人物往来社、二〇〇一年
聖心女子学院『聖心女子学院創立五十年史』聖心女子学院、一九五八年
塩田潮『昭和をつくった明治人』(上)文藝春秋、一九九五年
渡邊満子『皇后陛下美智子さま 心のかけ橋』中央公論新社、二〇一四年
藤樫準二『天皇とともに五十年』毎日新聞社、一九七七年
安倍能成『安倍能成』日本図書センター、二〇〇三年
佐藤久『浩宮さま』番町書房、一九六二年
牧野伸顕、伊藤隆・広瀬順晧編『牧野伸顕日記』中央公論社、一九九〇年
主婦の友社編『新版 平成皇室事典』主婦の友社、一九九九年
浜尾実『皇后 美智子さま』小学館、一九九六年
浜尾実『浩宮さまの人間教育』婦人生活社、一九七二年
秦澄美枝『皇后美智子さま 全御歌』新潮社、二〇一四年
大東出版社企画・編集『瀬音』大東出版社、一九九七年
橋本明『美智子さまの恋文』新潮社、二〇〇七年
河原敏明『美智子皇后』講談社、一九九〇年
河原敏明『昭和の皇室をゆるがせた女性たち』講談社、二〇〇四年
渡辺みどり『美智子皇后の「いのちの旅」』文藝春秋、一九九一年
渡辺みどり『美智子さま「こころの旅路」』大和書房、二〇一〇年
牛島秀彦『ノンフィクション皇太子明仁』朝日新聞社、一九八七年
坪田五雄編集兼発行『昭和日本史 別巻 皇室の半世紀』暁教育図書、一九七七年

小山いと子『皇后さま』主婦の友社、一九八八年
神谷美恵子『存在の重み』（著作集6）みすず書房、一九八一年
神谷美恵子『日記・書簡集』（著作集10）みすず書房、一九八二年
宮原安春『神谷美恵子　聖なる声』講談社、一九九七年
宮原安春『祈り 美智子皇后』文藝春秋、一九九九年
前田多門刊行会『前田多門 その文・その人』前田多門刊行会、一九六三年
大下英治『慈愛のひと　美智子皇后』光文社、一九九一年
五島美代子『花時計』白玉書房、一九七九年
紀宮清子　大東出版社企画・編集『ひと日を重ねて――紀宮さま 御歌とお言葉集』大東出版社、二〇〇五年
扶桑社編『皇后さまの御親蚕』扶桑社、二〇〇四年
石牟礼道子『苦海浄土　わが水俣病』講談社文庫、二〇〇四年
武者小路公秀、鶴見和子『複数の東洋／複数の西洋』藤原書店、二〇〇四年
川島保良編『回想のブライス』回想のブライス刊行会事務所、一九八四年
文藝春秋編『見事な死』文春文庫、二〇〇八年
明石元紹『今上天皇つくらざる尊厳』講談社、二〇一三年
清宮由美子『美智子妃誕生と昭和の記憶』講談社、二〇〇八年
時事通信社『皇太子同妃両殿下 ご結婚20年記念写真集』一九七八年
中日新聞開発局編『皇太子殿下 皇太子妃殿下 御結婚二十年』中日新聞本社、一九七九年
写真集『皇后陛下美智子さま』ＰＨＰ研究所、一九九四年
写真集『平成の天皇皇后』毎日新聞社、一九九九年
写真集『皇后美智子さま』朝日新聞出版、二〇一四年

写真集『天皇皇后両陛下の80年』毎日新聞社、二〇一四年
『婦人公論』一九五九年一月号
『婦人公論』一九五二年十二月号
『婦人公論』一九五九年四月号
『HEIBONパンチDELUXE』一九六七年
『文藝春秋』（文春ムック）二〇一三年　辺見じゅん＋保阪正康対談「御製でわかる昭和天皇の喜びと嘆き」
『文藝春秋』一九五九年一月号
『文藝春秋』一九八七年一月号
『文藝春秋』一九八九年三月臨時増刊号
『文藝春秋』一九九三年十二月号
『文藝春秋』二〇〇二年三月号
『文藝春秋』二〇〇六年四月号　福田和也「美智子皇后もう一つのルーツ」
友納尚子『週刊文春』連載「ザ・プリンセス雅子妃物語」二〇一二年六月十四日号〜二〇一四年四月三日号
『新潮45』一九八八年七月号　加藤仁「正田富美子さんの『賭け』」
『流動』一九七一年十月号
『平凡』一九六一年一月号〜一九六三年五月号
『現代』一九八一年九月号
『現代』一九八二年十一月号　加藤仁「正田家――高貴なる一族のさびしき栄冠」
『宝島30』一九九三年八月号
『部落解放』一九九三年六月号
館林市誌編集委員会編『館林市誌』（自然篇）館林市、一九六六年
館林市誌編集委員会編『館林市誌』（歴史篇）館林市、一九六九年

村上市郷土資料館『村上城下絵図』一九二六年版復刻
多久市史編纂委員会編『多久の歴史』多久市、一九六四年
多久市史編さん委員会編『多久市史』（第四巻）多久市、二〇〇八年
多久市史編さん委員会編『多久市史』（人物編）多久市、二〇〇八年
外交史料館所蔵文書
宮内庁書陵部編『昭和天皇実録』二〇一四年
ペンシルベニア州ハバフォード大学図書館所蔵の資料及び写真

その他、週刊誌（海外誌、増刊号、グラフ誌を含む）及び新聞は本文記載どおりとし、割愛します。

日本音楽著作権協会（出）許諾第1511044-501号

本書は、「週刊新潮」平成二十六（二〇一四）年四月十七日号〜十二月二十五日号の連載をもとに修正、大幅加筆したものです。

〈著者紹介〉
工藤美代子（くどう みよこ）　1950年、東京生まれ。91年、『工藤写真館の昭和』で講談社ノンフィクション賞受賞。ほかに「ラフカディオ・ハーン」評伝三部作、『山本五十六の生涯』『われ巣鴨に出頭せず 近衛文麿と天皇』『悪名の棺 笹川良一伝』『絢爛たる醜聞 岸信介伝』など著書多数。皇室を題材とした作品も多く、『香淳皇后と激動の昭和』（『香淳皇后 昭和天皇と歩んだ二十世紀』改題）、『母宮 貞明皇后とその時代 三笠宮両殿下が語る思い出』『国母の気品 貞明皇后の生涯』『悪童殿下 愛して怒って闘って 寛仁親王の波瀾万丈』などがある。

皇后の真実
2015年10月10日 第1刷発行

GENTOSHA

著　者　工藤美代子
発行者　見城 徹

発行所　株式会社 幻冬舎
〒151-0051 東京都渋谷区千駄ヶ谷4-9-7

電話:03(5411)6211(編集)
03(5411)6222(営業)
振替:00120-8-767643
印刷・製本所:中央精版印刷株式会社

検印廃止

ISBN978-4-344-02831-9 C0095
幻冬舎ホームページアドレス http://www.gentosha.co.jp/

この本に関するご意見・ご感想をメールでお寄せいただく場合は、
comment@gentosha.co.jpまで。